JN238710

子どもの生活を支える
社会的養護

小野澤昇／田中利則／大塚良一
［編著］

ミネルヴァ書房

はじめに

　現在の社会問題として青少年の自殺や児童虐待や青少年の犯罪に関連して，子どもの生命が危機な状態に置かれているという深刻な話題がクローズアップされている。なぜ，子どもたちの尊い生命が失われたり，危機にあわされたりしなくてはいけないのであろうか。こうした話題などから，子どもたちの生活している養育環境はきわめて厳しい状態に置かれていることが容易に推測できる。子どもたちが家族と共に安心して生活し成長していくためにはどのような環境が必要とされるのであろうか。子どもが「両親とともに家庭で生活する」，というあたりまえのような環境を子どもたちに保障し，家庭で親から養育された環境の中で生活していくということは困難なことなのであろうか。
　子どもたちの生活する場は「家族に見守られた環境の中で，安心して成長していける」ことが不可欠である。しかし，そうした環境を保障されないで，家族から虐待を受けて，心身に傷を負ってしまう子どもたちや，両親が死亡してしまったり，あるいは，両親の離婚，家業の破産等により家庭が崩壊してしまったりしているケースがある。また，知的障害や肢体不自由などの障害があり治療や訓練が必要な場合や，非行問題等のために治療や更生のための教育や訓練を必要とする子どもたちが存在している。そのために取り組まれている活動が「社会的養護」である。社会的養護の実践の場としては児童福祉法や障害者自立支援法，社会福祉法などにより社会福祉施設が設置されている。
　社会福祉施設の中に子どもや家庭の支援を目的として児童福祉施設が設置されている。児童福祉施設で取り組まれている養護活動は，児童にとっては家庭に代わる「生活の場」としての支援を受ける大切な環境であり，国の責任において実施される（社会的な責任として）「きわめて責任の重い養護活動」である。
　児童福祉施設で実践される養護活動は保育士を中心として取り組まれる活動が多く，保育士には児童養護に関する知識や実践力が求められている。
　児童養護に関する学習はきわめて多岐にわたっていることや，保育所のよう

に容易に想定できる環境とは言えない要素があり，保育士の資格取得を目指す学生にとっては体系的な学習のむずかしい教科と言える。

保育士養成課程は2011（平成23）年度に大きなカリキュラムの変更が行われた。これまで「養護原理」と言われた科目が「社会的養護」と名称変更され，教授内容の変更が行われた。この背景としては，多様化する子どもたちの生活環境や保育現場の状況変化に対応できる保育士の養成と言うことがある。

子どもたちの生活環境は，子どもや家庭・地域社会を取り巻く家族関係や住環境，地域社会の連携などの変化，保護者の就労等の多様化などにより大きく変質してきている。保育士には保育所等における保育活動だけではなく，地域で生活している児童や，その家庭問題への対応等が求められることとなり，保育士の専門性の向上が求められるようになったためである。

本書は，児童福祉施設等での実務経験を有し，現在，大学や短期大学で実際に社会的養護などの講義を担当している教員を中心として，改正された保育士養成課程に示されている「社会的養護」の学習目標である，①現代社会における社会的養護の意義と歴史的変遷について理解する，②社会的養護と児童福祉の関連性および児童の権利擁護について理解する，③社会的養護の制度や実施体系等について理解する，④社会的養護における児童の人権擁護および自立支援等について理解する，⑤社会的養護の現状と課題について理解するという5つの視点について，可能な限り実際例をふまえて，養成校において保育士資格取得のために不可欠である，福祉施設での実習にも活用できるよう，「これだけは学生に伝えておきたい」と感じている点を中心に，解説を行った。

本書を作成するにあたり，「児童」は法律名など特別な場合を除き「子ども」，「しょうがい」についても同様の理由で，「障害」と表記することで統一して表記することとした。事例の紹介については執筆者が直接的あるいは間接的にかかわった例を取り上げると共に，読者が理解しやすいように，「A男」とか「B子」という表記ではなく，仮名ではあるが「太郎」や「花子」というような名称（仮名）で表記した。

本書を利用して学習し，保育士として必要な社会的養護に関する学習を進め

はじめに

社会的養護の実際について理解を深めていただけることを念願している。

　平成24年12月

編著者代表　小野澤　昇

子どもの生活を支える
社会的養護

目　次

はじめに

第1章　現代社会における社会的養護の意義 ………………… 1
　第1節　子どもたちに関する支援の考え方と取り組み　1
　第2節　子どもたちの生活環境　4
　第3節　社会的養護を必要とする子どもたち　6
　第4節　社会的養護の理念と概念　7
　　（1）基本的な考え方　7
　　（2）社会的養護とはどのようなことか　8
　第5節　社会的養護の基本的方向　13
　　（1）「個（一人ひとり）を大切にした養護」の推進　13
　　（2）「個の必要とする養護」の提供　13
　　（3）「自立した生活を支える養護」の提供　14

第2章　社会的養護の歴史的変遷と今日的課題 ……………… 16
　第1節　欧州の児童養護の変遷　16
　　（1）村落での相互扶助として行われた児童養護　16
　　（2）救貧法成立期にあたっての児童養護　17
　　（3）近代思想家の影響からの社会的養護　18
　　（4）施設養護と家庭的養護・ホスピタリズム　19
　第2節　わが国における戦前までの児童養護の変遷　21
　　（1）古代社会の児童養護　21
　　（2）封建社会の児童養護　21
　　（3）明治期の児童養護　23
　　（4）大正期の児童養護　25
　　（5）昭和戦前期の児童養護　26
　第3節　わが国における戦後の児童養護の変遷　28
　　（1）戦後混乱期の児童養護　28
　　（2）児童福祉法成立期にみる児童養護　29
　　（3）高度経済成長期以降の児童養護　30

目　次

　　第4節　児童養護の今日的課題　*32*
　　　　（1）社会福祉基礎構造改革以降の社会的養護の方向性　*32*
　　　　（2）子どもを取り巻く家庭環境の変化と社会的養護　*35*
　　　　（3）社会的養護の取り組みの方向性　*35*

第3章　社会的養護の制度と実施体系 ……………… *40*

　　第1節　社会的養護の制度と法体系　*40*
　　　　（1）社会的養護制度の成立　*40*
　　　　（2）社会的養護の制度と法体系　*46*
　　　　（3）里親制度の概要　*49*
　　第2節　社会的養護の仕組みと実施体系　*50*
　　　　（1）社会的養護の仕組み　*50*
　　　　（2）社会的養護の特徴と実施体系　*52*
　　第3節　児童相談所の役割と社会的養護　*53*
　　　　（1）児童相談所の概要　*53*
　　　　（2）児童相談所の役割と機能　*53*
　　　　（3）相談援助の種類と内容　*54*
　　　　（4）児童相談の業務の流れ　*56*
　　　　（5）児童虐待防止等に関する法律　*57*
　　　　（6）児童虐待の定義　*58*
　　　　（7）児童相談所の役割と社会的養護　*60*

第4章　児童の権利擁護 ……………… *70*

　　第1節　児童福祉法　*72*
　　第2節　児　童　憲　章　*77*
　　第3節　児童の権利条約と国内における法的整備　*79*
　　第4節　子どもの権利ノート　*83*
　　第5節　福祉サービス利用児童の苦情解決体制　*86*
　　第6節　施設内児童虐待への対応と予防　*88*

第5章　施設養護の理念と施設養護の原理と援助……………………92

第1節　要保護児童を理解するための基本的視点　92

（1）「児童」を理解する　92
（2）「障害」を理解する　97
（3）「虐待」を理解する　98
（4）「親（保護者）」を理解する　99
（5）「環境」を理解する　101
（6）「施設」を理解する　102

第2節　施設養護の基本原理　103

（1）子どもの最善の利益　103
（2）安全・安心の保障　104
（3）「ニーズ」を判断する視点　106

第3節　施設養護に求められる専門的なかかわり　108

（1）「個」としての子ども　109
（2）「集団」としての子ども　109
（3）多様な価値観　111
（4）社会参加　112
（5）親子関係　113
（6）職員同士の関係性　115
（7）関係機関との連携　117

第6章　社会的養護の領域……………………………………120

第1節　家庭養護　120

（1）里親制度の現状と課題　121
（2）小規模住居型児童養育事業（ファミリーホーム）と自立支援活動　126

第2節　施設養護　130

（1）養護系施設の領域と実践課題　130
（2）障害系施設の領域と実践課題　144
（3）情緒・行動系施設の療育と実践課題　163

目　次

第7章　施設養護の実践 …………………………………………… 174

第1節　施設養護の実践に求められる視点　174
　（1）保育士として求められる視点　177
　（2）自立支援の視点　179
　（3）権利擁護の視点　180

第2節　援助の実際　181
　（1）日常的生活支援　181
　（2）治療的支援　182
　（3）自己実現・自立支援へ向けての支援　184
　（4）家族への支援　188
　（5）学校や地域資源との連携　188

第8章　社会的養護に求められる専門性と援助技術 ………… 192

第1節　社会的養護にかかわる支援職員に求められる専門性と職員倫理　192
　（1）施設支援に内在する特性　192
　（2）福祉行政の法律や通知，指導の支援への影響　197
　（3）利用者とのかかわりの中で職員を疲弊（心身が疲れて弱る）させる要素　199
　（4）職員に求められる専門性と職員的倫理　200

第2節　施設養護を進めるために必要とされる支援技術　203
　（1）レジデンシャルソーシャルワーク（施設援助方法）　203
　（2）スーパービジョンシステムの施設の支援への導入　209

第3節　介護技術および看護技術　211
　（1）介護技術　211
　（2）看護技術　217
　（3）看護技術の種類　220
　（4）職員間の連携　221

第9章　施設の運営管理 …………………………………………… 223

第1節　運営・管理　223
第2節　施設の設備基準　226

第3節　施設を利用するための制度　*226*

第4節　施設利用者の権利擁護と情報開示　*232*

第10章　社会的養護の現状と課題 …………………… *233*

第1節　被措置児童等の虐待防止　*233*

（1）児童虐待の定義　*233*

（2）児童虐待の実態　*234*

（3）児童虐待の防止　*238*

（4）地域での児童虐待防止　*244*

第2節　社会的養護と地域　*246*

（1）社会的養護ニーズの変化　*246*

（2）地域社会での支援体制　*249*

第3節　今後に期待されること　*251*

（1）社会的養護の将来像　*251*

（2）家庭養護への支援体制　*253*

おわりに　*257*

索　　引　*261*

第1章
現代社会における社会的養護の意義

学習のポイント

　大人からの子どもに対する虐待行為やいじめ問題などを原因として，尊い子どもの生命が失われてしまうという悲しい現実がある。子どもたちが人として尊重され，安心して生活することのできる環境はどうあるべきか，また，そのためにはどのような取り組みが必要とされるのであろうか。そのために必要とされる基本的な視点や考え方について学習し，「子どもたちの最善の利益」とはどのようなことを言うのかについて，理解を深めてほしい。

第1節　子どもたちに関する支援の考え方と取り組み

　最近親の不適切な養育により，かけがえのない命を失ってしまった子どもたちに関する報道が続けて行なわれている。なぜこのような事態が頻発するのか，心を痛めている方も多いことと思う。子どもたちにとって家庭は何にも代えることの出来ない大切な環境である。国際連合の定めた「児童の権利条約」（日本では1994〔平成6〕年に批准）や国際連合を中心として国際的に取り組まれた「国際家族年」（1994〔平成6〕年）の際に強調された理念「家族と社会全般の双方において，人権，特に子どもの権利，個人の自由，男女平等の促進を支援」を大切にし，子どもたちにとって必要とされる「最善の利益」を目指した取り組みが求められている。

　わが国の現状を見ると少子・高齢化傾向が進む中で，子どもを取り巻く生活

環境は大きく変化し，家族の形態や本来持つべき基本的な機能も変化し，家族の孤立化や家庭崩壊等といった現象が見られる。

> **重要語解説**
>
> **児童の権利に関する条約**
>
> 　国際連合が，児童の権利宣言30周年に当たる1989（平成元）年11月20日に採択し，翌（平成2）年9月に発効した児童の権利に関する国際的な条約で，前文と54の条文で構成されている。条約では「18歳未満の児童が有する権利」について，①児童の生存や保護・発達に関するもの，②児童の最善の利益，親の第一次的な養育責任等児童の特性に配慮したもの，③児童の意見表明，思想・良心の自由等成人と同様の権利を認めるものなどに類型化し，児童の権利擁護に必要とされる事項について説明している。この条約では，児童の「受動的権利」および「親の指導」を認めつつも，児童は「権利行使の主体」であると，画期的な視点を示している。わが国では，1994（平成6）年5月にこの条約を批准している。

　核家族化の進展などにともなう家族形態の変質や機能の低下は，子どもや高齢者，障害のある方等に対する援助が困難となり，家族の不和や非行の低年齢化等の問題を誘発するばかりではなく，児童や高齢者，障害者への虐待行為や配偶者への暴力（DV）といった深刻な社会問題を誘発する要因となっている。

　先にふれた国際家族年では，共通するスローガンとして「家族から始まる小さなデモクラシー」ということが掲げられていた。これは，社会にとってもっとも大切な基盤である「家族」の重要性を強調し，家族の役割機能の理解を求めたものであり，今までの「児童を対象とした福祉」から，子どもや家庭への援助を一体とした「児童・家庭福祉」へという方向が示され「親が仕事と家庭に対する責任を果たせる」よう，国はそのために必要とされる公的な社会的援助制度の整備を促進することが求められることとなった。こうした国際的な動向や深刻化する国内の少子高齢化傾向に対応するため，1994（平成6）年に当時の文部，厚生，労働，建設の4大臣合意により，10年間における子育て支援のための基本的方向と重点施策を盛り込んだ「今後の子育て支援のための施策の基本的方向について」（通称「エンゼルプラン」と言う）が策定され，エンゼルプランに示された内容を具体化するために厚生，大蔵，自治の3大臣合意の

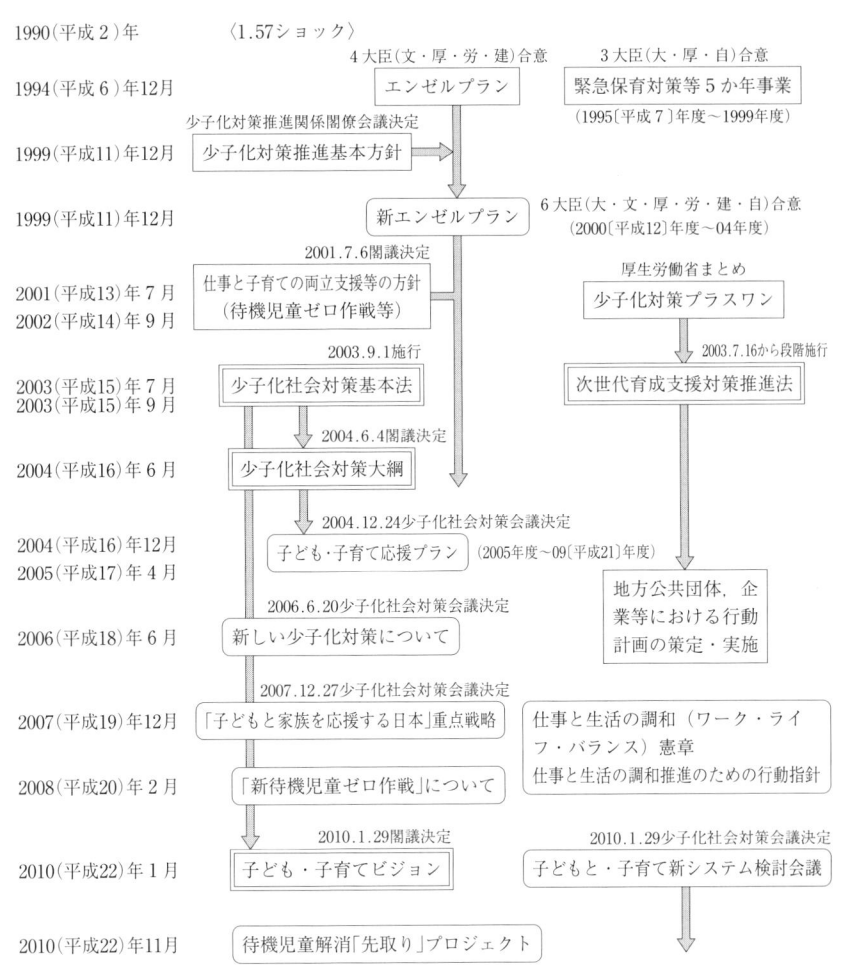

1990(平成2)年	〈1.57ショック〉	
1994(平成6)年12月	4大臣(文・厚・労・建)合意 エンゼルプラン	3大臣(大・厚・自)合意 緊急保育対策等5か年事業 (1995〔平成7〕年度～1999年度)
1999(平成11)年12月	少子化対策推進関係閣僚会議決定 少子化対策推進基本方針	
1999(平成11)年12月	新エンゼルプラン	6大臣(大・文・厚・労・建・自)合意 (2000〔平成12〕年度～04年度)
2001(平成13)年7月 2002(平成14)年9月	2001.7.6閣議決定 仕事と子育ての両立支援等の方針 (待機児童ゼロ作戦等)	厚生労働省まとめ 少子化対策プラスワン
2003(平成15)年7月 2003(平成15)年9月	2003.9.1施行 少子化社会対策基本法	2003.7.16から段階施行 次世代育成支援対策推進法
2004(平成16)年6月	2004.6.4閣議決定 少子化社会対策大綱	
2004(平成16)年12月 2005(平成17)年4月	2004.12.24少子化社会対策会議決定 子ども・子育て応援プラン (2005年度～09〔平成21〕年度)	地方公共団体，企業等における行動計画の策定・実施
2006(平成18)年6月	2006.6.20少子化社会対策会議決定 新しい少子化対策について	
2007(平成19)年12月	2007.12.27少子化社会対策会議決定 「子どもと家族を応援する日本」重点戦略	仕事と生活の調和(ワーク・ライフ・バランス)憲章 仕事と生活の調和推進のための行動指針
2008(平成20)年2月	「新待機児童ゼロ作戦」について	
2010(平成22)年1月	2010.1.29閣議決定 子ども・子育てビジョン	2010.1.29少子化社会対策会議決定 子どもと・子育て新システム検討会議
2010(平成22)年11月	待機児童解消「先取り」プロジェクト	

図1-1 子ども子育て新システム構築へ向けてのこれまでの取り組み経過

出所：内閣府『平成23年度版子ども子育て白書』。

「当面の緊急保育対策等を推進するための基本的考え方」(緊急保育対策等5カ年計画)が策定された。これは，共働き世帯の増大，核家族化の進行をふまえ，子育てと仕事を両立させる支援や家庭における子育て支援，子育てのための住宅および生活環境の目標設定を行うことにより，計画的に必要とされる環境の

整備をすることを目指したものである。

エンゼルプランはその後,「新エンゼルプラン」,「子ども子育て応援プラン」と引き継がれ,現在は「子育てビジョン」として子育て支援に関する環境整備を進めている（図1-1）。

第2節　子どもたちの生活環境

現在の子どもたちの置かれている生活環境の現状を見ると,経済の環境の変化や都市化,高学歴社会による生活環境の変化などにともない子どもの生活時間や遊びには質的な変化が見られる。子ども自らが主体的にあそび,自らの可能性を開花させ,生きる力の基礎を育成して行くことがむずかしくなってきており,子どものストレスに耐える力の低下が見られ,いじめや引きこもり,非行と言った心理・行動上の問題を誘発しやすくなっている。この点については児童相談所等で対応している相談内容などからも予測可能であり（図1-2「平成22年度に全国の児童相談所で受け付けた相談内容〔児童相談所における相談の種類別対応件数〕」参照），青少年の犯罪や非行の低年齢化と凶暴化傾向などが顕著となっている（詳細については別項を参照のこと）。

また,核家族等にともなう家族関係の質的な変化や,これまで見られていた地域において育まれてきたさまざまな人間関係の希薄化傾向も顕著となり家族や育児環境の孤立化傾向が進行し,近年では都市部における「孤独死」といった問題が発生してきている。

特に昨今の経済的な不況の影響を受け「貧困」や「格差」と言った問題が顕在化し,父親の長時間労働などにより家庭における父親の存在感の希薄化現象や,母親が仕事と家事の両立を求められ心身共に負担が増大し,さまざまな生活上のストレスを負わざるを得ない状態が見られる。社会の変化にともなって,共働きや子どもを持たない持てない夫婦,父親を持たない母子,夫婦別姓,離婚,事実婚とさまざまな家庭の形態が存在しており,普通の家庭生活を送っていたとしても,いつ失業や疾病,事故への遭遇といった事態に直面するかは誰

第 1 章　現代社会における社会的養護の意義

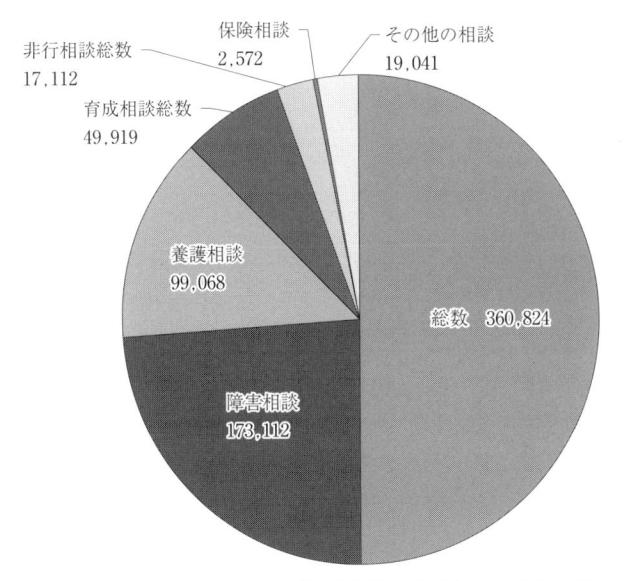

```
非行相談総数        保険相談         その他の相談
17,112            2,572          19,041
育成相談総数
49,919

養護相談
99,068                     総数　360,824

       障害相談
       173,112
```

図1-2　平成22年度に全国の児童相談所で受け付けた相談内容
（児童相談所における相談の種類別対応件数）

出所：平成22年度福祉行政報告例の概況。

しも予測困難であり，こうした場面に出会った時，**家庭崩壊**と言うような状態につながる恐れがある。

　こうした現状をふまえ，一般家庭を対象とした福祉面からの支援の必要性が高まり，児童養護という取り組みにおいてもこれまではあまり対象として認識されてこなかった家庭で生活する子どもを含めた養護活動への取り組みの必要性が提唱されるようになった。

重要語解説

家庭崩壊

　家族の離婚や経済的な問題などにより社会一般的な家庭の維持ができていない，または家庭そのものが，家族が散り散りになって暮らすような一家離散状態となり，家庭を構成すべきメンバーが一般的な家族としてつきあうことすらできなくなってしまった状態，家庭内に対立や不法行為，身体的虐待，性的虐待，心理的虐待，ネグレクト等が存在するような状態となった家庭のことを言う。

第3節　社会的養護を必要とする子どもたち

　社会的養護の支援を必要とする子どもたちは「要保護児童」もしくは「要支援児童」と言われることがある。社会的養護を必要とする要保護問題は児童を養育する保護者自身の問題（親の失業などにともなう**貧困**や自己破産，離婚，病気，精神的な疾病，家族の介護問題の健在化など）に起因する場合と，子ども自身の抱える問題（身体や知的な障害がある，病弱である，非行傾向など）に起因する場合とがある。いずれの場合においても，子どもに対する支援だけではなく，その家族や家庭への支援を並行して実施しないと問題は解決には結びつきにくい。

重要語解説

貧　困

　貧困と言う言葉は良く聞かれる言葉ではあるが，明確な定義がされているわけではないが，一般的には「経済的な理由などによって生活が苦しくなり，必要最低限の暮らしを維持することがむずかしくなった」状態のことを表す言葉として使用される。
　どのような状態が貧困なのかを判断する基準は人によってさまざまであるが貧困者数が増加すると生活上さまざまな支障が発生し，子どもの日常生活や教育に大きな影響を与える場合があり，社会的養護の充実をはじめとした国の対策が望まれるところである。

　どのような場合に社会的養護としての支援が必要となるのかについては児童相談所における相談の内容，および2007（平成19）年度から2010（平成22）年度までの「相談の種類別対応件数の年次推移」を検討してみると（図1－2，表1－1参照），障害児の療育に関する相談がもっとも多く，続いて養護問題に関する相談と続いていることが理解できることをつけ加えておきたい。また，図表には記載されてはいないが児童虐待に関する相談は年々増加傾向にある（詳細は後述されているのでそちらを参照のこと）。
　社会的養護を必要とする子どもは次のように整理することが可能である。
　①保護者に監護させることが不適当であると認められる児童。

表1-1 児童相談所における相談の種類別対応件数の年次推移

	平成18年度		19年度		20年度		21年度		22年度	
		構成割合(％)		構成割合(％)		構成割合(％)		構成割合(％)		構成割合(％)
総　　　数	381,757	100.0	367,852	100.0	364,414	100.0	371,800	100.0	360,824	100.0
障 害 相 談	194,871	51.0	182,053	49.5	182,524	50.1	192,082	51.7	173,112	48.0
養 護 相 談	78,863	20.7	83,505	22.7	85,274	23.4	87,596	23.6	99,068	27.5
育 成 相 談	61,061	16.0	58,958	16.0	55,005	15.1	51,794	13.9	49,919	13.8
非 行 相 談	17,166	4.5	17,670	4.8	17,172	4.7	17,690	4.8	17,112	4.7
保 健 相 談	4,313	1.1	3,411	0.9	2,970	0.8	2,835	0.8	2,572	0.7
その他の相談	25,483	6.7	22,255	6.0	21,469	5.9	19,803	5.3	19,041	5.3

注：平成22年度は，東日本大震災の影響により，宮城県，福島県を除いて集計した数値である。
出所：厚生労働省，平成22年度福祉行政報告例。

②保護者のいない（現に監督保護している者がいない）児童。

①については虐待されている児童や非行にかかわっている子どもたちで，具体的には保護者の虐待している児童。保護者のいちじるしい無理解，無関心のために放任されている児童。保護者の労働または疾病（しっぺい）などのために必要な監護（かんご）を受けることが困難な児童。知的障害や肢体不自由などの障害があるために保護者の力だけでは十分な監護を受けることが困難なため，専門の児童福祉施設に入所して保護，訓練・治療したほうがよいと認められる児童。不良行為（犯罪行為含む）を行う，または行う恐れのある児童等が含まれる。

②については孤児や保護者に遺棄（いき）された児童，保護者が犯罪を犯し，長期にわたり拘禁中（こうきんちゅう）の児童，家出した児童などが含まれる。

第4節　社会的養護の理念と概念

（1）基本的な考え方

これまで子どもたちの生活環境の現実について述べてきたが，それでは，次世代を担う子どもたちを育てて行くために私たちはどのような取り組みをして行かなくてはいけないのであろうか。子どもたちの福祉に関する基本法である「児童福祉法」，および，1951（昭和26）年に定められた「児童憲章」には次の

表1-2　児童福祉法（抜粋）

第1条　すべて国民は，児童が心身ともに健やかに生まれ，且つ，育成されるよう努めなければならない。
　②　すべて児童は，ひとしくその生活を保障され，愛護されなければならない
第2条　国及び地方公共団体は，児童の保護者とともに，児童を心身ともに健やかに育成する責任を負う。
第3条　前二条に規定するところは，児童の福祉を保障するための原理であり，この原理は，すべて児童に関する法令の施行にあたって，常に尊重されなければならない
第4条　この法律で，児童とは，満十八歳に満たない者をいい，児童を左のように分ける。
一　乳児　満一歳に満たない者
二　幼児　満一歳から，小学校就学の始期に達するまでの者
三　少年　小学校就学の始期から，満十八歳に達するまでの者

出所：児童福祉法より。

ように示されており，子どもを育てて行くために目指すべき課題を知ることが可能である（「児童憲章」については第4章第2節参照）。

（2）社会的養護とはどのようなことか

「子どもはだれが育てるのか」という点について考えてみると，先にふれた「児童の権利条約」に先んじて，1959（昭和34）年11月20日・国際連合第14回総会で採択された「**児童の権利宣言**」には次のように説明されており，児童は家族のもとで養育されるべきであることが明示されている。

児童の権利宣言（1959年11月20日・国際連合第14回総会採択）（抜粋）

第6条　児童は，その人格の完全な，かつ，調和した発展のため，愛情と理解とを必要とする。児童は，できるかぎり，その両親の責任の下にある保護の中で，また，いかなる場合において愛情と道徳的および物質的保証とのある環境の下で育てられなければならない。幼児は，例外的な場合を除き，その母から引き離されてはならない。社会および公の機関は，家庭のない児童および適当な生活維持の方法のない児童に対して特別の養護を与える義務を有する。子供の多い家庭に属する児童については，その援助のため，国その他の機関による費用の負担が望ましい。

また，2006（平成18）年6月に発表された「新しい少子化対策について」（少子化社会対策会議決定）によれば「子育ては第一義的には家族の責任であるが，子育て家庭を，国，地方公共団体，企業，地域等，社会全体で支援する」と示されている。
　こうした点をふまえた上で言えることは「子どもは両親の保護のもとで愛情に包まれて養育されることが必要である」ということである。
　しかし，さまざまな理由で親のもとで共に生活することが困難な環境に置かれ，本来保障されるべき基本的な養育環境を得られない子どもたちが存在している現実のある事を受け止める必要がある。社会的養護とは，「本来であれば親のもとで適切な環境が用意され，養育されるべき子どもたち」であるが，そうした環境が保障されない子どもたちに対して，「必要な養育環境を，国の責任において提供するための活動」であると言える。この点について厚生労働省の「社会保障審議会児童部会社会的養護専門委員会」の「児童養護施設等の社会的養護の課題に関する検討委員会」がとりまとめて報告した「社会的養護の課題と将来像」（2011〔平成23〕年7月）に「基本的な考え方」として次のような点が示されている。
　1）「社会的養護の理念と機能」として
　①社会的養護は，保護者のない児童や，保護者に監護させることが適当でない児童を，公的責任で社会的に養育し，保護すると共に，養育に大きな困難を抱える家庭への支援を行うことである。
　②社会的養護は，「子どもの最善の利益のために」という考え方と，「社会全体で子どもを育む」という考え方を理念とし，保護者の適切な養育を受けられない子どもを，社会の公的責任で保護養育し，子どもが心身ともに健康に育つ基本的な権利を保障する。
　さらに社会的養護の活動が持つべき基本的な機能として「養育機能」，「心理的ケア等の機能」，「地域支援等の機能」の3点を挙げている。
　最初の「養育機能」とは社会的養護のもっとも基本となる部分であり，本来であれば家庭で保障されるべき「基本的生活の保障」であり，「家庭での適切な

養育を受けられない子どもを養育する機能であり，社会的養護を必要とするすべての子どもに保障されるべきもの」であるとされている。

2番目の「心理的ケア等の機能」は，私たちが人として生活してゆく上でもっとも大切な「心の安定と豊かさ」に関する機能で，「親などからの虐待行為を受けるなどのさまざまな背景の下で，適切な養育が受けられなかったことなどにより生じる発達のゆがみや心の傷（心の成長の阻害と心理的不調等）を癒し，回復させ，適切な発達を図る機能」であるとされているが，この点については，子どもたちの養護活動にかかわる保育士をはじめとしたすべての者に「心の豊かさ」が求められることを心に留めるべきである。

3番目の「地域支援等の機能」は，子どもは「社会の一員」であることを具現化するための機能であり，「親子関係の再構築等の家庭環境の調整」，「地域における子どもの養育と保護者への支援」，「自立支援」，「施設退所後の相談支援（アフターケア）」などの機能が含まれる。

2）次に「社会的養護の役割」について考えてみる

①もっとも基本となる「生活の場としての」役割

子どもの成長発達にとってもっとも大切なことは「子どもが安全で安心して暮らすことのできる環境」の提供である。本来ならば，親を中心とする家族という集団の中で愛着関係を形成しつつ，心身の成長発達，社会性の適切な発達が促されることが必要であり，そうした生活を継続することにより生きていくために必要な意欲や，適切な人間関係の育成や社会性を身につけることが可能となり，自立支援へと導いて行くことが可能となる。

社会的養護の活動は「生活」ということがベースにあり，日々の生活が安全で安心した環境の中で営まれる必要がある。先にふれたことではあるが，当然のこととしてこうした活動に携わる者には，子どもの心身の成長や支援に関する学習や支援のための技法を学び，子どもたちに対する養護活動に活用して行くことが求められる。

②心の発達に影響を受けた子どもたちへの心の「保護と回復」を目指す役割

社会的養護の実践の場である「児童養護施設」は養育放棄や児童虐待等の理

由により家庭で適切な養育を受けられなかったり，親がいなかったり，または親が育てることが困難であるとして預けられる子どもが多い。特に，虐待を受けた子どもは，身体的な暴力によって生じる障害だけでなく，外観からはうかがい知ることの困難である情緒の形成や自己認知・対人認知，性格形成などの面において深刻な心理的ダメージを受けてしまっている場合が多い。

　児童養護施設などで取り組む社会的養護活動には，こうした子どもたちに対して「安心感」を持てる場所で，「大切にされる体験」を提供し，子どもたちに「自信（自己肯定感や主体性）」の回復を目指した支援を行う大切な役割を持っており，児童養護施設では心理治療を担当する職員の配置が義務づけられている。

　こうした活動を通して，安全で信頼できる「おとなの存在」を認識させると共に，日常の中で体験を積み重ね，子ども自身の回復する力を引き出し，虐待による被害の影響を修復していくと共に，エンパワーメントの活用や親子関係の調整を目指し，自立支援に向けての役割が求められていると言える。

　③「自立支援」へ向けての役割

　子どもを養育する時，自分の幼少期の体験はきわめて大きな影響がある。虐待をしてしまう親の中には，親から虐待を受けた経験を持つ（「虐待の世代間連鎖」と言われる）場合が少なくないと言われている。

　自立支援ということを目標として掲げるならば，こうした悪しき体験の記憶を断ち切る必要があり，社会的養護の活動には子どもが受けたさまざまな傷を癒やすと共に回復させ，自立へ向けてのスタートを切ることができるよう支援して行く役割が求められている。

　また，社会的養護としての支援を受けた子どもたちや，そこから育っていった人たちが，生活して行きやすい社会環境をつくり出すための役割も求められている。

― コラム ―

「この子らを世の光に」――糸賀一雄の思想

　戦後の知的障害児（者）の福祉に貢献した先駆者の中で忘れてはいけない一人に糸賀一雄がいる（敬称は省略する）。

　糸賀は，滋賀県庁の職員であったが知的障害児（当時は「精神薄弱児」と言われていた）の教育や福祉に力を注ぎ，国などによる公的な施設などの全く認められなかった時代に寄付を募り，近江学園を創設，その後「びわこ学園」を創設し，戦後の知的障害児や重症心身障害児福祉の発展に大きな功績を残し，糸賀の福祉に関する考え方は高く評価されている。糸賀は，自書「この子らを世の光に」自伝・近江学園二十年の願いの中で次のように述べている。

　「近江学園ははじめからいまにいたるまでこの子どもたちへの愛情と共感でむすばれた学園であったからである。精神薄弱児にしても，その生命がひとりひとり，かけがえのないものだということを，私たちははじめから知っていた。理屈をこえて直観していた。どんな子どもも捨てられてはいけないのである。近江学園にきた同志も，これを助けてくださった世間のひとびとも，この一点で深く，かたく結ばれていたのである。

　学園の正面玄関脇に，森大造先生の手になる，箒（ほうき）を手にしている母子像があって，散歩から帰ってくる子どもたちや，また遠来のお客様を第一番に迎えてくれるが，私はこの母子像に『世の光』と名づけた。世の光というのは聖書の言葉であるが，私はこの言葉のなかに，『精神薄弱といわれる人たちを世の光たらしめることが学園の仕事である精神薄弱な人たち自身の真実な生き方が世の光となるのであって，それを助ける私たち自身や世の中の人々が，かえって人間の生命の真実に目ざめ救われていくのだ』という願いと思いをこめている。近江学園二十年の歩みとは，このことを肌身に感じ確めさらに深く味わってきた歩みといえるのである」。

　さらに，「障害児の福祉について『この子らを世の光に』であって，『この子らに世の光を』ではない」と訴えた。そして，「『この子らを世の光に』と『この子らに世の光を』の違いについて，『を』と『に』が逆になれば，この子どもたちは哀みを求めるかわいそうな子どもになってしまう。しかし，この子らは，みずみずしい生命にあふれ，むしろ回りの私たちに，そして世の人々に，自分の生命のみずみずしさを気づかせてくれるすばらしい人格そのものであって，この子らこそ『世の光』であり，『世の光』たらしめるべく，私たちは努力しなければなりません」と訴えた。

　糸賀は，「この子らを世の光に……」の言葉を残して，54歳という若さで講演中に倒れ，帰らぬ人となったが，彼の思想は現在でも障害児福祉の活動にかかわる多くの実践家を支える礎（いしずえ）となっている。

　糸賀の著書には「この子らを世の光に」，「愛と共感の教育」，「福祉の思想」などがあるので一読をお勧めする。

第１章　現代社会における社会的養護の意義

第5節　社会的養護の基本的方向

（１）「個（一人ひとり）を大切にした養護」の推進

　社会的養護という活動は児童福祉施設を中心として展開される場合が多い。これまで児童福祉施設は量的な充足を中心として環境整備が進められてきており，個人の生活の充実などを目標とした質的な面では十分な環境整備が行われてきたとは言えず，今後「社会的養護の活動を推進して行くためには質的な面の充実を目指した環境改善が必要」となってくる。

　家庭では通常親と子どもとの共同生活が営まれるが，この関係は特別な事態が無い限り安定的に継続される関係として存在する。

　社会的養護の目標として「子どもの健全な成長・発達」を考えた時，家庭と同様な関係の中での支援を提供することが望まれる。

　社会的養護の活動は家庭養護（里親，ファミリーホーム等）と家庭的養護（地域小規模児童養護施設，小規模グループケア等）および施設養護（児童養護施設，乳児院等）とに分類され，提供されている。通常，施設養護の場合には大きな集団での生活をベースとした生活環境の整備が行われており，一人ひとりを大切とした環境整備はむずかしい。一人ひとりを大切にするためには可能な限り生活単位を小規模化し，家庭的な養育環境をつくって行くことが必要であり，小規模グループケアやグループホームなど小規模化した生活環境の整備が求められている。

（２）「個の必要とする養護」の提供

　社会的養護を必要とする子どもたちが必要とする支援はさまざまである。幼少期に適切な養育環境を得ることができなくて愛着形成の形成不全や，児童虐待などによる不適切な親子関係などにより心に傷を抱えている子どもたちや，心身に障害を負っていて特別な配慮を必要とする子どもなどがいる。社会的養護の活動においては，「この子どもが必要としていることはどのようなことで

あろうか」という視点が不可欠である。個の必要とする養護課題を適切に把握し，自立した生活を営むことのできるよう，専門的な知識や技術を駆使して必要なケアや養育を提供して行くことが必要であり，研修等を含めた環境の整備と支援技術の向上を図って行く必要がある。

（3）「自立した生活を支える養護」の提供
　社会的養護を受け育った子どもは「特別な存在」であってはいけない。
　「施設で育った」ことを意識しなくても自立した生活をして行けるよう，ひとりの人間として生きていく基本的な力（生活力）を身につけることのできる養育が必要である。具体的には自己肯定感（自分自身の存在を認める）を育み自分らしく生きる力，自分のことだけではなく他者を思いやり協調していく力，生活して行くために必要な基本的スキルの獲得などである。また，施設退所後の相談支援（アフターケア）の充実が必要である。
　社会的養護の実践の場として施設という環境が存在するが，施設は閉鎖された特別の場であってはいけない。社会的養護の活動を支えるセンター的な役割が求められており，施設の持つソーシャルワーク機能を高め，施設を地域の社会的養護の拠点として関係行政機関，教育機関，施設，里親，子育て支援組織，市民団体などと連携しながら，社会的養護を必要とする子どもたちの家族の支援や地域支援の充実を図っていくことが必要である。

【演習課題】
1　社会的養護とはどのようなことか，社会的養護の目的や役割について500字程度でまとめて下さい。
2　「自立支援」とはどのようなことか500字程度でまとめて下さい。

〈引用・参考文献〉
青木紀久代『親のメンタルヘルス』ぎょうせい出版，2009年。
北川清一編『児童福祉施設と実践方法——養護原理とソーシャルワーク』中央法規出版，2005年。
小池由佳・山縣文治編『社会的養護』ミネルヴァ書房，2010年。
坂本正路・村田紋子・吉田眞理『児童の福祉を支える養護原理』萌文書林，2006年。
社会福祉法人恩賜財団母子愛育会，日本子ども家庭総合研究所『日本子ども資料年鑑2012』KTC中央出版，2012年。
田嶌誠一『児童福祉施設における暴力問題の理解と対応』金剛出版，2011年。
東京都知的障害者施設家族連合会等連合会『施設は子らの故郷』，2010年。
仲淳『子どものこころが見えてくる本』あいり出版，2010年。
松本峰雄編『子どもの養護』建帛社，2011年。
厚生労働省『平成23年版　厚生労働白書』。
厚生労働省『平成22年版　厚生労働白書』。
内閣府『平成24年版　子ども・若者白書』。
内閣府『平成23年版　子ども・子育て白書』。
内閣府『平成24年版　子ども・子育て白書』。
内閣府『子ども・子育てビジョン』，2010年。
厚生労働省「平成22年度福祉行政報告例」。
厚生労働省「平成23年度全国児童福祉主管課長会議資料」，2012年。
厚生労働省「平成24年度全国児童福祉主管課長・児童相談所長会議資料」，2012年。
厚生労働省「保育所関連状況とりまとめ」，2011年。
「明日の安心と成長のための緊急経済対策」，2010年12月8日，閣議決定。
「新しい少子化対策について」(2006〔平成18〕年6月内閣府少子化社会対策会議決定)。
子ども・子育て新システム検討会「子ども・子育て新システムに関する中間とりまとめについて」，2011年7月。
社会保障審議会児童部会社会的養護専門委員会・児童養護施設等の社会的養護の課題に関する検討委員会「社会的養護の課題と将来像」(2011〔平成23〕年7月)。

(小野澤　昇)

第2章
社会的養護の歴史的変遷と今日的課題

- 学習のポイント -

　社会的養護の歴史を学習するにあたって重要な点は、児童福祉の制度や施策の始まりがどの場所（国・地域）であったのか、そして、その始まりから現在まで、どのような変化をしてきたのかを確認するかにある。本章では、まず、イギリスを中心とする貧困対策から始まった社会的養護の歴史を学び、次にその影響を受けた日本の児童養護の歴史を学び、現代の児童養護の今日的課題を考える。

第1節　欧州の児童養護の変遷

（1）村落での相互扶助として行われた児童養護

　欧州の中世時代は、封建社会の中で領主を中心とした身分制度が確立し、生活困窮者の救済も地縁、血縁関係による村落の共同体で行う助け合い（相互扶助）が中心であった。その後、キリスト教が広まり教会や修道院が各地につくられるようになると、村落で助け合うことができない身寄りのない児童や高齢者、重病人や障害者などの人びとは、教会の付属施設や宿泊所に救済保護されていた。[1]

　このように、この時代の児童養護は、国が中心となって子どもたちを救済保護しようとするよりも村落での助けあいや宗教的団体が行う相互扶助的な色彩の強い救済が主であった。

（2）救貧法成立期にあたっての児童養護

　近世・近代の時代は，産業が農業中心から商業化・工業化していく中で，地方では，村落共同体中心の相互扶助の体制が徐々に解体されて行った。一方，都市部では，地方から農民が流入し，失業者，浮浪者，犯罪者などが集まるスラム街が形成されるなど治安や衛生上に問題を抱えていた。[(2)]

　このような社会状況に対してイギリスでは，**エリザベス救貧法**（1601年）が成立した。この法律は，貧民増加による社会不安を抑制するための法律で，実際にはこの法律以前の1531年に救貧法は存在していたが，国家的・総合的な救貧法としては初めて成立したものである。救貧法は近代的な社会福祉制度の先駆として模範のひとつとされ，諸外国も福祉制度の導入にあたって参考にした。これまで地域や民間人の自主的な意思に任されていた貧民に対する援助から，国家として組織的に貧民を救済する社会事業として取り組む契機となるものであった。救貧法に定める貧民の中には，子どもも含まれており，孤児や棄児あるいは祖父母等から扶養を受けられない児童がこれに該当していた。

　そして，親のいない働ける子どもは，教会を1つの単位に親方の家に住み込ませ，職業技術や生活能力を向上させることを目的とした教区徒弟制度にもとづいて親方のもとで最低限の生活をみてもらいながら無賃で強制的に働かされた。また，働くことのできない幼い児童は，救貧院（ワークハウス）と呼ばれる施設に収容された。この時代の施設収容の目的は，**隔離収容**であり，施設での生活は，「**混合収容**」と「**劣等処遇の原則**」をもとに行われていた。

コラム

エリザベス救貧法における貧民，劣等処遇とは

　エリザベス救貧法では，貧民を，①有能貧民（able-bodied poor：働ける能力があるが仕事がないなどの理由で貧困の者），②無能貧民（impotent poor：障害や高齢などによって働くことができないなどの理由で貧困の者），③子ども（child）の3つに区分していた。また，劣等処遇が原則とされた。劣等処遇とは，保護を受けず自力生活をしている人の生活水準よりも，劣る救済を原則とした厳しい内容の処遇を行うということである。たとえば，自活者の最低生活が「パン1個と牛乳1杯程度の食事が1日1回で雨がしのげる小屋と4，5時間の睡眠」であったのなら，それ以下の生活

水準を基準にしなければならないということである。この原則は，保護を求める者が少なくなることを意図していた。

重要語解説

隔離収容と混合収容

　隔離収容とは，街に浮浪者や孤児などが放置されることにより都市の治安や衛生上の問題が発生することを防ぐことを目的に，民衆社会との交流を遮断して収容した。
　混合収容とは，この時代，児童のみを対象とした施設は存在せず，老人や病人，障害がある人など働く能力がない大人と一緒に収容させていた。その収容形態の名称。反対概念としては分離収容がある。

（3）近代思想家の影響からの社会的養護

　18世紀から19世紀に起こった産業革命は，都市部に工場制機械工業をもたらし多くの労働力を必要としていた時代であった。この時代の一部の子どもたちは，さらに労働力として過酷な労働を強いられていた。一方，「小さなおとな」という児童観にもとづく非人権的な子どもへの扱いに対して，ルソー，ペスタロッチ，オーウェン，エレン・ケイなどの社会思想家，教育学者や実践家たちは，子どもを大人とは違う固有のかけがえのない存在として，それぞれの立場から社会的な必要性を主張していった。[(3)]

　これら社会思想家による子どもの提唱は，子どもとは大人と違う，独自の世界を持つ存在であり子どもを「小さな大人」として観ていた人たちに，子どもの存在を発見させ，子ども時代を大切にする児童観を提唱した。さらに，この時代，救貧院（ワークハウス）などの収容施設での非人間的な扱いを受けていた子どもに対して社会的な批判が向けられ人権保障へ向けた提唱と取組みに発展していった。

　特に，子どもを救貧院（ワークハウス）などの施設で「混合収容」，「劣等処遇」をしていくことは，子どもの健全な発達を促す上でも，より良い社会を作って行く上でも好ましくないという反省が生まれた。そのことから，子どものみを対象とした施設として孤児院がつくられるようになった。ここに児童に対

する社会的養護の始まりともいえる「分類収容」が開始されたのである。具体的な取り組みとしては，1844年イギリスの議会で，施設は子どもと大人を分離して入所させることが決定され，児童施設として位置づけられた。この児童施設では，しつけや簡単な読み書きなどの教育も行われるようになっていった。

重要語解説

「子ども」に対してさまざまな思想・見解を提唱した人たち

●ルソー（1712～1778年）
　フランスの哲学者。自分の子どもを孤児院に預けた経験をもとに書いたと言われる著書『エミール』で，子どもには，子ども特有の感じ方，考え方など自然の本性があり，それに即して子どもを育てることが重要であるという子どもの発達段階論を唱えた。子どもも主体的な存在であるルソーの視点は，「子どもの発見」として近代児童観に関与し後世に広く知られている。

●ペスタロッチ（1746～1827年）
　スイスの教育実践家。貧しい農民の子どもに労働と教育を一体とする貧民学校を営み，後に内戦によって家を失った子どもの世話を引き受け，孤児院を営んだ経験から，個性に応じた指導により，子どもの生得的で自然な力を引き出すことが可能であるという理論を展開し，幼児教育実践の先駆者となった。

●オーウェン（1771～1858年）
　イギリスの社会改革家。自身が徒弟の経験からイギリス最大の紡績工場の支配人となり，1800年からスコットランドの紡績工場を経営した経験から，生涯教育，協同組合などの人道主義的施策を導入した。特に子どもが劣悪な条件のもと酷使されていることを憂い，「人間の人格は，環境の産物である」という観点から，子どもの環境改善を訴えた。そして，工場内の女性・子どもの労働を保護する工場法を制定した。

●エレン・ケイ（1849～1926年）
　スウェーデンの社会思想家，教育学者。著書『児童の世紀』の中で，子どもが労働や戦争の犠牲になった時代を憂慮し，来るべき20世紀こそは，子ども中心の教育がなされ，子どもの権利が保障されるべきであると主張した。また，教育の機会は，誰に対しても門戸が開かれ平等であること，学校における階級制や性別による差別を撤廃することについても言及し，後の児童福祉の思想に影響を与えた。

（4）施設養護と家庭的養護・ホスピタリズム

　19世紀の施設養護は，「混合収容」の時代と比べると多少の改善はあったも

のの，保護を必要とする子どもの数が増大する中で孤児院の数が圧倒的に少なかった。そのため，1施設あたり数百人規模の入所者数という孤児院も少なくなかった。さらに，20世紀に入ると2度の世界大戦によって，追い打ちをかけるように孤児，棄児（きじ）が増大し，施設養護現場は，まさに混迷の時代であった。

この時期，アメリカでは，1909年児童福祉白亜館（はくあかん）会議（白亜館とはホワイトハウスのこと）でルーズベルト大統領が「家庭は，人類が創造したもっとも高く美しい所産である」という表現を用いて，人が人として生きる上で，家庭こそがその基盤であることを訴えた。何らかの理由で，子どもが家庭生活を送ることができない場合にも，可能な限り家庭的な養育を保障すべきであるという考えは，アメリカにおける養護理論の基本となった。そして，制度としての里親の普及，啓蒙活動が進められ，施設養護も小舎制の提案がなされ「施設の家庭化」が重視された。(4)

また，世界的には，**ホスピタリズム**が論争として顕著となった時期でもある。ホスピタリズムとは，施設で育った子どもに共通してみられる身体的・性格的特性のことで，「施設病」，あるいは「施設神経症」とも言われ，乳幼児期より家庭から離れ，施設で暮らす子どもには，情緒面，性格面，行動面において施設特有の歪みが現れることが論じられた。

重要語解説

ホスピタリズム論争

1951（昭和26）年，家庭を失った子どもに対する社会的養護のあり方についてイギリスの精神科医ボウルビーを委員長としたWHOの調査研究のボウルビー報告『Maternal Care and Mental Health』（1951年）は，これまでのホスピタリズム論と相まって，施設養護のあり方や家庭的養護への移行を推進する方向性へと影響するものであった。この報告書では，「乳幼児期は母親もしくは母親代わりとなる女性の一貫した養育，温かい人間関係が不可欠であること」，「その関係が欠けている状況（母子剥奪（はくだつ）），施設で集団生活を送っている者には明らかに心身の発達に遅れや問題が生じていること」，「そして，青年期やおとなになってもその影響は消えないこと」，「したがって家庭での養育が困難な場合は養子縁組，里親委託を第一にすべきこと」，「乳幼児の施設養護は避け，年長児であってもできるだけ短期間とし，施設規模は小さく

かつ小舎制が望ましいこと」などが示された。[5]

　このように欧米の福祉先進国においての施設養護は，戦争の混乱があったものの家庭的養護論，ホスピタリズム論の台頭から施設環境の改善，里親制度の充実への取り組みが行われた時期であった。

第2節　わが国における戦前までの児童養護の変遷

（1）古代社会の児童養護

　古代社会の生活困窮者を含めた子どもの養護は，地縁，血縁関係を中心に地域社会で行う，お互いの助けあい（相互扶助）が中心であった。これに加えて，平安時代に聖徳太子が仏教信仰の立場から四天王寺（593年）を建立した中の四箇院の活動が組織的な活動の始まりとされている。四箇院とは悲田院（救済施設），敬田院（教化施設），施薬院（薬草栽培，投薬機関），療病院（病院施設）の総称のことである。この四箇院のうちの悲田院では，孤児や棄児，貧困者を救済することを目的に施設に入所させていたことから社会福祉施設の源流とされている。また，その後の奈良時代でも，聖武天皇の皇后の光明皇后が723年に建立した悲田院での孤児，棄児の収容保護事業を行なったことや，孝謙上皇の女官の和気広虫は764年に83人の飢えや疫病の蔓延に起因する孤児，棄児のみを救済保護したことなどが記録として残っている。

（2）封建社会の児童養護

　封建社会での子ども観は，親に対して絶対服従という忠孝思想が支配していた。よって，子どもは，独立した人格をもった固有の存在ではなく，親に対して絶対的に従う立場であった。そのような関係の中で子どもは家業・家事の働き手として扱われていた。そして，一部の上級武士を除き，下級武士，商人，農民の間で生活苦になると堕胎や嬰児殺しなどが頻繁に行われていた時代でもあった。

このような状況の中，鎌倉・室町時代においても古代社会と同じく，叡尊，忍性，重源らの仏僧が中心となって，棄児や病人への救済・収容保護が行われていた。同時に，室町時代末期には，キリスト教が伝来し，これまで仏教思想を中心とした組織的な救済のみならず，一部の地域ではあったがキリスト教徒による救済保護も行われるようになった。

　この時代の児童養護は，仏教・キリスト教などの宗教的慈善救済活動として，その対象者の貧民を中心にして子どもも含めて救済・保護収容事業が行われてきたと言える。しかし，規模的には全国各地で大規模に行われてきたものではなく，一部の寺社の僧侶たちが実施してきたにすぎない。

　特に，江戸時代に入り，キリスト教徒による救済保護事業に限っては，国家権力者や江戸幕府が公布するバテレン追放令やキリシタン禁止令によって消滅の途をたどるに至ってしまった。このような状況の中，江戸幕府がとった救済方法のひとつとして「五人組制度」がある。この制度は，町村に作らせた隣保組織で，近隣の五戸をひとつの組織として，火災，キリシタン，浮浪人の取り締まりなどを中心に連帯責任として相互扶助にあたらせるものであった。この相互扶助の役割の中に，孤児・棄児の扶助・行旅病人の保護・間引きの禁止・人身売買の禁止などの内容が盛り込まれていた。また，松平定信は，1783年の天明の大飢饉の対策として，無宿者を対象に石川島に人足寄場をつくり職業の提供と訓練を行うなどの救貧事業を行ったり，子どもの堕胎・圧殺を厳重に取り締まると共に養育米補給制を実施したり，町会所を設けて町費の余剰金を貯蓄して棄児，貧児，孤児に金品等与えるなど，救貧・児童保護対策に努力した。

コラム

江戸時代の大飢饉

　飢饉とは農作物が実らず，食物が欠乏して飢え苦しむことを言い，天明の大飢饉は1782年から1787に発生した飢饉である。また，江戸時代には，天明の大飢饉，寛永の大飢饉（1642年から1643年），享保の大飢饉（1732年），天保の大飢饉（1833年から1839年）が発生しており，これらを江戸の四大飢饉としている。

表2-1　明治時代の救済制度

●堕胎禁止令
　1868（明治元）年に布告した堕胎禁止令は，明治政府樹立以前の幕藩体制時にも課題であった堕胎，嬰児殺し，親子心中，棄児，人身売買などに対して十分に効果が得られていなかったことを鑑み，新政府が新たな法令をもってその徹底を図ることを目的としたものであった。
●棄児養育米給与方
　1871（明治4）年に布告した棄児養育米給与方は，棄児を養育する者に対して，棄児が15歳に達するまで毎年米15斗を支給し，棄児養育の奨励を図るものであった。
●人身売買禁止令
　1872（明治5）年に布告した人身売買禁止令は，人の売買は人の道に背くことであり，厳に禁止するというものであった。
●恤救規則
　1874（明治7）年に制定した恤救規則は，貧困者に対する一般的救済制度として，また児童福祉を政策の対象として位置付けられた点においては，画期的な制度であった。しかし，その救済は，「人民相互の情誼」を基本としており，対象もその網から漏れた身寄りのない者という限定的なものであったため，実際に保護の対象となる者はほとんどいなかった。加えて，方法は，在宅保護であり，当初は救助米という現物支給であった。
●養育米給与方
　1876（明治9）年に布告した養育米給与方は，多子（三子）出産の困窮者に対して一時金5円を養育料として給与するというもので，国策として出産の奨励保護対策を打ち出したものでもあった。
●感化法
　1900（明治33）年に制定した感化法は，民間の感化事業が活発化してきたことや，非行・不良少年の激増に対応するものとして成立した。内容は，満8歳から16歳未満の少年で，適当な親権者・後見人のいない非行少年を感化院（非行少年や非行少女の保護・教化の目的で設けられた施設）に入所させ教護することを規定するものであった。

（3）明治期の児童養護

1）明治時代の救済制度

　明治期は，近代国家へと変化を遂げる中，急激な社会変動や社会不安から多くの貧困層をつくり出すことになった。このような社会状況の中，棄児や孤児も多くなり，窮乏した農民の間では堕胎や間引き，人身売買も行われていた。これに対し政府は，制度を定め，児童に対する保護・救済・取締りをおこなっていた。しかし，政府のとった児童保護施策は不十分であったため，子どもたちを取り巻く社会環境は悪化するばかりであった。このような社会状況から民間の篤志家による慈善事業は活発化していくことになった。[6]

　この時代に行われた，主な救済制度は表2-1の通りである。

表2-2 明治時代の社会的養護の実践活動

●石井十次による岡山孤児院
　1887（明治20）年にクリスチャンであった石井十次（1865～1914年）は，「岡山孤児院」を設立した。石井十次は，岡山医専（現岡山大学医学部）の医学生であったが，実習中に巡礼者の子供を引き取ったことから孤児教育会をつくり，医師への道を断念し，孤児の教育に専念したのが始まりとされる。彼は，ルソーの思想やバーナード・ホームの実践に影響を受け，「岡山孤児院12則」を定めて，施設養護においての処遇技術に先駆的な功績を残した。

●石井亮一による滝乃川学園
　1891（明治24）年に石井亮一（1867～1937年）は，わが国最初の知的障害児施設である「滝乃川学園」を創設した。前身は「聖三一弧女学院」という少女の孤児を対象とした女子教育施設であったが，濃尾大地震の際，多数の孤児が発生し，その中の年端のいかぬ少女たちが売春目的に取引されている実状を耳にした石井が，この問題を憂慮し，現地に駆けつけ，16名の少女孤児を引き取り，そのうちの2名に知的発達の恐れがあることを見つけたことに起源を持つ。その後，石井は，2度にわたって渡米し，知的障害に関する学問を学び，知的障害児施設を訪問するなど勢力的に見聞を広めた。帰国後1897年に「滝乃川学園」と改称し，知的障害者に特化してその保護・教育・自立を目指す教育・養護・研究・職員養成施設として総合的な福祉施設を目指した。

●留岡幸助による東京（巣鴨）家庭学校
　1899（明治32）年にクリスチャンであった留岡幸助（1864～1934年）は，児童自立支援施設（旧教護院）の原型となった「東京家庭学校」を創設した。留岡は，同志社神学校（現同志社大学）を卒業後，北海道空知監獄の教誨師（犯罪を犯した人に教え諭す人）となった後，アメリカで感化事業を学び，巣鴨監獄の教誨師を経て，この施設を創設した。その基本方針は，家庭的雰囲気の中で生活をしながら農業を主とする勤労によって体を鍛え，学習によって知能を開発し，キリスト教の精神により精神面の安定を図るというものであった。彼の感化思想と実践は家庭小舎制方式と共に感化施設の伝統を形成した。

●野口幽香による二葉幼稚園
　1900（明治33）年にクリスチャンであった野口幽香（1866～1950年）は，貧困家庭の子どもを対象とした「二葉幼稚園」を創設した。野口は，華族女学校付属幼稚園に通う通勤途中に見ていた，道端で地面に字を書いて遊んでいる子どもと，多数の付き添いに命令する付属幼稚園の園児との間に落差を感じ，貧しい子どもたちにも保育の必要性を考えるようになったことがきっかけで「貧民幼稚園」を創設した。後に場所を東京四谷のスラム街に移転させ，託児所機能を持たせながら親との話し合いを通してさまざまな家族の生活上の課題に取り組むなど，徐々に託児所へと転換していった。二葉幼稚園は1916（大正5）年，事業や社会制度の変化に合わせて二葉幼稚園を二葉保育園に改称した。

●赤沢鐘美による保育施設
　赤沢鐘美（1864～1937年）は，1890（明治23）年同市に小中学校課程を教える新潟静修学校を設立。同時に，仲子夫人が新潟静修学校に付設した保育施設（1908〔明治41〕年）に「守孤扶独幼稚児保護会に改称」を開設した。これが日本最初の保育所である。

2）民間の実践者らの取り組み

　明治時代は，キリスト教の実践者による活動からさまざまな福祉活動が行われた。山室軍平の救世軍運動や，廃娼運動を行った日本基督教婦人矯風会の取

り組みや，社会的養護に関しては，石井十次，石井亮一などの活躍がある。主な実践者による取り組みは表2-2の通りである。

（4）大正期の児童養護

　大正期は，1914（大正3）年に始まった第1次世界大戦，1918（大正7）年に各地で始まった米騒動，そして1923（大正12）年の関東大震災など，資本主義社会へ移行して間もない，わが国にとって厳しい国内情勢であった。国民生活は，物資不足と物価上昇，多くの失業者を出すなど深刻な不安を抱え，その結果，経済不安は家庭崩壊，乳幼児の死亡率の増加，労働のため就学できない子どもの増加など新たな社会問題を招き，これまでにも問題解決できなかった孤児，棄児，非行，不良児の問題に加えて広範囲な子どもの問題として広がる結果となった。

　このような重大な事態に対して政府は，1920（大正9）年に内務省に社会局を設置し，国が初めて子どもの保護を所管する部署を置くこととした。その結果，妊産婦保護，乳幼児保護，貧児保護，労働児童保護，病弱児保護，義務教育終了時保護，児童虐待防止事業，感化事業，障害児保護など多くの児童保護事業とそれに関連する児童保護施設が増加することとなった。

　なお，法制度としては，1911年（明治44）年に制定され1916（大正5）年に施行した「工場法」がある。工場法は，12歳未満の児童の就業禁止，15歳未満の児童の12時間労働および深夜業の禁止等を規定していた。しかし，実際には小規模工場には適用されない例外規定が多く，依然，過酷な労働条件で働く子どもも少なくない状況であった。

　教育関連の規定では，1913（大正2）年に文部省所管事項に盲唖教育と特殊教育が加えられ，1923（大正12）年に盲学校および聾唖学校令が交付された。非行に関連する法律としては，1922（大正11）年に「少年法」と「矯正院法」が成立した。少年法は，18歳未満の者を対象に保護処分や少年審判所の手続きについて規定している。

　公的保育事業としては，1919（大正8）年に大阪市，1920（大正9）年に京都

市, 1921 (大正10) 年に東京市で「公立託児所」が設置された。また, 地方の農村地域では, 大正末期から昭和初期に農繁期託児所が設置された。

感化教育・事業に関する施設としては, 1919 (大正 8) 年に「国立感化院 (現武蔵野学院)」が設置された。この施設では, 重度の非行児童の感化を行うと共に, 感化事業の調査研究や職員養成が行われた。

―― コラム ――

大正期の社会福祉施設事業

●柏学園

1921 (大正10) 年に柏倉松蔵 (1882～1964年) は, わが国で最初の肢体不自由児施設クリュッペルハイム「柏学園」創設した。柏倉は, 岡山師範学校の体育教師の経験から肢体不自由児に深い関心を抱き, 妻と共に肢体不自由児の療育に尽力した。ここでの理念は,「病院風ではなく学校風に, 治療のあいまに遊戯もさせ, 学科も教える」というものであった。

●筑波学園

1923 (大正12) 年に岡野豊四郎 (1892～1964年) は茨城県で初めての精神薄弱者 (現知的障害者) のための施設「筑波学園」を創設した。岡野は, 教育者の経験から不良化少年している精神薄弱者の保護と教育に尽力していた。

●高木憲次と整肢療護園

1916 (大正 5) 年に高木憲次 (1889～1963年) は, 東京のスラム街などをまわって肢体不自由児の巡回療育相談を開始した。この取り組みは, 治療・教育・職能を一体とする療育理念の基礎をつくった。さらに, わが国初の肢体不自由児施設である整枝療護園の初代理事長に就任する。「肢体不自由児の父」と呼ばれている。

●その他の社会福祉施設事業

病虚弱児関係では, 1917 (大正 6) 年の「白十字茅ヶ崎林間学校」や, 1926 (大正15) 年の「一の宮学園」の開設がこの時期に行われた。

知的障害児関係では, 明治後期に遡るが1909 (明治42) 年に脇田良吉による「白川学園」, 1911 (大正元) 年に川田貞治郎による「日本心育園」, 1916 (大正 5) 年に岩崎佐一による「桃花塾」など開設が行われた。

(5) 昭和戦前期の児童養護

昭和戦前期の国民は, 1929 (昭和 4) 年に起こった世界大恐慌などにより, 大正期と変わらず厳しい生活を余儀なくされていた。子どもの問題も, 欠食児

童の増加，親子心中，児童虐待や非行少年の増加など依然として抱えていた。政府は，この事態に対応するために財源確保が困難な中，新たな対応策を打ち出すが，1937（昭和12）年の日中戦争，1941（昭和16）年の太平洋戦争へと突入し，戦時体制下においての制度的対応は，戦況悪化とともに後退・縮小の方向をたどっていった。また，この時期の民間による施設・事業の取り組みも，施設の子どもも疎開したり，施設経費や食料等厳しい状況であった。

コラム

救護法

生活困窮者の対応施策として恤救規則（じゅっきゅうきそく）（1874〔明治7〕年）に代わって1929（昭和4）年に「救護法」が制定された。この法律の子どもに関連する内容としては，生活困窮者妊産婦，13歳以下の困窮した子ども，乳児を持つ困窮母子家庭などの救護があり，その方法は，原則として在宅保護であったが，これに加えて施設保護も規定された。施設保護の種類は，養老院（現老人福祉施設），孤児院，病院等が示され，これまでの孤児院は「救護施設」として位置づけられた。また，救護施設の費用は居住地の市町村が負担するというものであった。この法律は，財政面の問題から制定後3年を経過しての施行であった。

非行児の対策として，これまでの感化法を廃止して1933（昭和8）年に「少年教護法」が制定された。このことによって「感化院」は「少年教護院」として位置づけられた。この法律の対象は，不良行為をした若しくはそのおそれのある14歳未満の子どもであって，少年教護院へ入院させるほか，少年教護委員の観察を付することなどによって保護を図ることとしていた。

コラム

児童虐待防止法

経済恐慌による親子心中，女児の身売り，過酷な児童労働の実態などの児童虐待の防止施策として，1933（昭和8）年に「児童虐待防止法」が制定された。この法律は，14歳未満の子どもについて障害児を観覧（かんらん）に供する行為や，その他の虐待や酷使を禁止するものであった。なお，この時期に制定された児童虐待防止法は，のちの2000（平成12）年に制定された「児童虐待の防止等に関する法律」と名称が類似しているが，

> 法律の目的や虐待を定義する内容等，異なるものである。

　戦時体制下では，兵力として夫や父親が動員されて行き，あとに残された母子世帯が生活困窮によって母子心中を図る状況が増加していた。1937（昭和12）年に「母子保健法」が制定された。この法律は，13歳以下の子どもを養育している貧困母子家庭を対象として生活・養育・生業の扶助の実施を規定するものであった。その所管として1938（昭和13）年には，厚生省が設置され，国民の健全な育成を目的に1940（昭和15）年に「国民体力法」，「国民優生保護法」が，1942（昭和17）年に「妊産婦手帳規定」が制定されるに至った。この背景としては，戦時体制下において健康で忠良な国民の育成と強力な軍人の育成があったとされている。

　また，この時期は，「日本育児事業協会」，「少年教護教会」，「精神薄弱児愛護協会」などの児童保護の事業別連絡協議機関の組織化が進んだ時期でもあった。

第3節　わが国における戦後の児童養護の変遷

（1）戦後混乱期の児童養護

　終戦直後の子どもの状況は，惨澹（さんたん）たるもので，戦争で親や家をなくした「戦災孤児」や外地から引き揚げてきた「引き揚げ孤児」たちが街にあふれ，想像を絶する悲惨な生活環境の中で生きていた。これに対し，国が行わなければならない当面の緊急課題は，これら戦災孤児，引き揚げ孤児や浮浪児となってしまっている子どもたちをいかに保護するかということであった。そこで政府は，1945（昭和20）年に「戦災孤児等保護対策要綱」と「戦災引揚孤児援護要綱」を策定し，施設収容が困難な状況を踏まえて個人家庭への委託，養子縁組の斡旋による孤児の保護を基本とする対応を打ち出した　1948（昭和23）年の「全国一斉孤児調査」では，18歳未満の孤児は12万3,504人に上り，その中で公私の児童福祉施設に保護された者が1万2,216人，親戚や知人のもとで養育され

た者が10万7,000人であったとされている。このような孤児・浮浪児等の養護児童の激増に対して、戦災で激減した施設の復旧作業も行われた。空き工場、兵舎、寮、寺などを利用して乳児院（現児童養護施設）が急速に設けられ、終戦直前には86施設と減少していたものが、1年間で171施設へ、1949（昭和24）年には275施設へ、1950（昭和25）年には394施設へと急増するに至った。この背景には、民間有志者の献身的な努力があったとされる。[7]

（2）児童福祉法成立期にみる児童養護

戦後の日本の法整備は、アメリカ占領軍（GHQ：連合国最高司令部）の統治下の中で、復興が行われ、1946（昭和21）年の日本国憲法をはじめ、1950（昭和25）年の生活保護法もGHQ指導のもと制定された。GHQは、子どもに関する社会的問題にも関与し、厚生局に児童局が設置された。児童局では児童福祉法案提出の準備が進められ、1947（昭和22）年、国内初の福祉法である「児童福祉法」が制定されるに至った。

児童福祉法は、日本国**憲法25条**の生存権に根拠をおき、その対象を従来の保護を必要としている一部の子どもという「児童保護」の観点から、すべての子どもを対象とした福祉の増進を目指す「児童福祉」の観点へと転換する大きな意味を持っていた。

重要語解説

憲法25条

第25条　すべて国民は、健康で文化的な最低限度の生活を営む権利を有する。国は、すべての生活部面について、社会福祉、社会保障及び公衆衛生の向上及び増進に努めなければならない。

また、健全育成の責任を保護者のみならず国と地方公共団体に課したことも特徴的なことであった。

これまでの児童養護を実施する施設は、孤児院、教護院、母子寮しかなかったが、この法律により、助産施設、乳児院、母子寮（現母子生活支援施設）、保

育所，児童厚生施設，養護施設（現児童養護施設），精神薄弱児施設（現知的障害児施設），療育施設，教護院（現児童自立支援施設），の9種類となった。また，入所措置にあたっては相談専門機関として児童相談所が設けられ，ここに社会的養護体系の基礎がつくられた。

　その後，これらの施設の質的に一定の水準を規定する「児童福祉施設最低基準」が1948（昭和23）年に厚生省令として定められた。また，1949（昭和24）年には，療育施設から盲ろうあ児施設が分離独立し，1950（昭和25）年に療育施設は，虚弱児施設と肢体不自由児施設に分化し，廃止となった。1951（昭和26）年には，里親，保護者受託（職親）も児童福祉法に規定された。また，同年，「児童憲章」が5月5日の「こどもの日」に制定された（第4章第2節参照）。

　以上のように戦後処理の混乱期を経て，児童養護関連の施策は児童福祉法の成立と，その関連法令の成立，そして児童憲章の制定までの過程の中で一様の理念の構築が成された。

（3）高度経済成長期以降の児童養護

　日本経済が飛躍的に成長を遂げたこの時期は，1968（昭和42）年に国民総生産（GNP）が世界第2位に達するなど一般的国民の生活水準の向上に好影響をもたらした。この結果，長年にわたって児童養護の問題であった孤児，棄児，親子心中，女児の身売りなどの家庭崩壊や経済的貧困を原因とする子どもの問題は減少し，この時期の児童養護の問題は，子どもの発達の遅れ，学力低下，情緒的問題，非行化等の潜在化・複雑化した問題へと変化してくる。社会的養護を営む養護施設おいて，生活の場の保障だけでは，子どもの潜在的な問題の解決には困難な状況が明らかになっていった。

　しかし，厚生省（現厚生労働省）は，この時点で児童養護施設には待機児童がいなくなったとして，1967（昭和42）年に「定員未充足状態の養護施設（現児童養護施設）に対する定員減および施設の転換」を指示している。そして1972（昭和47）年度から児童福祉施設の児童定員に対し，入所児童との現員が17％を超える場合は，定員の改定または暫定定員の設定を行うように指示した。

このことは，この時期の子どもの潜在的な問題に対して重篤(じゅうとく)な状態にあること，緊急性を要することなどの問題把握ができていなかった表れとして理解できる。

一方，養護施設では，ノーマライゼーションの理念の浸透や地域福祉への移行にともなって「施設の社会化」が提唱され，開かれた施設づくりという新たな取り組みが行われ始めた。

重要語解説

ノーマライゼーション

ノーマライゼーションはデンマークのバンク・ミケルセン（1919年～1990年；ニルス・エリク・バンク・ミケルセン Neils Erik Bank-Mikkelsen）により提唱され，その理念を行政施策の中で実現させた。バンク・ミケルセンはナチスのレジスタンス活動で，逮捕・釈放，その後，社会省に努めた。ノーマライゼーションとは，「すべての人が当然もっている通常の生活を送る権利を出来る限り保障する，という目標を一言で表したものです。ノーマライズするというのは，生活条件のことを言っているのです。障害そのものをノーマルにすることではありません」と言っている。これは，知的障害者の福祉施設政策の中であたり前の生活ができていないことを指摘し，知的障害者が市民として正常な生活ができるように提言したもの。この思想は，スェーデンのB.ニルジェ（Bengt Nirje），アメリカのヴォルフェンスベルガー（Wolf Wolfensberger）などに影響を与え，大型施設に関する批判，脱施設運動に発展していく。
出所：花村春樹『「ノーマリゼーションの父」N・E・バンク-ミケルセン』ミネルヴァ書房，1994年。

これまで施設は，施設内で自己完結する，あるいは地域との交流も少なく閉鎖的であったことを反省にして，入所している子どもたちの学校区を単位に入所している子どもも職員も地域行事に参加したり，地域住民も養護施設に来てもらうなど地域交流を図ろうとするもので，コミュニティケアを前提とした潜在化した子どもの問題に対応する新たな養護実践の取り組みでもあった。この実践により，養護施設の文化・生活水準と地域の水準の格差が見られ，施設環境条件整備の必要性が見直し運動として波及して行った。その結果，1979（昭和54）年の児童福祉施設最低基準の改定では，児童養護施設における栄養士の

必置と児童指導員および保育士の増員が改められた。

また，1973（昭和48）年度から養護施設（現児童養護施設）入所児童の高校進学費用が「特別育成費」の名目で予算化され，さらに1989（平成元）年には特別育成費の増額と私立高校進学者分の単価設定も行われ私立高校進学の道も確保されるようになった。このことは，現在，高校進学が通念化している状況を踏まえると教育を受ける権利として保障されている状況にあるといえる。反面，それまで顕在化していなかった未成年の喫煙や異性問題，生活時間の拡大にともなうアルバイト等の問題，プライバシー保護にともなう個室確保の問題など高齢児童の処遇問題が議論されるようになり新たな施設のソフト・ハード両面の課題となっている。

第4節　児童養護の今日的課題

これまでの節では，世界（欧米）と，わが国の社会的な変化に対応して，その時代で生じてきた子どもの問題とその対応方法のひとつである児童養護の歴史的変遷を概括してきた。

ここでは，今日的な社会的養護の問題を取り出し，過去の事象と照らし合わせながら今後の児童養護の方向性を考察する。

（1）社会福祉基礎構造改革以降の社会的養護の方向性

1970年代後半，21世紀を目前にして日本社会は，近い将来，少子・高齢化社会の到来が予測された。特に高齢者医療や福祉に関する社会負担の増加に対処すべく，社会保障制度の見直しが必要であった。1989（平成元）年，福祉関連三審議会合同企画分科会による「今後の社会福祉の在り方」の検討から，2000（平成12）年の社会福祉基礎構造改革の最終報告書が出されるまで，その審議過程のテーマは，少子高齢化社会に耐え得る新たな福祉システムの構築にあった。社会福祉基礎構造改革以降，福祉システムは，大転換が図られた。

> コラム
>
> ### 社会福祉基礎構造改革
>
> 　社会福祉基礎構造ポイントとしては，①社会保険の仕組みを導入することにより必要な福祉サービスの財源を確保しようとしたこと，②社会福祉法人のみならず民間企業等を含む多様なサービス提供事業者の参入を図ったこと，③自己選択・自己責任による利用契約制度や応益負担方式を一部導入しようとしたことなどである。いわゆる「介護保険制度元年」，「措置から契約へ」，「福祉から福祉サービスへ」の時代の始まりであった。児童家庭福祉施策では，この転換によって利用者（保護者）が保育所を選択することが原則になった。

　これまで児童養護の歴史的変遷を把握してきた中で理解できたことは，児童養護の財源確保をどうするのかが近年の課題であった。そして，国家の経済状況の悪化は，家庭経済に影響を及ぼし，子どもの福祉を阻害していく，福祉ニーズは増大するものの財源確保が難しい状況の中で児童養護の施策は立ち遅れていくといった構図が見て取れた。

　このような観点から，この新システムを見ると，経済的不況にも耐え得る財源確保のシステム構築という点では，ある一定の評価ができる。しかし，今後，多様な民間企業の参入が可能となり，競争原理を活用した表面的なサービスの質の向上という点では期待できるものの，営利目的を第一に考えるような事業所・団体が参入してくる可能性が高まった。

　また，過去の篤志家（とくしか）たちが宗教的社会的思想の影響を受け，真に子どもたちの生活を見つめ，将来を考え，時代を先取りした新たな実践方法の構築を創造してきた事実を振り返ると，**応益負担**に象徴されるようなサービスとお金との結びつきでシステマチックにコントロールされる支援や事業では，今後，新たな実践を創造することに期待が持てない危険性を抱えている。

> 重要語解説
>
> ### 応能負担と応益負担
>
> 　応能負担とは，その方の収入や支払い能力により負担が決められるもの。応益負担とはその方の支払い能力を基準とせずに受けたサービスに関して一律に負担を行うも

のである。

　世界的な社会的養護の動向としては，国際児童年（1979〔昭和54〕年），国際障害者年（1981〔昭和56〕年），国際家族年（1994〔平成6〕年）など対象者の理解とその権利保障を推進する活動が顕著となった時期でもある。児童家庭福祉分野では，「児童の権利に関する条約」が1989年（平成元）年に国連総会で採択され，日本は，1994（平成6）年に国連加盟国158番目にこの条約を批准した動きを忘れてはならない。これらのことは現在の日本の権利保障の具現化の動きが日本独自に発展してきたわけではなく，少なからず世界的な動きの中で影響を受けて変化してきたということである。そして，いまだ2006（平成18）年に国連総会で採択された「障害者の権利に関する条約」については，日本はこの条約に批准していない事実からもわかるように今もなお，世界的な動きの中で日本の権利保障に対する取り組みは，途上の段階にあると言える。

　また，社会福祉基礎構造改革後も全国児童養護施設協議会では，家庭の子育て支援策に先駆けて，施設に入所している子どもの養育環境の問題や利用契約制度になじまない子どもの深刻な問題に対応するために，施設養護にかかわる提言をしている。そして，同協議会は，2001（平成13）年に「入所児の心理的ケアに必要な家庭支援専門相談員，心理職員の配置」，「個別的ケアの実施」，「家庭の養育問題に専門的に対処する児童家庭支援センターなどの創設」，「家庭養育の代替型施設として地域小規模児童養護施設などの創設」を要求しており，これらの要求は現在，法定化しているものがほとんどとなっている。

　このことから，社会基礎構造改革がもたらした大転換に対して児童養護が持つべき今日的課題は，過去の実践家たちがルソーをはじめとする社会思想家たちが打ち出した思想に影響を受け具現化したように，現代においては権利条約等の世界的な規範を養護実践の中に取り込み，照らし合わせながら，その課題を抽出し，実践者個人だけではなく組織的に課題を醸成・明確化させ，広く社会へ提言して行くことが重要であると言える。

(2) 子どもを取り巻く家庭環境の変化と社会的養護

　1991(平成3)年のバブル経済崩壊後,わが国の家庭経済は大きく下方へ停滞して行った。そして,子どもを抱える多くの家庭では,共稼ぎ世帯が増加し,男性のみ就労している世帯よりも多くなった。特に金融機関の経営破綻が相次いだ1997(平成9)年以降,相対的貧困率の上昇は一段と進み2009(平成21)年には16.0%に,子どもの貧困率は15.7%になった。この数値は,OECD(経済協力開発機構)の国際比較で見るとアメリカなどに次いで2番目に高いグループとなっており貧困の問題は深刻化している。

　現代の貧困の陰に潜む経済格差は,子どもの衣食住などの購入だけに現れるのではなく,教育,医療,遊びなどさまざまな面に影響してくる。年収階層別に消費支出をみると,教育,教養娯楽,交通・通信に関する支出で大きな差が出るとされている。このことは,進学・就職など将来の自立場面にも大きく影響し,長期的かつ世代循環による社会的不利を生み出す結果となってゆく。

　今,社会的養護の課題のひとつは,直面する問題として子どもを取り巻く家庭環境を含めた背景理解の中で子どもを見つめ,将来的な問題として社会のあり方についても考えるといった子ども個人と問題を生み出している社会という2者関係で捉え,その両者に働きかけて行かなければ時代に来ているのである。

(3) 社会的養護の取り組みの方向性

　2007(平成19)年,厚生労働省「今後目指すべき児童の社会的養護体制に関する構想検討会中間とりまとめ」では,「家庭的な環境の下,地域の中でその個性を確保しながら,社会へ巣立っていくことができるよう支援する」,「子どもの状態に応じた支援体系のあり方ついて検討する」ことが基本的な方向性として出され,その具体的施策として,「家庭的養護の拡充」,「社会的養護に関する関係機関等の役割分担と機能強化および地域ネットワークの確立」を掲げた。[8]

　また,2010(平成23)年,厚生労働省「社会的養護の課題と将来像」では,家庭的養護の基本方向として「家庭的養護の推進」,「専門的ケアの充実」,「自

立支援の充実」,「家族支援,地域支援の充実」の４点を主要課題として掲げた。[9]

これらのことから社会的養護の取り組みの方向性としては,「子どもをひとりの人間として尊重し,その権利を守る」という権利擁護の観点から,一人ひとりの子どもが,その最善の利益に配慮された社会的な養育環境を保障していくことが重要であることが理解できる。すなわち,社会的養育環境の保障を行っていくためには,家庭的養護と施設養護のさらなる充実に加えて地域全体で支える養護すなわちコミュニティケアの視点が重要となってくる。

【演習課題】

1　明治期から昭和期にかけて児童養護分野において先駆的役割を担った実践家名とその施設名を,現在の施設種別で規定されている「保育所」,「知的障害児施設」,「肢体不自由児施」ごとに調べ,一覧表を作成しなさい。

2　欧米の児童養護はホスピタリズム論争の結果,家庭的養護へと実践方法が変化してきたと言えるが,日本においては,変わらず施設養護等の社会的養護に比重が置かれた方法が取られてきたが,その原因として考えられることを話し合ってみよう。

3　今日の児童養護の分野における課題を一つ挙げ,その課題に対して現場施設保育士に何ができるのか話し合ってみよう。

参考資料　児童福祉関連略年表

年代		児童福祉関連の動き		その他社会の動き
593		聖徳太子が四天王寺を建立する（四箇院の設置）		
723	養老7	光明皇后　奈良興福寺内に悲田院・施薬院　設置		
1555	弘治元	アルメイダ来日　大分に育児院　開設	1543	ポルトガル船　種子島に漂着
1643	寛永4	五人組制度　設置	1641	江戸の大火
1687	貞享4	捨子養育の制を設置		
1767	明和4	農民の嬰児圧殺の禁止　制定	1733	享保の大飢饉
1802	享和2	江戸町会所　七分積金による窮民救助開始	1783	天明の大飢饉
1868	明治1	堕胎禁止令　制定	1833	天保の大飢饉

1869	同 2	松方正義　日田養育館　設立		
1871	同 4	棄児養育米給与方　制定		
1872	同 5	人身売買禁止令　制定		
		東京府養育院　設立		
1873	同 6	三子出産ノ貧困者ヘ養育料給与方		
1874	同 7	恤救規則		
		浦上養育院　設立		
1879	同 12	福田会育児院　設立		
1880	同 13	鯛之浦養育院　設立		
1883	同 16	池上雪枝　不良児童を収容保護	1884	デフレ政策による不景気
1885	同 18	高瀬真卿　東京感化院　設立		
1887	同 20	石井十次　岡山孤児院　設立		
1890	同 23	赤沢鐘美　託児施設　開設		
1891	同 24	石井亮一　孤女学院　開設（のちに滝乃川学園）	1891	濃尾大地震
1897	同 30	片山潜　キングスレー館　設立		
1899	同 32	留岡幸助　東京家庭学校　設立		
1900	同 33	感化法　制定		
		野口幽香　斉藤峰　二葉幼稚園　設立		
1908	同 41	中央慈善協会　発足		
1909	同 42	脇田良吉　白川学園設立		
1911	同 44	川田貞治郎　日本心育園　設立	1914	第1次世界大戦始まる
		工場法　公布		
1917	大正 6	内務省教護課　設置		
1918	同 7	大阪方面委員制度　設置	1918	米騒動　勃発
1919	同 8	川田貞治郎　藤倉学園　設立		
1920	同 9	内務省社会局　設置		
1921	同 10	柏倉松蔵　柏学園　設立		
1922	同 11	少年法　制定	1923	関東大震災
		矯正院法　制定		
1928	昭和 3	久保寺保久　八幡学園　設立		
1929	同 4	救護法　公布	1929	世界大恐慌始まる
1933	同 8	児童虐待防止法　制定	1931	満州事変
		少年救護法　制定		
1934	同 9	精神薄弱児愛護協会　設立		
1936	同 11	方面委員令　公布		
1937	同 12	母子保護法　制定	1937	日中戦争始まる
		杉田直樹　八事少年寮　設立		
1938	同 13	社会事業法　制定		
		三木安正　愛育研究所特別保育室　設置		
		厚生省　設置		
1940	同 15	国民優生法　制定		
1942	同 17	妊産婦手帳規定の設置		
		高木憲次　整肢療護園　設立		
1944	同 19	学童の集団疎開　開始		

年	元号	国内	年	国外
1946	同 21	日本国憲法　公布 生活保護法（旧）　公布 「浮浪児その他の児童保護等の応急措置実施に関する件」通達 糸賀一雄　近江学園　設立	1945	第2次世界大戦終結
1947	同 22	児童福祉法　公布		
1948	同 23	国立　光明寮（失明者更生施設）設立 沢田美喜　エリザベス・サンダースホーム（混血児保護施設）設立		
1949	同 24	身体障害者福祉法　公布		
1950	同 25	生活保護法（新）　公布		ホスピタリズム論争始まる
1951	同 26	児童憲章　制定 社会福祉事業法　公布	1959	児童権利宣言　国際連合で採択
1960	同 35	精神薄弱者福祉法（現　知的障害者福祉法）　公布		
1963	同 38	老人福祉法　公布		
1965	同 40	母子保健法　公布	1971	精神薄弱者の権利宣言　国際連合で採択
1970	同 45	心身障害者対策基本法　公布	1975	障害者の権利宣言　国際連合で採択
1987	同 62	社会福祉士及び介護福祉士法　公布	1989	児童の権利に関する条約　国際連合で採択
1991	同 3	育児休業に関する法律　公布	1990	ADA（障害をもつアメリカ国民法）
1994	同 62	エンゼルプラン「今後の子育て支援のための施策の基本方向について」作成		
1995	平成 7	障害者プラン「ノーマライゼーション7か年戦略」策定		
1997	同 9	児童福祉法等の一部を改正する法律　公布		
1999	同 11	保母から保育士へ呼称変更		
2000	同 12	児童虐待の防止等に関する法律　公布		
2001	同 13	配偶者からの暴力の防止及び被害者の保護に関する法律　公布		
2003	同 15	少子化対策基本法　公布		
2004	同 16	発達障害者支援法　公布		
2005	同 17	障害者自立支援法　公布		
2006	同 18	就学前の子供に関する教育，保育等の総合的な提供の推進に関する法律　公布	2006	障害者権利条約　国際連合で採択
2008	同 20	保育所保育指針　改訂		

出所：伊達悦子・辰巳隆編集『保育士をめざす人の養護原理』みらい，2010年，38～39頁，および加藤孝正・小川英彦編著『基礎から学ぶ社会的養護』ミネルヴァ書房，2012年，36～37頁を参考に筆者作成。

〈注〉
(1) 改訂・保育士養成講座編纂委員会『養護原理』全国社会福祉協議会，2009年，29頁。
(2) 同上書，29～30頁。
(3) 改訂・保育士養成講座編纂委員会『児童福祉』全国社会福祉協議会，2009年，28頁。
(4) 山縣文治・林浩康編『よくわかる社会的養護』ミネルヴァ書房，2012年，31頁。
(5) 改訂・保育士養成講座編纂委員会『養護原理』全国社会福祉協議会，2009年，32頁。
(6) 山縣文治・林浩康編『よくわかる社会的養護』ミネルヴァ書房，2012年，54頁。
(7) 伊達悦子・辰巳隆編集『保育士をめざす人の養護原理』みらい，2010年，31頁。
(8) 厚生労働省「今後目指すべき児童の社会的養護体制に関する構想検討会中間とりまとめ」，2007年。
(9) 厚生労働省「社会的養護の課題と将来像──児童養護施設等の社会的養護の課題に関する検討委員会・社会保障審議会児童部会社会的養護専門委員会とりまとめ」，2011年。

〈参考文献〉
朝倉陸夫監修『輝く子どもたち　養護原理』八千代出版，2007年。
加藤俊二編著『現代児童福祉論（第2版）』ミネルヴァ書房，2008年。
加藤孝正・小川英彦編著『基礎から学ぶ社会的養護』ミネルヴァ書房，2012年。
神戸賢次・喜多一憲編『新撰　児童の社会的養護原理』みらい，2011年。
中野菜穂子・水田和江編『社会的養護の理念と実践』みらい，2012年。
吉田眞理『児童の福祉を支える児童家庭福祉』萌文書林，2010年。

（野田敦史）

第3章
社会的養護の制度と実施体系

学習のポイント

世界的に類を見ない急速な少子化と高齢化が進み,社会的な支援を必要とする家庭の増加や,地域関係の希薄化にともない家族の孤立化や社会的排除が進み,子どもたちの生活にまで影響が見られる。本章ではこうした社会的状況の変化が,子どもたちの生活や家族の機能に与える影響や関連性について知り,社会的養護の活動を支えるために必要とされる制度や支援のあり方についての学習を行うと共に,子育て支援に求められる現状と課題について理解する。

第1節　社会的養護の制度と法体系

(1) 社会的養護制度の成立

　社会的養護にかかわる制度について日本では,明治以降急速に推進されてきた近代化(資本主義化)の中で生み出された国民の貧困化と日清・日露の2つの戦争や恐慌によってもたらされた社会情勢の変動は,国民生活の窮乏に与えた影響は少なくなかった。

　この時期は,親子心中や,相次ぐ自然災害,凶作・飢餓による農村部を中心とした身売り,間引き,堕胎,年期奉公,乞食,棄児,親子心中,かどわかし等,国民,特に社会的弱者にとってきびしい社会情勢を余儀なくされていた。

　このような,子どもへの虐待,社会情勢の変動にともない増加する要保護児童に対し,国家による最初の窮民対策であった「恤救規則」1874(明治7

年,「児童虐待防止法」1933（昭和8）年等をはじめとして,国民生活の最低限の救済をする児童保護制度は制定されてはいたが,古代から中世・近世に至るまでの時代は,「子ども」というものは親の従属物であり,このため「子どもを保護する」という考えや制度はなく,子捨てや子殺し,間引きといったことが,大人が生き延びるためには「当然のこと・どうしようもないこと」として社会の中でも周囲も容認し黙認されていた。

第2次世界大戦後勃発した朝鮮戦争と特需※による景気の上昇により,国民の生活も安定に向かい,社会全体の目が「豊かな社会」を目指す途上において,「貧困（戦後処理の継続）の克服」と「子どもの保護」や「虐待」にも目を向けられるようになってきたものであり,児童福祉法が制定されるまでの古き時代は,子どもにとっては繰り返された苦難の歴史でもあった。

※1950〜53（昭和25〜28）年の朝鮮戦争を機に生じた在日米軍による物資,役務の特別調達・戦時の特殊な軍事調達（朝鮮特需）を言うが,その後における日本経済の成長に乗るきっかけとなった。

第2次世界大戦が終わり,国民のだれもが陥った生活困窮により混乱した社会情勢は,すべての国民が「生き延びる」ことが最優先とされた課題の中で,1946（昭和21）年に,当初は戦地からの引揚者等の貧困者対策であり,無差別平等,公私分離,国家責任,必要な救済の無制限等を原則とした緊急対策（生存権の保障を明確化）として（旧）生活保護法が制定された。

また,1947（昭和22）年には,急務の課題でもあった戦災で親や家族を亡くし,街に溢れる戦災孤児や浮浪児や生きるために盗みを繰り返す非行少年等の対策として児童福祉法が制定され,さらに,1949（昭和24）年には,戦争によって傷ついた戦傷病者等の救済対策として身体障害者福祉法が制定された。なお,生活保護法は,1950（昭和25）年に敗戦対策から貧困者全般を対象に見直される（その後,保護基準等の改定を経て現在に至っている）等,戦後まもなく,急増した貧困者の対策としての「福祉三法」体制が形成された。そして,「社会福祉」にかかわる法律の対象を,戦後の復興期から高度成長期にかけての「貧困・低所得者」から,「ハンデイキャップを有する者」にも,その範囲を拡

大してきた。

　なお，従来，児童福祉法で対応されてきた精神薄弱者（現知的障害者）が，18歳を超えた場合，児童福祉法では支援できないまま家庭復帰を余儀なくされてきたため，18歳以上の知的障害者対策のため，1960（昭和35）年精神薄弱者福祉法（現知的障害者福祉法）が新たに制定された。1963（昭和38）年老人福祉法（1996〔平成8〕年に高齢者の医療の確保に関する法律に題号変更），1964（昭和39）年母子及び寡婦（かふ）福祉法が改正され，福祉六法体制が確立され，さらに，1980年代に入り，戦後の社会福祉体制の見直しと，それにともなう法律改正が徐々に進み，その集大成として1990（平成2）年に社会福祉関係八法が改正され，新しい仕組みへと転換が迫られている。

　社会的養護を必要とする児童（要保護児童）については，さまざまな法律や制度で規定されているが，その中心になる児童福祉法において「保護者のない児童又は保護者に監護（かんご）させることが不適当であると認められる児童（6条の2第8項）」と定義されている。具体的には，保護者が死亡・行方不明，拘留中，病気療養中，経済的事情による養育困難，保護者が子どもを虐待している等の場合が該当する。

　このように，児童福祉法は，18歳未満のすべての子どもの福祉を図ることを目的として成立したものではあるが，とりわけ戦争の負の遺産としての孤児，非行，貧困問題等については，法律の理念はともかく，実態としては制度や実践の上に重くのしかかり，その対応にはかなりの時間を要してきた。この頃から，児童養護施策や実践の中で唱えられた「ホスピタリズム」などは，今日（こんにち）につながる施設の小規模化等にも影響を及ぼしている。

　児童福祉法は，総則，福祉の保障，事業，養育里親および施設，費用，雑則，罰則の全6章，全62条，および附則で構成されている。その他に，児童福祉法施行令，児童福祉法施行規則がある。

　児童福祉の理念・原理，児童育成の責任・対象者の範囲・児童等の定義などのほか，児童福祉の実務を遂行する機関として児童福祉審議会，児童相談所，福祉事務所，保健所など職種の規定をはじめ，児童福祉施設の設備および運営

に関する基準（旧児童福祉施設最低基準）において，児童福祉施設等およびその設備基準，対象者，職員とそれらに要する費用等が規定されている。

児童福祉の理念として，国民の義務と子どもの権利，子どもの育成の責任としての保護者と共に国および地方公共団体の責任を明記しており，憲法で保障されている国民の権利擁護は，大人のみならず，すべての子どもにも無差別平等な生活の保障と，愛されて育てられる権利を持っていることが明記されている。また，児童福祉法の対象と児童の定義について，「子どもと妊産婦」であること。「児童」とは満18歳に満たないもの，乳児とは満1歳に満たないもの，幼児は，満1歳から小学校の始期に達するまでのもの，少年は，小学校就学の始期から満18歳に達するまでものと定義づけられており，妊産婦は，妊娠中または出産後1年未満の女子と規定されている（4条）。

この法律で定義されているように，児童は家庭において保護者の愛情のもとで養育されることが望ましいが，児童の中には，保護者がいない，もしくはいても保護者に養育させることが不適当などの事情により，家庭での養育が困難な場合がある（保護者がいない。監護できない，監護させられない，といった言うなれば，保護者が見ない〔三ない〕とも表記される）。このような児童については，家庭に替わる環境（代替機能）を与え健全な育成（補完機能）を図り，その自立を支援することが重要である。代替機能としては乳児院，児童養護施設などの入所型の児童福祉施設（養護の内容により家庭的養護と施設養護に分けられる）への措置と里親への委託によるものがある。また，補完機能しては，児童館などの児童厚生施設，保育所，放課後児童健全育成事業（学童保育，放課後児童クラブ），子育て短期支援事業（ショートステイ事業，トワイライト事業），通所型児童福祉施設などがあるが，2012（平成24）年4月の児童福祉法の改正により障害児施設関係において，それぞれの施設の名称と種別が福祉型・医療型に分類され，通所の場合・福祉型児童発達支援センターと医療型児童発達支援センターに，入所の場合・障害児入所施設（福祉型障害児入所施設と医療型障害児入所施設）へと変更となり，通所・入所施設共に，医療の提供を行っている施設（医療型）とそれ以外の施設（福祉型）へと変更された（「図3-1　社会的養護の体系」参照）。

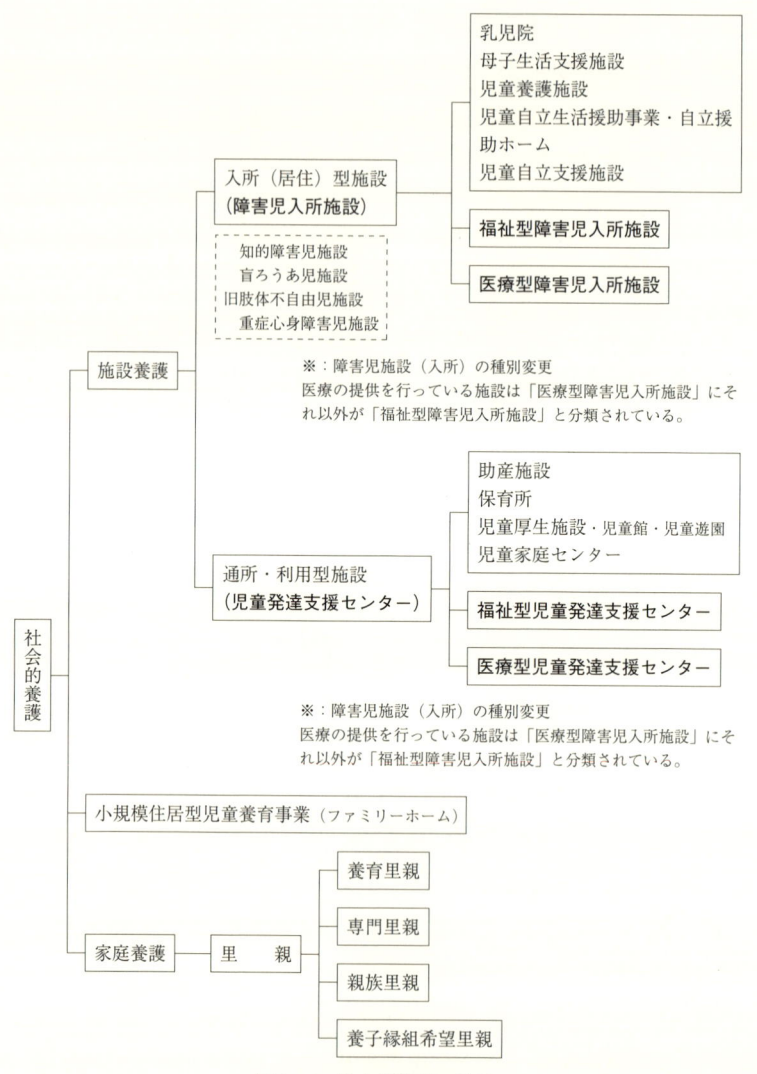

```
                                    ┌─────────────────────────────────┐
                                    │ 乳児院                          │
                                    │ 母子生活支援施設                │
                                    │ 児童養護施設                    │
                   ┌──入所（居住）型施設──┤ 児童自立生活援助事業・自立援   │
                   │  （障害児入所施設）   │ 助ホーム                       │
                   │                    │ 児童自立支援施設                │
                   │                    └─────────────────────────────────┘
                   │                    ┌─────────────────────────────────┐
                   │                    │ 福祉型障害児入所施設            │
                   │                    └─────────────────────────────────┘
                   │                    ┌─────────────────────────────────┐
                   │                    │ 医療型障害児入所施設            │
                   │                    └─────────────────────────────────┘
                   │    ┌┄┄┄┄┄┄┄┄┄┄┄┄┄┄┐
                   │    ┆ 知的障害児施設 ┆
                   │    ┆ 盲ろうあ児施設 ┆
                   │    ┆ 旧肢体不自由児施設 ┆
                   │    ┆ 重症心身障害児施設 ┆
                   │    └┄┄┄┄┄┄┄┄┄┄┄┄┄┄┘
          ┌─施設養護┤   ※：障害児施設（入所）の種別変更
          │        │   医療の提供を行っている施設は「医療型障害児入所施設」にそ
          │        │   れ以外が「福祉型障害児入所施設」と分類されている。
          │        │
          │        │                    ┌─────────────────────────────────┐
          │        │                    │ 助産施設                        │
          │        │                    │ 保育所                          │
          │        │                    │ 児童厚生施設・児童館・児童遊園  │
          │        │                    │ 児童家庭センター                │
 社会的養護┤        │                    └─────────────────────────────────┘
          │        │ 通所・利用型施設   ┌─────────────────────────────────┐
          │        └─（児童発達支援センター）┤ 福祉型児童発達支援センター    │
          │                             └─────────────────────────────────┘
          │                             ┌─────────────────────────────────┐
          │                             │ 医療型児童発達支援センター      │
          │                             └─────────────────────────────────┘
          │            ※：障害児施設（入所）の種別変更
          │            医療の提供を行っている施設は「医療型障害児入所施設」にそ
          │            れ以外が「福祉型障害児入所施設」と分類されている。
          │
          ├──小規模住居型児童養育事業（ファミリーホーム）
          │                             ┌──────────────┐
          │                             │ 養育里親     │
          │                             ├──────────────┤
          │                             │ 専門里親     │
          └──家庭養護──里　親─────────────┤              │
                                        │ 親族里親     │
                                        ├──────────────┤
                                        │ 養子縁組希望里親│
                                        └──────────────┘
```

図3-1　社会的養護の体系

注：2012（平成24）年4月「児童福祉法」の改正にともない各障害児施設の種別・名称が変更された。
出所：社会的養護の当事者参加推進団体日向ぼっこ編『施設で育った子どもたちの居場所「日向ぼっこ」と社会的養護』明石書店，2009年，を参考に筆者作成。

児童虐待の防止に関する施策は，1933（昭和8）年，児童虐待防止法が日本で初めて児童保護に関する法律として制定されたが，実際に虐待を行っている保護者の処分に重点が置かれ，親がいない浮浪児は対象とされなかったため，有名無実化され，その趣旨の達成には至らず，戦後，児童福祉概念の導入により児童福祉法に統合されている。

わが国の経済の高度成長の特色は，戦後の復興のため，社会の歪みを是正しながら100年近い年月をかけ，成長させてきた欧米諸国の施策を参考にすることなく，わずか20年近くの間に急激に成長させてしまった事にあり，そのため，当然の結果として社会の歪みもあらゆる形でもって生じさせてしまっている。高度成長期以降の急速な社会情勢の変動は，好況な経済により，3C（カー，クーラー，カラーTV）の普及等，国民の生活意識とニーズにも大きな影響を与えてきた。また，高度成長は国民の「一億総中流」意識を助長すると共に，家具調度品等の高級志向から消費の拡大（消費は美徳とも言われていた），そしてそれは家計の負担増に繋がって行き，そのため，これらの経済的理由から女性の社会進出（夫婦共稼ぎ）と就労・正社員化に伴う責任の増加をもたらした。しかしながら，当時の子育て環境は，女性にとっては恵まれた環境になく，子どもが生まれたら「育てる」ことはもっぱら女性・母親の仕事（高齢者の介護も担わされていた）であった。このため，女性は「仕事」か「子ども」のいずれかを選択せざるを得ない状況にあり，結果として，子どもを「産み育てる」ことから「つくる」という選択肢が生じることとなり，産児制限（中絶数の増加），晩婚化と出産年齢の高齢化，核家族化へと結びついていった。このことは，やがて訪れる少子化に少なくとも何らかの影響を及ぼしていると言える。

一方では，専業主婦にとってもちまたに溢れる情報から，子育ての担い手，育児不安，育児ノイローゼ等に悩む親の増加にともない，児童虐待に関する事件が表出するようになり，関係者間からも児童虐待を防止し子どもを保護するためには，児童福祉法のみでは適切に保護することが困難であることから，2000（平成12）年に児童虐待の防止等に関する法律が制定された。この法律は，2004（平成16）年と，2007（平成19）年に改正されている。

（2）社会的養護の制度と法体系

　わが国の，経済の高度成長期にみられるような不透明な社会情勢の中，子育て不安から，国民のニーズも高まり児童福祉をはじめ各制度の改正と見直しがなされ，現在に至っている。

　家庭養育の代替・補完的役割を示す児童福祉施設は，児童福祉法第7条に列記され，第36条から第44条までに施設概要が述べられている。

　社会的養護の体系としては，施設養護と家庭養護（里親制度）に分けられる。施設養護としては，児童養護施設，乳児院等の施設があるが，社会的養護体制の拡充のための具体的な施策として「子どもの状態に応じた支援体制」の見直しが提示『2007（平成19）年・社会保障審議会児童部会社会的養護専門委員会報告書「社会的養護体制の充実を図るための方策について」（厚生労働省）』され，「家庭養護」の拡充，「施設養護」の生活単位の小規模化等，より家庭的な養育環境を整備する方向へと進められている。

　また，「社会的養護」について，「家庭養護」，「施設養護」に加えて，「小規模住居型児童養育事業」も含めて捉えられている。

　家庭の代替機能としての社会的養護にかかわる施設とその目的と対象および役割については，「表3-1　児童福祉施設の対象と援助の方法と内容」の通りとなる。

　このように，児童福祉施設等には，その内容により，入所型の児童福祉施設と通所型の施設があり，養護の内容により施設養護と家庭養護に分けられ，家庭養護には里親への委託によるもの等があるが，これらの支援は，児童福祉法にもとづく「措置」として児童相談所で取り扱っている。

　家庭の補完機能の施設としては，児童厚生施設と保育所（第39条）がある。その他にも児童福祉法に定められた子育て支援事業（6条の2）として，別記の通りの事業がある（「表3-2　児童福祉の事業」参照）。（なお，上述の通り，2012〔平成24〕年4月の児童福祉法の改正により障害児施設の名称・種別が変更された）。

　乳児家庭全戸訪問事業をはじめ養育支援事業等，こういった乳幼児・出産後間もない母親への支援は，誰しもが経験する育児不安やストレスなどの軽減に

第 3 章 社会的養護の制度と実施体系

表3-1　児童福祉施設の対象と援助の方法と内容

施設名	対　象	援助の方法・内容
助産施設（第36条）	保健上必要があるが，経済的な理由により，入院助産を受けられない妊産婦	助産施設は，入所させて助産を受けさせる通常，出産する者に対しては健康保険により出産育児一時金が支給されるが，経済的理由により健康保険に加入していないため入院助産を受けられない者が対象になる。 （地域によって利用者は減少しており，廃止・休止中の施設もある。）
乳児院（第37条）	乳児（特に必要がある場合は幼児を含む）	乳児院は，乳児を入院させてこれを養育しあわせて退院した者について相談その他の援を行うことを目的とする。 児童福祉法においては乳児とは満1歳未満者をさすが，乳児院では，必要がある場合，学校入学前の児童までを養育できる。かつて孤児院と呼ばれたように，以前は戦災孤児や捨子等が入所児の大半だったが，現在の入所理由は，虐待，婚姻外出産，母親の疾病，離婚や死別等で親がいない，子ども自身の障害等がある。 乳児院に入所していた子どもは，その後両親や親族の元へ家庭復帰したり，養子縁組等で里親の元へ引き取られるが，それが無理な場合は，小学校へ入学するまでに児童養護施設等へ措置変更となる。
母子生活支援施設（第38条）	配偶者のない女子，又はこれに準ずる事情にある女子及びその者の監護すべき児童の福祉に欠けるところがある場合	母子生活支援施設は，入所させて保護するともに，これらの者の自立促進のためにその生活を支援し，あわせて，退所した者について相談その他の援助を行うことを目的とする。 かつては，母子寮と呼ばれていたが，1998年から現在の名称に改められた。
児童養護施設（第41条）	保護者のない児童，虐待されている児童，その他環境上養護を要する児童（特に必要のある場合以外は乳児を除く）	児童養護施設は，保護を必要とする児童を入所させて，これを養護し，あわせて退所した者に対する相談その他の自立のための援助を行うことを目的とする。
障害児入所施設(第42条) 福祉型障害児入所施設 医療型障害児入所施設	身体に障害のある児童，知的障害のある児童又は精神に障害のある児童（発達障害児を含む）で，障害児施設にける入所支援や医療を必要とする児童	障害児入所施設は，障害のある児童を入所させ保護，日常生活指導，知識技能の付与等を目的とする。 福祉型と医療型があり，医療の提供の有無により区別され，医療型施設では医学的な治療が行われる。 福祉型障害児入所施設としては旧法の知的障害児施設や盲ろうあ児施設，自閉症児施設（第2種），肢体不自由児療護施設などが含まれる。 医療型障害児入所施設としては旧法の肢体不自由児施設や重症心身障害児施設，自閉症児施設（第1種），などが含まれる。
児童発達支援センター（第43条） 福祉型児童発達 支援センター 医療型児童発達 支援センター	障害児につき，児童発達支援センターその他の厚生労働省令で定める施設に通わせ，日常生活における基本的な動作の指導，知識技能の付与，集団生活への適応訓練その他の厚生労働省令で定める便宜を供与することをいう。 医療型児童発達支援とは，上肢，下肢又は体幹の機能の障害（以下「肢体不自由」という。）のある児童につき，厚生労働大臣が指定する「指定医療機関」に通わせ，児童発達支援及び治療を行うことをいう。	児童発達支援センターは，障害のある児童を保護者のもとから通わせて日常生活における基本的な動作の指導，知識技能の付与，集団生活への適応指導を行うほか，地域の障害児等についての指導，障害児を預かる施設への援助。助言を行う事を目的とする施設。 福祉型と医療型は，医療の提供の有無により区別され，医療型施設では医学的な治療が行われる。 児童発達支援センターには旧法の知的障害児通園施設や肢体不自由児通園施設，重症心身障害児（者）通所施設，難聴幼児通園施設などが含まれる。

47

情緒障害児短期治療施設 （第43条の5）	軽度の情緒障害を有する児童	情緒障害児短期治療施設は、児童を短期間入所させ、または保護者の下から通わせて、の情緒障害を治し、あわせて退所した者について相談その他の援助を行うことを目的とする。
児童自立支援施設 （第44条）	不良行為をなし、又はなすおそれのある児童及び家庭環境その他の環境上の理由により生活指導等を要する児童	児童自立支援施設は、児童を入所させ、又は保護者の下から通わせて、個々の児童の状況に応じて必要な指導を行い、その児童の自立を支援し、あわせて退所した者について相談その他の援助を行うことを目的とする。
児童家庭支援センター （第44条の2）	地域の家庭その他	児童家庭支援センターは、地域の児童の福祉に関する各般の問題につき、児童に関する家庭その他からの相談のうち、専門的な知識及び技術を必要とするものに応じ、必要な助言を行い、あわせて児童相談所、児童福祉施設等との連絡調整その他厚生労働省令の定める援助を総合的に行うことを目的とする。
児童厚生施設 （児童館・児童遊園） （第40条）	児童	児童厚生施設とは、児童遊園、児童館等児童に健全な遊びを与えて、その健康を増進し、または情操を豊かにすることを目的とする。
保育所（第39条）	保育に欠ける乳児または幼児 （特に必要のある場合はその他の児童）	保護者の委託を受けて、保育する。 入所条件に「保育に欠ける」とあるので、保護者の共働きが主な入所理由だが、就労していなくても、出産の前後、疾病負傷等、介護、災害の復旧、通学等で「保育に欠ける」状態であれば入所を申し込むことができるが、施設の定員の関係上入所することができない児童、いわゆる、待機児童が発生している地域もある。

注：2004（平成16）年の児童福祉法の改正後、乳児院、母子生活支援施設、児童養護施設、児童自立支援施設、情緒障害児短期治療施設等の各児童福祉施設の目的に、「退所した者に対する相談その他の援助を行うこと」が明確化された。また、2012（平成24）年4月の児童福祉法の改正にともない、障害児施設の種別・名称が変更され、医療の提供を行っている施設は「医療型障害児入所施設・医療型児童発達支援センター」、それ以外が「福祉型障害児入所施設・福祉型児童発達支援センター」と分類されている。

児童福祉施設には、その内容により家庭の補完機能の施設として、入所型の児童福祉施設と通所型の施設があり、養護の内容により施設養護と家庭的養護に分けられ、家庭的養護には里親への委託によるもの等がある（図3-1　社会的養護の体系）。

上記等の各児童福祉施設の他にも児童福祉法に定められた子育て支援事業（6条の2）として、下記の通りの事業がある。

出所：「児童福祉法」をもとに筆者作成。

向けた子育て支援と、増え続けている児童虐待の早期発見・早期対応と予防と防止にかかわる重要な子育て支援の一環でもある。

　日本の公衆衛生施策は、その歴史と実績等から国際的にも高く評価されており（全国津々浦々で健康診断や予防注射を行って疫病予防と健康管理を実施）これらを手本とした方法や施策、そして、少子化対策の課題の解消に向けて大きな期待を抱くことのできる事業として、子どもたちの最善の利益のためのさらなる改定が期待されている。

第 3 章　社会的養護の制度と実施体系

表 3 - 2　児童福祉の事業

事業名	対象・援助の方法・内容
児童自立生活援助事業	児童養護施設等を退所した義務教育終了児童（児童以外の20歳未満の者を含む）等が共同生活を営む住居において，日常生活上の援助，生活指導，就業の支援を行う。「自立援助ホーム」などの名称で行われている。
放課後児童健全育成事業	おおむね10歳未満の児童で，保護者が就労等より昼間家庭にいない者に，授業終了後に児童厚生施設等を利用して，適切な遊び及び生活の場を与えて，その健全な育成を図る。「学童保育」として従来から各地で実施されている。
子育て短期支援事業 （ショートステイ事業，トワイライト事業）	保護者の疾病等により家庭での養育が一時的に困難となった児童について，児童養護施設その他の施設に入所させ保護する。
乳児家庭全戸訪問事業 （こんにちは赤ちゃん事業）	市町村の区域内のすべての乳児のいる家庭を訪問し，子育てに関する情報の提供，乳児とその保護者の心身の状況および養育環境を把握し，相談，助言，その他の援助を行う。
養育支援訪問事業	乳児家庭全戸訪問事業その他により把握した要支援児童もしくは保護者に監護させることが不適当であると認められる児童，および出産後養育について支援を行うことが特に必要と認められる妊婦について，要支援児童等の居宅において，養育の相談，指導，その他必要な支援を行う。
地域子育て支援拠点事業	乳児または幼児およびその保護者が相互に交流を行う場所を開設し，子育てについての相談，情報の提供，助言その他の援助を行う事業。
一時預かり事業	家庭において保育を受けることが一時的に困難となった乳児または幼児について，主として昼間，保育所その他の場所で一時的に預かり，必要な保護を行う。
小規模住居型児童養育事業	要保護児童の養育に関し相当の経験を有する者の住居において，要保護児童の養育を行う。
家庭的保育事業 （2010年施行）	保育に欠ける乳児または幼児について，家庭的保育者（区，市町村長が行う研修を終了した保育士その他の者）の居宅その他の場所で，家庭的保育者による保育を行う。

出所：「児童福祉法」をもとに筆者作成。

（3）里親制度の概要

　家庭養護を代表する制度として里親制度がある。「要保護児童」の中には，「施設養護」における集団養護になじみにくい子どもや，多様な要保護の要件（保護者の死亡，行方不明，より細やかな個別的な養育環境が必要）から，施設での

49

生活がより長期に及ぶことが予想される子どもたちがいる。こうした子どもたちに対して，愛着関係の形成を図ることをはじめ，温かい愛情と正しい理解を持ち適切な養育環境を与える家庭養護を目的として「里親」制度がある。
　里親の定義は，2004（平成16）年の法改正によって定義・種類，養育に関する最低基準等が規定された。児童を里親委託する場合には，児童福祉法第27条1項3号の規定により委託されているが，里親はその目的により，養育里親，専門里親，親族里親，養子縁組希望里親（普通養子縁組・特別養子縁組）などに区分されている。

　　※里親制度については「第6章第1節　家庭養護」でくわしく説明を行っているのでそちらを参照のこと。

第2節　社会的養護の仕組みと実施体系

（1）社会的養護の仕組み

　社会的養護は，子どもを守るべき保護者が子どもを守ることがむずかしい状況，虐待等不適切な養育を行っているなど，親による養育が不適当な養育の場合，公的責任の下に保護する仕組みである。
　それぞれの法制度にもとづき具体的に施策を実施しているのが行政機関であり，国，都道府県，市町村，さらに児童相談所，福祉事務所，保健所などの専門機関がその事務に当たっている。
　市町村は，住民に一番近い自治体であり，2004（平成16）年の児童福祉法の改正により，児童相談所が担っていた多くの役割と責務が市町村へ移行されたことにより，市町村が児童家庭相談の第一義的窓口とされ，適切な役割分担と連携が求められるようになっている。
　市町村は，法にもとづき「**要保護児童対策地域協議会**」を設置し，保護が必要な子どものために地域の関係機関でネットワークを組みながら協働している。

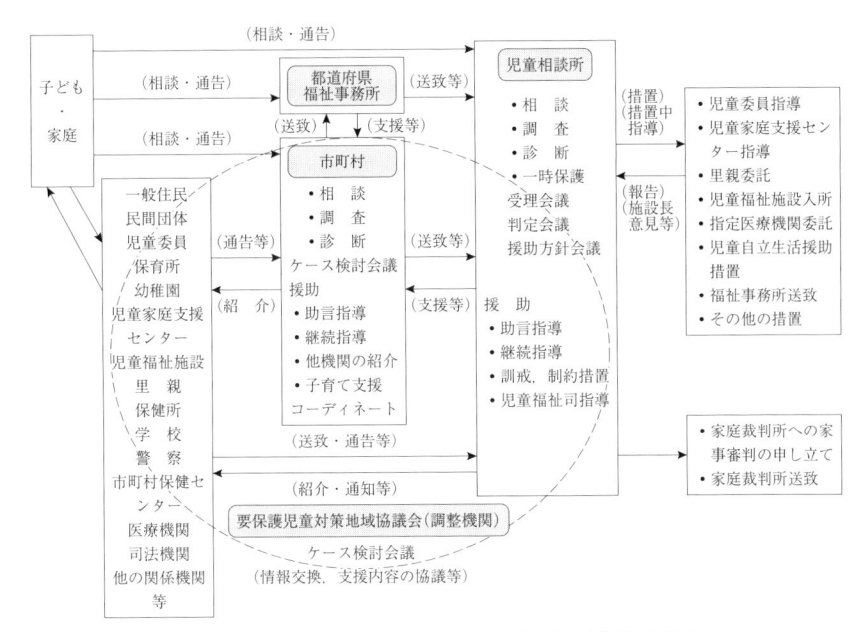

第 3 章 社会的養護の制度と実施体系

図 3-2 市町村・児童相談所における相談援助活動系統図
出所：厚生労働省「児童相談所運営指針」。

重要語解説

要保護児童対策地域協議会

　児童福祉法の改正にともない，任意設置であった自治体の「児童虐待防止ネットワーク推進協議会」を発展的に解消し，対象を被虐待児から要保護児童（改正で要支援児童・特定妊婦が追加）とされた。都道府県（政令指定都市）・市町村に要保護児童対策地域協議会の設置が法定化され，群馬県では，2007（平成19）年度に県内の全市町村に設立されている。しかしながら，「虐待防止」を掲げて立ち上げ児童虐待防止ネットワーク推進協議会の対象児童が「被虐待児」であったこともあり，この協議会においても，多くの自治体が対象を「被虐待児」という「枠」内に留まり「要保護児童」全体へ施策の拡大がされていない実状がある。この要保護児童対策地域協議会には，その対象とする児童は「児童虐待」のみならず，養護・障害・非行等「保護を必要とするすべての児童」を含めた青少年の健全育成まで包括した施策に向け連携した対応が求められている。

　注：「連携」とは相互に情報交換することのみに終始することなく，相互の役割の分担まで含めた対応を進めていくこと。

(2) 社会的養護の特徴と実施体系

社会的養護では，親がいない，親が虐待を行っているなどで，親による利用契約ができない，または，不適当な場合等に利用されるため，障害者自立支援法（2013〔平成24〕年から障害者総合支援法に改正）をはじめ利用契約に支援費制度等の適用がされている施設もあるが，社会的養護が必要な子どもの多くは，自分自身のニーズを十分に表現できず，親のニーズと相反する場合もあるという特性もあるため，行政による措置の方式をとっている。

社会的養護が必要な子どもは，どのような施設等で，どのような保護・支援を受けることが子どもにとって最善か，行政（児童相談所等）が専門的知見にもとづいて支援方法を決定する仕組みとなっており，子ども・親双方へのケースワークや両者の関係調整，親が指導に従わない場合の介入，子どもの発達に応じた定期的なフォローも実施している。

費用については，措置制度にもとづき，公的責任において一定水準の保護・支援を確保しているが，保護者もその所得に応じて費用の一部を負担している。

虐待をはじめとする不適切な養育環境（家庭）の中で生活することで子どもが不利益と被ると判断されると，子どもは親と分離されたあと児童福祉施設や里親への委託等の措置がなされる。児童福祉施設では，入所した子どもたちが安心できる生活の場を提供しながら，自立に向けた支援を展開している。さらに，虐待等により，一旦は分離された子どもが再び親と暮らせるように，家族再統合に向けて調整する，家庭支援専門相談員（ファミリーソーシャルワーカー）等が，また，心理療法担当職員や虐待等個別的ケアが必要とする児童の増加から個別対応職員の配置がされている。これらの職員は，措置費による加算職員として配置されており，各施設の状況は，心理療法担当職員（1999〔平成11〕年から配置され），2004（平成16）年に児童自立支援施設にまで拡大・常勤化される。家庭支援相談員（1999〔平成11〕年から配置され），2004（平成16）年に児童養護施設等の内，全施設に拡大・常勤化される。個別対応職員（2001〔平成13〕年から配置され），2004（平成16）年に児童養護施設等の内，全施設に拡大，2008（平成20）年に常勤化される。

第3節　児童相談所の役割と社会的養護

(1) 児童相談所の概要

　児童相談所は，各都道府県，指定都市に義務設置されている（児童福祉法第12条）児童福祉の第一線機関であり，「児童福祉法の一部を改正する法律」(2004〔平成16〕年12月以降順次施行）の施行にともない，より専門的な知識および技術を必要とするものの相談に応ずるための機関として，また市町村への技術的援助を行うための機関として位置づけられることとなり，市町村と適切な役割分担・連携を図りつつ，子どもに関する家庭その他からの相談に応じ，子どもが有する問題または子どもの真のニーズ，子どもの置かれた環境の状況等を的確に捉え，個々の子どもや家庭にもっとも効果的な援助を行い，もって子どもの福祉を図ると共に，その権利を擁護することを主たる目的とした機関である（11条）。

(2) 児童相談所の役割と機能

　児童相談所の業務内容は，次の5つに大別することができる。
　1）相談業務
　児童福祉に関する相談は，養育に関する適性相談をはじめ，虐待や問題を持った子どもの非行等の相談，障害を持った子どもの相談等多岐にわたる。これらの相談は主に市町村が行うが，これらの相談の内，専門的な知識および技術を必要とするものについて相談に応じ，市町村への必要な助言を行っている。
　2）診断・判定業務
　必要に応じて，児童福祉司や児童心理司等により，子どもの家庭，地域状況，生活歴や発達，性格，行動等について専門的な角度から総合的に調査，診断，判定（総合診断）し，問題の解決のための指導方針を立てる。
　3）必要な援助を行う業務
　診断・判定の結果（指導方針）にもとづき，子どもまたはその保護者を児童

福祉司，児童委員（主任児童委員を含む），児童家庭指導センター等に指導（在宅指導）を委託したり，子どもや保護者の児童相談所への通所による児童心理司等による治療指導等，または，子どもを里親や児童養護施設もしくは指定医療機関等への委託や措置をする業務。

4）一時保護を行う業務

保護者の病気による入院や失踪などでほかに養育する者がいない時や，虐待等の理由により子どもを緊急に保護したり，また問題を持つ子どもについて適切な指導方針を立てるために必要な生活行動の観察および医学・心理診断を行うため，あるいは，情緒障害児等の治療訓練のため，必要に応じて家庭から離して一時保護を行う業務。

5）民法上の権限

家庭裁判所に対して，施設入所の承認の申立，親権者の親権喪失宣告の請求，後見人の選任および解任の請求を行うことができる。

6）その他

児童相談所は地域の必要に応じ，子どもや家庭に対する相談援助活動の総合的企画およびその実施を行う機関として，家庭，地域における児童養育を支援する活動を積極的に展開すると共に，地域における各機関が相互の役割や業務の内容について正しく理解し，子どもや家庭の問題に対し共通の認識のもとに一体的な援助活動が行えるよう，市町村における「要保護児童対策地域協議会」の設置や運営の支援など，市町村と共に関係機関のネットワーク化を推進している。

(3) 相談援助の種類と内容

相談援助の種類と内容については表3-3の通り，子どもの発育・健全育成にかかわるすべての相談を受け付けている

第3章 社会的養護の制度と実施体系

表3-3 受け付ける相談の種類および主な内容

養護相談	1. 養護相談	父又は母等保護者の家出、失踪、死亡、離婚、入院、稼働及び服役等による養育困難児、棄児、迷子、虐待を受けた子ども、親権を喪失した親の子、後見人を持たぬ児童等環境的問題を有する子ども、養子縁組に関する相談。
保健相談	2. 保健相談	未熟児、虚弱児、内部機能障害、小児喘息、その他の疾患(精神疾患を含む)等を有する子どもに関する相談。
障害相談	3. 肢体不自由相談	肢体不自由児、運動発達の遅れに関する相談。
	4. 視聴覚障害相談	盲(弱視を含む)、ろう(難聴を含む)等視聴覚障害児に関する相談。
	5. 言語発達障害等相談	構音障害、吃音、失語等音声や言語の機能障害をもつ子ども、言語発達遅滞、学習障害や注意欠陥多動性障害等発達障害を有する子ども等に関する相談。ことばの遅れの原因が知的障害、自閉症、しつけ上の問題等他の相談種別に分類される場合はそれぞれのところに入れる。
	6. 重症心身障害相談	重症心身障害児(者)に関する相談。
	7. 知的障害相談	知的障害児に関する相談。
	8. 自閉症等相談	自閉症若しくは自閉症同様の症状を呈する子どもに関する相談。
非行相談	9. ぐ犯等相談	虚言癖、浪費癖、家出、浮浪、乱暴、性的逸脱等のぐ犯行為若しくは飲酒、喫煙等の問題行動のある子ども、警察署からぐ犯少年として通告のあった子ども、又は触法行為があったと思料されても警察署から法第25条による通告のない子どもに関する相談。
	10. 触法行為等相談	触法行為があったとして警察署から法第25条による通告のあった子ども、犯罪少年に関して家庭裁判所から送致のあった子どもに関する相談。受け付けた時には通告がなくとも調査の結果、通告が予定されている子どもに関する相談についてもこれに該当する。
	11. 性格行動相談	子どもの人格の発達上問題となる反抗、友達と遊べない、落ち着きがない、内気、緘黙、不活発、家庭内暴力、生活習慣の著しい逸脱等性格もしくは行動上の問題を有する子どもに関する相談。
	12. 不登校相談	学校及び幼稚園並びに保育所に在籍中で、登校(園)していない状態にある子どもに関する相談。非行や精神疾患、養護問題が主である場合等にはそれぞれのところに分類する。
育成相談	13. 適性相談	進学適性、職業適性、学業不振等に関する相談。
	14. 育児・しつけ相談	家庭内における幼児のしつけ、子どもの性教育、遊び等に関する相談。

出所:群馬県中央・西部・東部児童相談所発行「事業概要」(各年度版)。

（4）児童相談の業務の流れ

1）相談の受付

家庭・その他からの相談，要保護児童（虐待，非行等）に関する地域住民や関係機関からの通告，少年法の規定にもとづく警察官からの送致，家庭裁判所・福祉事務所からの送致を受け付けている。受付は，面接，電話，文書といったさまざまな方法がとられている。

2）調査・診断

受け付けた相談について主に児童福祉司，相談員等により行われる調査にもとづく社会診断，児童心理司等による心理診断，医師による医学診断，一時保護部門の児童指導員，保育士等による行動診断，その他の診断（理学療法士等によるものなど）をもとに，原則としてこれらの者の協議により判定（総合診断）を行い，個々の子どもに対する援助指針を作成している。

3）援　助

指導方針にもとづいて，子ども，保護者，関係者等対して指導，措置等の援助を行う。

①在宅指導

措置によらない指導として，児童福祉司や児童心理司等による助言指導，継続指導（カウンセリング，心理療法，グループワーク等），他機関斡旋。

措置による指導として，児童福祉司，児童委員，児童家庭支援センター，知的障害者福祉司，社会福祉主事，障害児相談支援事業を行う者による指導および指導の委託

②児童福祉施設等への措置等

児童福祉施設（乳児院，児童養護施設，情緒障害児短期治療施設，児童自立支援施設）への入所措置。

指定医療機関委託，里親，小規模住居型児童養育事業（ファミリーホーム）委託措置，児童自立生活援助（自立援助ホーム）の実施。

③送致等

福祉事務所送致（通知），都道府県知事，市町村長報告（通知），家庭裁判所

第3章 社会的養護の制度と実施体系

```
                    ┌─ 調　　査 ─── 社 会 診 断 ─┐                  都道府県児童福祉審議会
                    │     (12②)   ─ 心 理 診 断 ─┤                     ↑ (27⑥)   ↓ (意見具申)
相談の受付 ─→ 受理会議 ┤              ─ 医 学 診 断 ─┤ 判　　定 ─→ 援助方針 ─→ 援助内容
・相　談   ・面接受付  (所長決裁)                     判定会議   会議      の決定
・通　所   ・電話受付    │                          │  (12②)              │ (所長決裁)
・送　致   ・文書受付    │                          │                     ↓
                        └─ 一時保護 ─── 行 動 診 断 ─┤                  援助の受付
                            保護／観察／指導          │                (子ども, 保護者, 関係機関等へ
                                (33)      その他の診断                    の継続的援助)
                                                                          ↓
                    (結果報告, 方針の再検討)                            援助の終結, 変更
                                                                  (受理, 判定, 援助方針会議)
```

※	援　　　　助	
1 在宅指導等	2	児童福祉施設入所措置（第27条の1のⅡ）指定医療機関委託（第27条の2）
（1）措置によらない指導（第12条の2）		
ア 助言指導	3	里親（第27条の1のⅢ）
イ 継続指導	4	児童自立生活援助措置（第27条の7）
ウ 他機関あっせん	5	福祉事務所送致, 通知（第26条の1のⅢ, 第63条の4, 第63条の5）
（2）措置による指導		
ア 児童福祉司指導（第26条の1のⅡ, 第27条の1のⅡ）		都道府県知事, 市町村長報告, 通知（第26条の1のⅣ, Ⅴ）
イ 児童委員指導（第20条の1のⅡ, 第27条の1のⅡ）	6	家庭裁判所送致（第27条の1のⅣ, 第27条の3）
ウ 児童家庭支援センター指導（第26条の1のⅡ, 第27条の1のⅡ）	7	家庭裁判所への家事審判の申立て
		ア 施設入所の承認（第28条の1・2）
エ 知的障害者福祉司, 社会福祉主事指導（第27条の1のⅡ）		イ 親権喪失宣告の請求（第33条の6）
		ウ 後見人選任の請求（第33条の7）
（3）訓戒, 誓約措置（第27条の1のⅠ）		エ 後見人解任の請求（第33条の8）

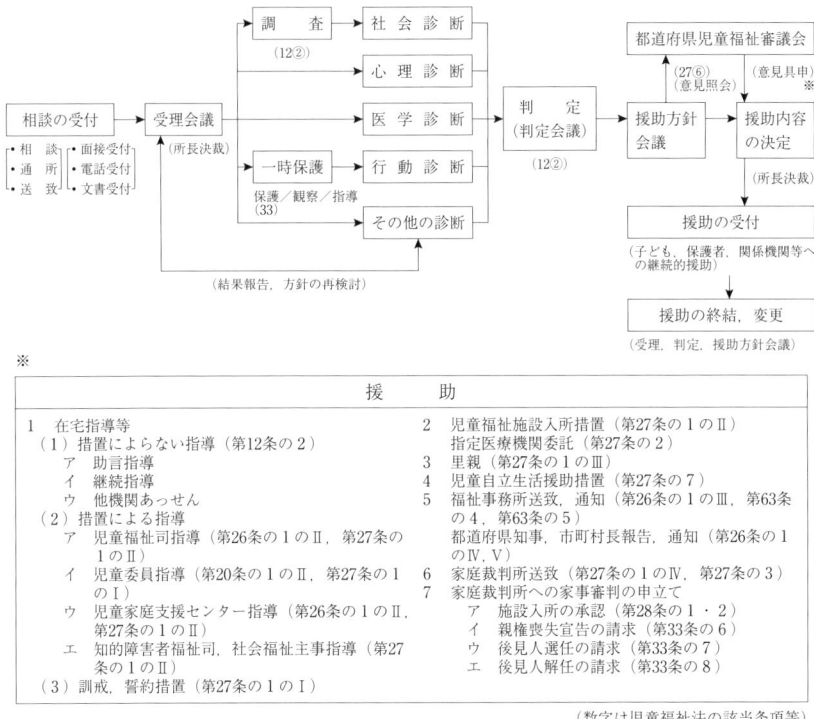

（数字は児童福祉法の該当条項等）

図3-3　児童相談所における相談援助活動の体系・展開

出所：厚生労働省「児童相談所運営指針」。

送致。

④家庭裁判所への家事審判の申立て

　施設入所の承認, 親権喪失宣告の請求, 後見人選任・解任の請求等を主な業務としている。

　なお, その他にも, 1歳6か月精神発達精密健康診査および同事後指導, 3歳児精神発達精密健康診査および同事後指導等の事業を実施している。

（5）児童虐待防止等に関する法律

　児童虐待の防止にかかわる法律については, 1933（昭和8）年に児童虐待防

止法が制定されたが，戦争という社会変動により，有名無実化が著しく終戦と共に，戦後，児童福祉法に統合された。一方，多様化と複雑多岐に及ぶ子どもの問題が増え続ける中，また，各国で「児童の権利条約」が批准され，子どもの人権擁護の視点から「虐待」にかかわる問題が提起され，さらに，児童虐待の問題が顕在化し深刻な状況にある中，2000（平成12）年に「児童虐待の防止等に関する法律」が成立した。

　この法律には，虐待の定義と国および地方公共団体の責務（予防・防止），児童福祉に携わる機関およびその職にある人々に課せられた早期発見の努力義務，通告または送致を受けた場合の児童相談所の対応，立入り調査などが規定され，2004（平成16）年と2007（平成19）年に改正され，児童の安全確認等のため，虐待が疑われる家庭等の臨検・捜索や保護者に対する面会・通信等の制限の強化や指導に従わない保護者への措置等，児童相談所の権限の強化等，規定の整備が行われている。

(6) 児童虐待の定義
1) 身体的虐待
- 外傷とは打撲傷，あざ（内出血），骨折，頭蓋内出血などの頭部外傷，内臓損傷，刺傷，たばこなどによる火傷など。
- 生命に危険のある暴行とは首を絞める，殴る，蹴る，投げ落とす，激しく揺さぶる，熱湯をかける，布団蒸しにする，溺れさせる，逆さ吊りにする，異物を飲ませる，食事を与えない，冬戸外にしめだす，縄などにより一室に拘束するなど。
- 意図的に子どもを病気にさせる。

2) 性的虐待
- 子どもへの性行，性的暴行，性的行為の強要・教唆など。
- 性器を触るまたは触らせるなどの性的暴力，性的行為の強要・教唆など。
- 性器や性行為を見せる。
- ポルノグラフィーの被写体などに子どもを強要する。

第3章　社会的養護の制度と実施体系

3）ネグレクト（育児放棄，監護放棄）

- 子どもの健康・安全への配慮を怠っているなど。たとえば，a．家に閉じこめる（子どもの意志に反して学校等に登校させない），b．重大な病気になっても病院につれていかない，c．乳幼児を家に残したまま，たびたび外出する，d．乳幼児を車の中に放置するなど。
- 子どもにとって必要な情緒的欲求に答えていない（愛情遮断など）。
- 食事，衣服住居などが極端に不適切で，健康状態を損なうほどの無関心，怠慢など。たとえば，a．適切な食事を与えない，b．下着など長期間にわたってひどく不潔なままにする，c．極端に不潔な環境の中で生活をさせるなど。
- 親がパチンコに熱中している間，乳幼児を自動車の中に放置し，熱中症により子どもが死亡したり，誘拐されたり，乳幼児だけを家に残して火災で子どもが焼死したりする事件も，ネグレクトという虐待の結果であることに留意すべきである。
- 子どもを遺棄(いき)する。
- 祖父母，きょうだい，保護者の恋人などの同居人が，身体的虐待，性的虐待，心理的虐待に掲げる行為と同様な行為を行っているにもかかわらず，それを放置する。

など。

4）心理的虐待

- 言葉による脅かし，脅迫など。
- 子どもを無視したり，拒否的な態度を示すことなど。
- 子どもの心を傷つけるようなことを繰り返し言う。
- 子どもの自尊心を傷つけるような言動など。
- 他のきょうだいとは著しく差別的な扱いをする。
- 子どもの面前で配偶者やその他の家族などに対し暴力をふるう。

など。

DVについては，「日常的な『配偶者等からの暴力』という環境」は，児童虐待でもあると認識する必要がある。

なお，虐待の防止に向けた児童相談所の対応について，国（厚生労働省通知）の指針では，子どもの安全確認を行うルールを，「虐待通報から子どもの安全を目視して確認を行う時間を48時間以内として設定」しているが，群馬県をはじめ多くの都道府県においては24時間以内に安全確認を行っている（群馬県では，現在まで，通告のあった事例についてはすべて24時間以内に通報された児童の安全を目視して確認している）。

（7）児童相談所の役割と社会的養護

　近年，児童福祉施設等（児童養護施設・情緒障害児短期治療施設・児童自立支援施設等）において，虐待を受けた子どもの数が増加し，また，ADHD，アスペルガー等の発達障害を有する子どもも増加傾向にあり，ほとんどの児童福祉施設において，個別的なケア・支援が必要な子どもの入所が増加している状況にある。

　こうした現状をふまえ，厚生労働省としては，社会的養護の対策について「社会的養護のあり方に関する専門委員会」をはじめ，検討会，専門委員会のとりまとめや社会的養護の実状に応じて，児童虐待の防止等に関する法律及び児童福祉法の改正を行うなどして，社会的養護に関する対策を図ってきた。しかしながら，社会的養護の現状（児童福祉のすべてに共通する懸案事項）には，多くの課題が山積している。

　児童自立支援施設を一例に考えてみると，「社会的養護の対策に関する専門委員会等」において，この施設の公設民営化も検討もされているが，それ以前の問題として，現行の社会福祉法人（2か所の運営管理面）等の状況，法律での自治体に設置義務があるにもかかわらず，すべての自治体での設置がなされていないこと等，財政基盤のあり方，そして，現行と同等以上の支援の質の確保を図るためには，児童福祉施設の設備および運営に関する基準（旧児童福祉施設最低基準）の見直し等多くの重要な課題が山積している。

─ コラム ─

児童相談所の措置権ってどういうこと

　「変わらない少年非行を生み出す背景」には，親の養育力等の低下や問題を抱えた家庭・緊張感のある家庭と，心と身体の発達がアンバランスな子どもが多くなってきたことが言われていますが，子どもたちは，親には教えてもらわなくとも，自然に親と同じ事をして（演じて）いる。その親（地域力を弱める親地方における都市化現象）はと言うと，か：かかわりを持たない。き：気まぐれ。気配りをしない。く：クレイマー，苦情が多い。け：けんかが絶えない。こ：孤立・孤独。ということが言える。つまり「か・き・く・け・こ」なんですね。

　措置をするということ，児童福祉法にもとづく施設入所等の措置（在宅もある）をすること，すなわち，非行や虐待を除く相談の多くは，どちらかというと保護者からの依頼にもとづき施設入所も含めて事務的に進められることが少なくありません。一方で，虐待や非行相談の場合，児童相談所から介入的に進めるケースが多いにもかかわらず，肝心の保護者の理解が得られず，担当する児童福祉司が苦慮しているケースが少なくありません。たとえば，児童自立支援施設（法改正前は「教護院」）は，児童養護施設と同様に児童福祉施設ですが，家庭裁判所の決定（送致・保護処分）をもって入所しても，入所後は児童福祉法での処遇であること。そして，児童福祉法にもとづく施設入所の措置には保護者および児童の同意を要すること。保護者の同意無くしては，措置権を行使して施設入所を進めることはまったくできないこと。一方では，施設に入所することは，公教育を導入していない時期・現在も未導入の施設もあるが，学校教育法上，「学校」ではない「教護院」という児童福祉施設への転学の手続きができないため，入所することは原籍校の「学籍」が無くなる，ことでもある。

　このような「事務的にも複雑な問題：不公平な扱い」があったなかで，措置することには，児童福祉法にもとづき「保護者の同意」が必要不可欠という現実があり，児童相談所における「措置権」は，保護者の同意があって初めてその効力を発するもの，同意がなければまさに「絵に描いた餅」そのものであること。同意を得る必要のある保護者の多くは，「親自身が健全に真面目に生きてきた親」は少なく「か・き・く・け・こ」で表せる親，逆にそうでなければ非行少年は生まれてこなかったのでは……，生まれた場合でも極めて稀であった，のではないか，と言え，このことについて児童福祉司がいかに苦労を重ねてきたか，専門性を問われてきたか，そのことに児童相談所の専門性すなわち，ケースワークの大きな課題があり，体制の整備はされてきたものの（職員・児童福祉司等は3倍以上も増えた），必要十分な対応がされにくく，家庭裁判所による児童自立支援施設への送致人員の増加の大きな要因ともなっており，このことが，児童自立支援施設のあり方をはじめ，児童相談所を含めて大きな課題のひとつでもある。

> 児童相談所の措置権を行使することとは，子どもも含めた人世を大きく左右させることでもあること。そして，社会的養護の必要性の有無について，最終的な判断と権限を持っている，といった重要な役割を果たしている。

　1997（平成9）年の児童福祉法の改正から15年有余を経過したが，児童自立支援施設の場合，2010（平成22）年5月現在においてもなお，全国の58施設の内15施設が「公教育の未実施」となっている。このことは，憲法で保障されている「教育の機会均等」が保障されていないことでもある。また，法改正により，他の児童福祉施設に入所中の児童を「通所させての支援」が可能となったが，この場合，かつて，里親に委託中の里子の保育園の入所措置について，「保育に欠ける児童」の措置と「里親委託」の措置が「二重措置※」であるとして（里親の認定要件に反する）しばらくの間，認められてこなかった経緯や教護院当時の入所した児童の学籍の問題が挙げられる。

　この学籍については，一時期，学校長の教育的配慮から子どもの学籍を原籍校に残したまま入所させていたが，学校教育は文部省，教護院は厚生省管轄であることから，やはり二重措置と指摘された経過がある。しかしながら，当時の教護院には公教育が導入されていないため，学校ではない施設に転学させることができないまま，入所を必要としている子どもの学籍が宙に浮いてしまう結果となり，やむなく「教育委員会預り（就学義務の猶予または免除扱い）」として，原籍校には在学していない児童・生徒※（学籍のない）として取り扱うといった「教育の機会均等」を教育自らが否定する結果となったことは，記憶に新しいことでもある。このため，他の児童養護施設や里親等で不適応状態になってしまい措置変更となる前に，児童自立支援施設への通所や，施設間での相談をすることができるような体制の整備を含めた措置機能のあり方について進めていくことが求められている。

　社会的養護については，「社会的養護体制に関する構想検討会中間とりまとめ」において，狭義には，里親や施設における養護の提供を意味するが，広義には，レスパイトケアや一時保護，治療的デイケアや家庭支援等，地域における子どもの養育を支える体制を含めて幅広く捉えることができる，と指摘され

ている。

　※二重措置：法律にもとづき同一人物を別々の機関に同時に措置すること。
　※原籍校：施設入所するまで在籍していた学校・学籍のある学校。

　これまでは，狭義の社会的養護を中心にしながら，広義の社会的養護について視野に入れつつ，要保護児童とその家族支援のための体制強化が求められてきた。そして，これからの社会的養護については，基本的には広義の社会的養護は地域における在宅ケア・支援を基本に捉えつつ，狭義の社会的養護が協働・連携しながら，社会的養護を必要としている子どもやその家庭をケア・支援するための体制強化や拡充を図り，地域社会が家庭機能を支援・補完しながら，協働して子どもを養育していくと共に，家庭支援を行っていくこと必要である，と言われている。

　社会的養護の施策は，教育・労働住宅等国民生活に係わる他分野の施策との連携を強化すると共に，その実施体制においては，従来の縦割り的な施策ではなく，今回（2012〔平成24〕年4月）の児童福祉法が改正された要因の背景にある「国民一人ひとりが対象である」ことを基本としたすべての法律が横断的な対応が可能となるよう，他の分野や領域の制度や施策を有効活用し得るシステムの構築が必要である。また，社会的養護を必要とする社会的弱者にかかわる施策と整合性も勘案しつつ，住民にもっとも身近な地域を基盤として総合的・計画的な推進を図り，子どもや家庭のニーズに対応した支援を展開する事が求められている。さらに，児童虐待など多くの子どもの問題は，家族の構造的な問題として理解して対応することが必要であり，社会的養護を必要とする子どものみを対象に支援するのではなく，家庭も対象にしてすべての子どもたちの健全育成に向けた包括的な支援が可能となるようなシステム・そしてそれを地域で支える支援のシステムの構築が必要である。

　社会的養護にかかわる職員の専門性の確保については，児童福祉法の改正等を経て，専門性のある職員の確保に向けて，児童相談所長および児童福祉司の任用資格要件の改正をはじめ，児童自立支援施設長，児童自立支援員および児童生活支援員の任用資格要件等が改正され，「福祉に従事した事のない職員」

は配置できないこととなったが、今、施設に入所している子どもの中には発達上、資質上の問題を抱えている子どもや複雑な家族関係を持った子どもなどが増加していることから、各施設に心理職員の配置等が求められ現在に至っているが、むずかしい問題を持った子どもたちへの対応ができる専門性を持った職員が十分に確保しているとは言い難い実状にある。

1997（平成9）年の児童福祉法の改正にともない、「社会福祉士」、「介護福祉士」、「精神保健福祉士」と並び「保育士」が国家資格となり、主な業務を、従来の「保育」に加え「子育て支援」もその業務となったが、児童福祉法の最低基準そのものも、児童福祉施設の職員配置基準・学齢児の例（日本、児童6〔改正予定〕対職員1と以下の諸外国と比較してもきわめて数値が低い。スウェーデン、1対1.5、アメリカ、1対1※）をはじめ、多くの基準数値は諸外国と比較してもきわめて低い数値になっており、職員の労働環境の改善と専門性を高め、子どもたちの福祉を増進していくためにも、さらなる改正が必要である。

※生産年齢人口の相対的貧困率は、世界第2位の貧困国（OECD・経済協力開発機構、2006年）、子どもの場合は世界第8位（OECD・2008年）。

言いつくされている言葉ではあるが、「福祉は人なり」と言われているものの、児童自立支援施設に限らず、どの施設・公的機関を含めたすべての職場においても専門性を持った人材の確保が緊急の課題のひとつとなっている。

不透明な経済情勢の中、保育士等の仕事を求めて求人に応募する者は少なくないが、定着化に結びつかず、勤続年数も短期間となり、専門性の蓄積にはほど遠い、といった現状にある。今、多くの問題を抱えた子どもの入所が相次ぎ、その支援に苦慮している現場の職員の声が、どこまで届いているのか。先の見えないジレンマに苦悩している職員は少なくない。

児童相談所においても、その業務のひとつとして、必要な援助を行うために、児童を里親や児童福祉施設その他に措置する等の業務があるが、この措置する業務の中で、それぞれの施設への措置状況を見ると、児童福祉施設の内、とりわけ児童養護施設と児童自立支援施設への措置状況に大きな隔たりが見受けられており、上述の課題を大きく表明していることが説明されている要因のひと

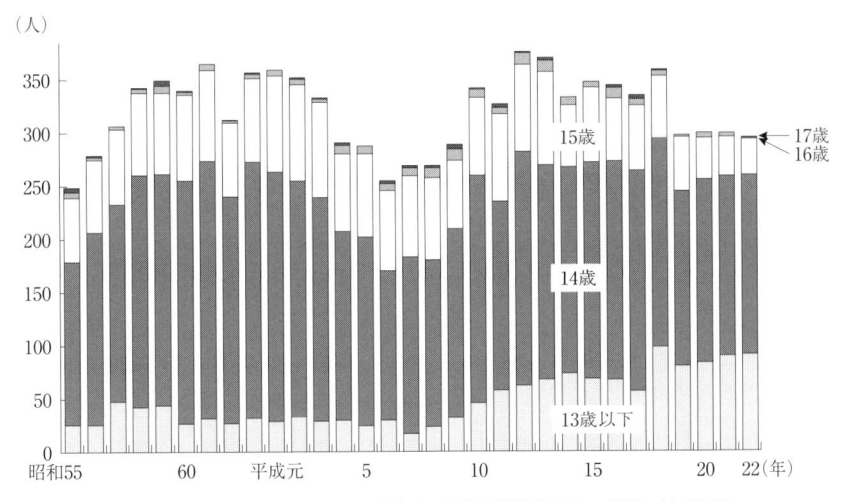

図3-4 家庭裁判所からの児童自立支援施設送致人員の推移（年齢別）

注：1） 司法統計年報による。
　　2） 家庭裁判所終局処理時の年齢による。
　　3） 自動車運転過失致死傷・業過および危険運転致死傷に係る保護事件を除く。
出所：法務省『平成23年度犯罪白書』。

つでもある，と言える。

　児童養護施設への入所・措置状況は，一時保護所の入所状況と合わせて，恒常的な満床状態が続き，保育所同様に待機児童が増加している傾向を示しているにもかかわらず，一方では，触法少年の警察からの児童通告の減少もあるが，定員に満たない児童自立支援施設の入所状況と，家庭裁判所の決定にもとづき送致される犯罪少年を含めた年少少年が相対的に増加しているといった現況（図3-4）から，入所させるための技術的な支援，その他を見ても，法改正や諸施策の改定等を経て児童相談所の体制は，かならずしも十分とは言い難いものの，現在，公務員改革が大きな課題となり多くの職場の中で実施されている中で，表面的には，少なくとも従前と比較しても大きく前進してきた経過も見受けられている。さらに，虐待通報にもとづく立入り等，捜索の権限が付与されたが，家庭裁判所の許可を得るまでの経過，虐待により親子を分離させ施設入所等を経た後に，親子の再統合等といった重要でむずかしい要件が児童相談

所の役割・責務となっている。言うなれば、虐待通報により「虐待の加害者と被害者」を切離す、ということは、単に物理的に切り離すことのみならず、親子の心的結合そのものも一旦は切離してしまう結果となるものであり、親子双方が、児童相談所への恨みを残しながらその後の再統合を図る、その事のむずかしさ、虐待への対応に限らず、社会的養護を求める子どもたちへの支援に必要と求められるこれらのことの現状は、より専門性が求められていることでもあり、それらの対応には、経済的な支援と共に人的な支援への対応が重要であること、と言える。

　かつて、19歳で殺人を犯し、死刑となった永山則夫は著書『無知の涙』（河出書房新社、1990年）の中で、「社会の側から疎外された人間が反社会的行為に走るのは、法と秩序の枠組みに治まろうとするより、むしろ自然であろう」と書いている。この事件については、以後、少年が犯した重大事件の死刑判決の判例基準となると共に、多くの要因の中でも繰り返し論じられていることでもあるが、「社会の側から疎外された人間」がすべて犯罪を犯す、とか「疎外され差別されたからといって犯した罪が容認される」わけではなく、こうした言動は社会的には受け入れられない犯罪者の勝手な言い訳として片づけられることが少なくなかった。これは、貧困問題にも共通して言われていることでもあるが、貧困問題の多くは、「ワーキング・プア、派遣労働」や「ホームレス、ネットカフェ難民」等の問題にしても、その責任を個人の問題としての「自己責任論」が優先されてしまっている。果たして、個人が努力すれば「貧困」は解決できるのか、社会の仕組みの問題として、憲法で保障されている「だれでも人間らしく生きられる」社会の実現に向けて、社会的養護が必要とされる施策の構築に向けて、求める子どもたちへの支援と共に、進めていかなければならない。

　犯罪（非行）を犯してしまった子どもたちが、人としての回復とその自立を考えるならば、この「勝手な言い訳」を「言い分（意見表明）」として捉え、それへの丁寧な対応がきわめて重要となってくる。このことは、社会的養護にかかわる児童自立支援施設等の職員にも共通して言えることでもあり、子どもた

ちにとっての「施設入所」の意味するものとは何かについて考える必要がある。自ら好んで入所する子どもはいない。また，子どもたちにとって，自分自身の人生を左右することとなり得る施設に入所することについての強い不安や苦痛は避けられず，子どもたちがこれに耐え抜くには，職員との信頼関係は不可欠である。入所となる子どもたちには「権利ノート」を渡し「子どもたちの権利」（意見表明権等）があることを伝えてきたが，子どもがその権利を表明し行使することには，相当な勇気が必要である。

さらに，子どもたちが職員に相談したり，悩みを伝えたり，依頼したりするなどの行為を行うにはかなり勇気が必要であり，職員もそれを受け入れる広い度量が要求される。この職員の度量により，子どもたちの心の発達が大きく左右されることを認識しておかなければならない。すなわち，この先生とならば「きっと良くなる」，「自分のことを心から心配し，ベストを尽くしてくれる」といった信頼関係を築く必要があること。近い将来，施設を巣立ち，好むと好まざるとにかかわらず，いつかは社会に戻っていく子どもたちが，その時，笑顔で暮らせる「礎（いしずえ）」をつくっていくこと。そして，自分で努力してしあわせをつかむことが「本当の幸せ」であることを知らしめることが，職員としての児童の自立に向けての，ひとつの役割であり使命となるのではないか。

このことから，児童自立支援施設を例としてその役割を見てきたが，これらのことはすべての児童福祉施設に共通して言えることでもある。換言するならば，社会的養護に求められる役割は「育ち直しの必要な児童を受け入れ，その児童と職員とが生活を共にする中で，地域社会で生きていく力を育み，そのことによって子どもたちの自立を支え，援助するという役割を担う」ことと言える。しかし，心が育っていない子どもたちに「自立」の支援してもうまくに伝わらない。乳幼児期にたっぷり愛されたことのない子どもに心を教えようとしても，かなりむずかしい。大切にされた体験を持たない子どもには「人から大切にされることのよろこび」，「大切さ」ということの意味が通じない。「心を育てる」ということの上で何が大事かと言えば，教えることではなく，こういうことが「うれしいこと」なんだ。これが「心地良い感覚」なんだ。こういう

ことが「本当にうれしいこと」なんだよというように，毎日の生活の中で，そういうことをたくさん体験し積み重ねていくことが大切なのである。

　児童相談所や児童自立支援施設等でかかわる子どもたちの多くには，乳幼児期に体験しておくべきことができていない場合が多く，身体の方が大人になっていても，母親が赤ん坊にするようなことをやってあげることも大切になってくる。愛情のこもった手で頭をなでてやる，温かい懐で抱きとめてやる，安心できる表情で見守ってやることから始めて，「心を育てていく」しかない。大人への近道がないのと同じように，子育てにも省略できることも，近道できる道もないが，ただ，思春期がそのやり直しの最後のチャンスであることには間違いがない。子どもたちに「無限の愛」を与えられるように，子どもたちとの人間関係の確立が必要不可欠である。

　子育ての原点は家庭にあると言えるが，将来の自立に向けて望ましい家庭のあり方，親子関係の調整等，子どもたちが大人になった時，子どもたちの生活の中に取り入れていくことができるような人間関係の触れ合いを構築していくことが大切であり，児童自立支援施設等の職員としては，「自分を見つめる正しい目」，子どもたちにも「人間の生きる力を信ずる心」，「かならずしあわせになるであろう」と期待を持つことが大切である。職員が子どもの声を「聞く耳」を持っていること。そのためには，職員の度量が求められていることは，上記の通りであり，ゆとりを持った対応がされるよう，すべての社会的養護にかかわる福祉施設等における体制の整備が求められている。

【演習課題】
1　さまざまで複雑多岐にわたる子どもの問題行動に対して，あなたは何を発想の起点とした支援を考えますか。施設入所中と在宅中の児童について，支援の方法等考えてみよう。
　　＊考えるポイント：子どもの視点から見た家族と親の視点から見た子どもの姿
2　子どもの人生を左右しかねない措置（施設入所する場合）についてどのよう

に考えますか。子どもにとってのメリット・デメリットについて，考えてみよう。

〈参考文献〉
阿部彩『子どもの貧困――日本の不公平を考える』岩波新書。
子どもの貧困白書編集委員会編『子どもの貧困白書』明石書店，2009年。
法務省『平成23年度版　犯罪白書』2011年。
全国里親会『新しい里親制度ハンドブック』2011年。
中央法規出版編『社会福祉用語辞典』中央法規出版，2010年。
日本子ども家庭総合研究所編『子ども虐待対応の手引き』有斐閣。
群馬県三児童相談所「児童相談所事業概要（各年度版）」，2012年。
厚生労働省「児童相談所運営指針」，2012年。
厚生労働省「社会的養護のあり方に関する専門委員会・検討会等　各調査報告書」『児童福祉六法』中央法規出版，2012年。
子どもの育みの本質と実践「調査研究報告書」全国社会福祉協議会，2009年。

(岩崎裕一)

第4章
児童の権利擁護

― 学習のポイント ―

　本章では，現代社会において市民（児童）の権利とはどのような意味を持つのかを，制度，法律から考えていく。それには，児童福祉に関する関連法の中で，児童の権利保障がどのように定められているのか，理解を深める。児童の権利擁護に関する社会的方策にはどのようなものが存在しているか，理解を深める。さらに「児童の権利ノート」の機能や児童虐待の予防策について理解を深めることが大切である。

　社会福祉の歴史を紐解くと，救貧法制の成立後に一早く個別救済立法としての児童保護に関する法制度が整備されることが多い。実際に，第2次世界大戦後の日本においても生活保護法が制定された直後に個別立法としての児童福祉法が制定されている。しかし，近代**救貧法**制が整備される以前から，洋の東西を問わず篤志家や宗教家による児童の救済活動が存在していたことは歴史的事実として確認できるし，そのような救済の対象となる児童もまたいつの時代にも存在してきた。飢饉や戦争が勃発すれば，成人よりも社会的立場の弱い児童がまっさきにその犠牲者となる。このことは児童を取り巻く問題が「社会の縮図」としばしば表現されるように，児童が「資本の蓄積と競争を社会の基本とした資本主義社会」の生み出す社会問題の影響をもっとも直接に受けてきたことと密接に関連している。

第 4 章　児童の権利擁護

重要語解説

救貧法

　救貧とは貧困（生活に困窮している人，身寄りのないお年寄り，子どもなど）者を救うことであり，1601年のエリザベス救貧法が後の各国の救貧法に大きな影響を与えている。日本では，恤救規則（じゅっきゅう）（1874年）・救護法（1929年）などがこれにあたる。

　児童福祉の歴史に関しては第2章で詳細に述べられているのでここでは繰り返さない。しかし，保育士を目指す上で児童心理や保育技法という視点のほかに，社会問題という視点で児童福祉を考えてほしい。児童福祉は，歴史的かつ社会的な実践活動として存在している。宗教家等の慈善事業の時代には救済者の恣意（しい）的な活動の側面が濃厚であったが，現代においては「権利」としての児童福祉の理念が浸透している。つまり，国家の責任において児童の健全な成長（児童福祉）を法的に遂行することが基本となっている。その中心的な理念となっているのが，本章で解説する「児童の権利擁護（ようご）」である。

　権利擁護（アドボガシー）とは，児童のように自身の権利を主張することが困難な人に代わって，公的機関や社会福祉専門職等が当人の権利を守ろうとする営みである。権利擁護は2000（平成12）年に制定された「**成年後見制度**」に代表されるように，近年の社会福祉運営の中で重要な基本理念として位置づけられてきた。

　本章では児童福祉における「権利擁護」について，児童福祉法および関連法中での同理念の位置づけや意味について解説していく。

重要語解説

成年後見制度

　1999（平成11）年の民法改正によって成立した。認知症高齢者や知的障害者など判断能力や意思決定が困難な者に対して保護する制度である。契約等の法的行為を保護する法定後見制度と将来に備えて後見人をあらかじめ選任する任意後見制度の2つの制度によって構成されている。

第1節　児童福祉法

　児童福祉法は，1947（昭和22）年に制定され翌1948（昭和23）年1月に施行された児童福祉に関する基本法である。その総則には「すべて国民は，児童が心身ともに健やかに生まれ，且つ，育成されるよう努めなければならない」との国民の努力義務規定が設けられ（第1条），同じく「国及び地方公共団体は，児童の保護者とともに，児童を心身ともに健やかに育成する責任を負う」との児童福祉の推進に対する公的責任が明確にされている（第2条）。さらに第3条で前2条について「児童の福祉を保障するための原理であり，この原理は，すべて児童に関する法令の施行にあたって，常に尊重されなければならない」と規定されているように，本法がすべての児童福祉関連法の施行における基本原理としての位置づけがなされている。

　このように児童福祉に関する基本法としての性格を持つ児童福祉法であるが，その成立は先に述べたように「福祉三法」時代と呼ばれた敗戦後の占領期にさかのぼることができる。第2次世界大戦後，敗戦国である日本はアメリカを中心とする連合国の占領統治下に置かれた。その占領統治を直接に司った組織が，D.マッカーサーを頂点とする GHQ／SCAP（連合国最高司令官総司令部）である。GHQ が日本政府に対して発した代表的な国民救済の指令が SCAPIN775（SCAPIN とは連合国最高司令官指令のことで775号では保護の無差別平等，扶助の国家責任の明確化，最低生活保障の3原則を日本政府に指令した，公的救済 Public Assistance）で，この指令を軸として生活保護法が制定され，無差別平等や国家責任といった近代救貧立法の基本原則が打出されている。児童福祉法の総則に国家および地方公共団体の児童福祉に対する公的責任が明記された背景には，このような社会福祉の近代化をもたらした政策的動向があった。以下，児童福祉法における「児童の権利」に関する条項について解説していく。

第 4 章　児童の権利擁護

重要語解説

福祉三法

　第2次世界大戦後の1940年代に一早く制定された福祉関係法の総称。一般的には生活保護法，児童福祉法，身体障害者福祉法の三法を指す。その後，1960年代に老人福祉法，知的障害者福祉法，母子及び寡婦福祉法が相次いで制定され，福祉六法体制が成立した。

　児童福祉法における「児童」とは「満十八歳に満たない者」と定義され，さらに「児童」を次の3つに分類している。つまり，乳児（満1歳に満たない者），幼児（満1歳から小学校就学の始期に達するまでの者），少年（小学校就学の始期から，満18歳に達するまでの者）の3種である。また，児童福祉法は，「**障害児**」，「**妊産婦**」，「**保護者**」，「**里親**」および「**児童福祉施設**」についても定義している。

重要語解説

「児童」の他に児童福祉法で定義されている主な用語

●障害児
　障害児とは，身体に障害のある児童，知的障害のある児童又は精神に障害のある児童（発達障害者支援法（平成16年法律第167号）第2条第2項に規定する発達障害児を含む。）をいう。
●妊産婦
　妊産婦とは，妊娠中または出産後一年以内の女子。
●保護者
　保護者とは，親権を行う者，未成年後見人その他の者で，児童を現に監護する者。
●里　親
　里親とは，養育里親及び厚生労働省令で定める人数以下の要保護児童を養育することを希望する者であって，養子縁組によって養親となることを希望するものその他のこれに類する者として厚生労働省令で定めるもののうち，都道府県知事が第27条第1項第3号の規定により児童を委託する者として適当と認めるもの。

　同法が定める「児童福祉施設」としては，「助産施設，乳児院，母子生活支援施設，保育所，児童厚生施設，児童養護施設，障害児入所施設，児童発達支援センター，情緒障害児短期治療施設，児童自立支援施設および児童家庭支援

センター」の11施設を規定している。2011（平成23）年の児童福祉法改正によって，障害児の入所支援施設は障害児入所施設に，また障害児の通所支援を行う施設は児童発達支援センターにそれぞれ一元化されることになった。

児童福祉法第10条から第12条までは，児童福祉法の施行に関する業務の実施機関について定めている。具体的には，市町村の役割，都道府県の役割，児童相談所の役割について規定されている。

コラム

市町村・都道府県の役割

- 児童福祉法で規定されている市町村の役割としては，次の3項目である。
  ①児童および妊産婦の福祉に関し，必要な実情の把握に努めること。
  ②児童および妊産婦の福祉に関し，必要な情報の提供を行うこと。
  ③児童および妊産婦の福祉に関し，家庭その他からの相談に応じ，必要な調査および指導を行うこと並びにこれらに付随する業務を行うこと。
- 児童福祉法で規定されている都道府県の役割としては，次の2項目である。
  ①市町村の業務の実施に関し，市町村相互間の連絡調整，市町村に対する情報の提供，市町村職員の研修その他必要な援助を行うことおよびこれらに付随する業務を行うこと。
  ②児童および妊産婦の福祉に関し，主として次に掲げる業務を行うこと。
  　イ．各市町村の区域を超えた広域的な見地から，実情の把握に努めること。
  　ロ．児童に関する家庭その他からの相談の内，専門的な知識および技術を必要とするものに応ずること。
  　ハ．児童およびその家庭につき，必要な調査並びに医学的，心理学的，教育学的，社会学的及び精神保健上の判定を行うこと。
  　ニ．児童およびその保護者につき，ハの調査または判定にもとづいて必要な指導を行うこと。
  　ホ．児童の一時保護を行うこと。
  　ヘ．里親につき，その相談に応じ，必要な情報の提供，助言，研修その他の援助を行うこと。の6項目の業務が定められている。

以上の条項からも明らかなように，児童福祉法では都道府県および市町村の「児童福祉の向上に関する公的責任」が明確に定められている。さらに，同法12条では「都道府県は，児童相談所を設置しなければならない」ことが定めら

れ，所長および所員の設置規定が設けられている。同時に，児童福祉の専門職として**児童福祉司**の設置規定が記されている。

重要語解説

児童福祉司

都道府県は，児童相談所に，事務吏員又は技術吏員であって次の各号のいずれかに該当するものの中から任用した児童の福祉に関する事務をつかさどるもの（以下，「児童福祉司」と言う）を置かなければならない。

1．厚生労働大臣の指定する児童福祉司若しくは児童福祉施設の職員を養成する学校その他の施設を卒業し，又は厚生労働大臣の指定する講習会の課程を修了した者

2．学校教育法（昭和22年法律第26号）に基づく大学又は旧大学令（大正7年勅令第388号）に基づく大学において，心理・教育・社会学に関する学部・学科を卒業した者であって，厚生労働省令で定める施設において1年以上児童その他の者の福祉に関する相談に応じ，助言，指導その他の援助を行う業務に従事した者

3．医　師

3の2．社会福祉士

4．社会福祉主事として，2年以上児童福祉に関する相談に応じ，助言，指導その他の援助を行う業務に従事した者

5．前各号に掲げる者と同等以上の能力を有すると認められる者であって，厚生労働省令で定めるもの（児童福祉法　第13条2項）

児童福祉法では，児童福祉にかかわる職種（専門職）についても定めている。第4節（第13条～第15条）および第5節（第16条～第18条の3）では児童福祉司や社会福祉主事の協力機関として児童委員を市町村の各区域に設置することを定めている。その役割として，同法は次の6項目を定めている。つまり，①児童および妊産婦につき，その生活および取り巻く環境の状況を適切に把握しておくこと，②児童および妊産婦につき，その保護，保健その他福祉に関し，サービスを適切に利用するために必要な情報の提供その他の援助および指導を行うこと，③児童および妊産婦に係る社会福祉を目的とする事業を経営する者または児童の健やかな育成に関する活動を行う者と密接に連携し，その事業または活動を支援すること，④児童福祉司または福祉事務所の社会福祉主事の行う職務に協力すること，⑤児童の健やかな育成に関する気運の醸成に努めること，

⑥前各号に掲げるもののほか，必要に応じて，児童および妊産婦の福祉の増進を図るための活動を行うこと，である。また，保育士については，第6節（第18条の4〜第18条の24）に定められている。つまり，保育士とは一般的に「保育所，乳児院，児童養護施設等の児童福祉施設において，18歳未満の児童の保育に従事する職員[1]」をさすが，児童福祉法では保育士を「保育士の名称を用いて，専門的知識及び技術をもつて，児童の保育及び児童の保護者に対する保育に関する指導を行うことを業とする者」と定義づけ，さらに保育士となるには「保育士登録簿に，氏名，生年月日その他厚生労働省令で定める事項の登録を受けなければならない」ことが定められている。

このような児童福祉の総合法である児童福祉法の特徴は，児童福祉の推進に関する公的責任を明確にしていることである。つまり児童福祉の向上について，国家や地方公共団体の役割が明確で，その向上のための方法（児童福祉施設の整備，専門職の整備など）についても明確な規定が存在している点に特徴がある。

また，児童福祉法は時代の状況に応じて改正を繰り返して現在に至っている。2007（平成19）年にも同法の改正（児童虐待の防止等に関する法律及び児童福祉法の一部を改正する法律の制定）により（2007年法律第73号），新たに次の条文が追加された。「政府は，この法律の施行後3年以内に，児童虐待の防止等を図り，児童の権利利益を擁護する観点から親権に係る制度の見直しについて検討を行い，その結果に基づいて必要な措置を講ずるものとする」。「政府は，児童虐待を受けた児童の社会的養護に関し，里親及び児童養護施設等の量的拡充に係る方策，児童養護施設等における虐待の防止を含む児童養護施設等の運営の質的向上に係る方策，児童養護施設等に入所した児童に対する教育及び自立の支援の更なる充実に係る方策その他必要な事項について速やかに検討を行い，その結果に基づいて必要な措置を講ずるものとする」。同法の改正は「児童虐待の防止等に関する法律（児童虐待防止法）」（2000〔平成12〕年制定）の改正によって企図され，近年の虐待児童の増加への対応策として達成された。同法の改正により，法務省および厚生労働省が主体となって2011（平成23）年1月に「児童の権利利益を擁護するための方策について」（副題は，社会保障審議会児童福祉部会児童

虐待防止のための親権の在り方に関する専門委員会報告書）と題される報告書がまとめられた。同報告書では，「施設入所等の措置がとられている場合の施設長等の権限と親権の関係について」，「一時保護中の児童相談所長の権限と親権の関係について」，「里親等委託中及び一時保護中の親権者等がいない児童等の取扱いについて」，「一時保護の見直しについて」，「保護者指導に対する家庭裁判所の関与の在り方について」，「施設入所等の措置及び一時保護が行われていない児童等の取扱いについて」，「接近禁止命令の在り方について」の7項目が検討され，児童の権利擁護を推進する立場から民法上の親権制度の見直しを提案している。しかし，最後に同報告書は「児童虐待の問題は社会全体で取り組むべき重要課題であり，児童福祉等の関係者だけでなく幅広く一般の方々にも，この報告書に眼を通していただき，児童虐待問題が国民全体に広く共有されるきっかけとなることを望んでやまない」と記しているように，引き続き検討課題として残されている。

第2節　児 童 憲 章

児童憲章は1951（昭和26）年の5月5日に内閣総理大臣主宰の児童憲章制定会議において制定された。その序文には，「われらは，日本国憲法の精神にしたがい，児童に対する正しい観念を確立し，すべての児童の幸福をはかるために，この憲章を定める」ことが記され，「児童は，人として尊ばれる。児童は，社会の一員として重んぜられる。児童は，よい環境の中で育てられる」といった3原則が打ち出された。

重要語解説

児童憲章

　数年前に，ある山間部にある知的障害児施設を訪問した。この施設は極めて障害が重い児童が入所している施設であった。この施設では，多くの子どもが親元を離れて，幼い頃から施設で暮らしている。また，障害が重いために特別支援学校への通学もままならない児童が多い。

そのために，日常活動は，教職の資格を持つ職員が，支援学校の教員と共に，学校教育施設内で行っている。加えて，大半の児童が家庭の事情で帰宅もなかなかできない状態にあるとのことであった。

この施設の食堂の壁には，「児童憲章」の文章が貼り付けられていた。

私がこの児童憲章の文言に目をやっていると，一人の子どもが職員とともに通院から施設の車で帰ってきた。そして，病院に付き添っていった職員が食堂に顔を出し，その職員は「失礼します」と言って，私を案内してくれている主任の職員のつかつかと歩み寄り，通院の報告を耳元で行った。

静かな食堂であったことから，話の概要が私の耳に入ってきた。

通院したのは2時間ほど離れたところにある大学病院の内科であったこと，そして，診察の結果は，「病名は『心臓弁膜症』であるが，本人の障害が重いために，病院の医師が手術及び手術後の治療も含めて考慮すると，踏み切れない」との判断であったことを伝えた。主任は，「早急にご家族に連絡し相談をしましょう」と言って職員との話を終えた。私は窓の外を見ながら聞こえないふりをしていた。

すると，主任は，むなしそうな表情をしながら，「個人の情報交換をあなたの前でしてしまって恥ずかしい」と取り繕（つくろ）うように私に謝罪の意思を伝えた。そして，「健常者なら医学の進歩でなんでもなくなった手術でも，重い障害を持つ子どものケースとなると二の足を踏む医師が多いのですよ。たしかに，さまざまなリスクはあると思うが，命を失う前に挑戦だけはさせてあげたいものです」と言って，大きなため息をついた。

私は，壁に貼り付けてある「児童憲章」の文言に再び目をやった。そして，この施設で暮らしている子どもたちの抱えている障害の重さと障壁の大きさに思いを馳（は）せた。

児童憲章は，次の12の本則によって構成されている。①すべての児童は，心身ともに健やかにうまれ，育てられ，その生活を保障される。②すべての児童は，家庭で，正しい愛情と知識と技術をもって育てられ，家庭に恵まれない児童には，これにかわる環境が与えられる。③すべての児童は，適当な栄養と住居と被服が与えられ，また，疾病と災害からまもられる。④すべての児童は，個性と能力に応じて教育され，社会の一員としての責任を自主的に果たすように，みちびかれる。⑤すべての児童は，自然を愛し，科学と芸術を尊ぶように，みちびかれ，また，道徳的心情がつちかわれる。⑥すべての児童は，就学のみちを確保され，また，十分に整った教育の施設を用意される。⑦すべての児童は，職業指導を受ける機会が与えられる。⑧すべての児童は，その労働におい

て，心身の発育が阻害されず，教育を受ける機会が失われず，また，児童としての生活がさまたげられないように，十分に保護される。⑨すべての児童は，よい遊び場と文化財を用意され，悪い環境からまもられる。⑩すべての児童は，虐待・酷使・放任その他不当な取扱からまもられる。あやまちをおかした児童は，適切に保護指導される。⑪すべての児童は，身体が不自由な場合，または精神の機能が不充分な場合に，適切な治療と教育と保護が与えられる。⑫すべての児童は，愛とまことによって結ばれ，よい国民として人類の平和と文化に貢献するように，みちびかれる。

つまり，同憲章は日本国憲法第25条に掲げられた**生存権**を，さらには日本国憲法の第11条に掲げられた基本的人権の尊重を基本理念としている。

重要語解説

生存権

日本国憲法において第25条に規定されている「全ての国民が健康で文化的な最低限度の生活を営む権利」である。生活保護法をはじめとした多くの社会福祉関連法の基本的な理念となっている。

第3節　児童の権利条約と国内における法的整備

児童の権利に関する条約（Convention on the Rights of the Child　通称：児童の権利条約）は，1989（平成元）年11月に開催された国連総会で採択された児童の人権に関する国際条約である。児童の保護に関する国際規約として過去にはジュネーブ宣言（1924〔大正13〕年），児童権利宣言（1959〔昭和34〕年）が採択されたが，国際児童年（1979〔昭和54〕年）にポーランドから条約化への要求が提起されたことを契機として同条約は成立した（日本は1994〔平成6〕年に批准）。

同条約は全54条から構成されており，その前文には次のように記されている。つまり，「この条約の締約国は，国際連合憲章において宣明された原則によれば，人類社会のすべての構成員の固有の尊厳及び平等のかつ奪い得ない権利を

認めることが世界における自由，正義及び平和の基礎を成すものであることを考慮」し，「国際連合加盟国の国民が，国際連合憲章において，基本的人権並びに人間の尊厳及び価値に関する信念を改めて確認し，かつ，一層大きな自由の中で社会的進歩及び生活水準の向上を促進することを決意したことに留意」することが，基本とされている。

　また，「国際連合が，世界人権宣言及び人権に関する国際規約において，すべての人は人種，皮膚の色，性，言語，宗教，政治的意見その他の意見，国民的若しくは社会的出身，財産，出生又は他の地位等によるいかなる差別もなしに同宣言及び同規約に掲げるすべての権利及び自由を享有することができることを宣明し及び合意したことを認め」，「国際連合が，世界人権宣言において，児童は特別な保護及び援助についての権利を享有することができることを宣明したことを想起し，家族が，社会の基礎的な集団として，並びに家族のすべての構成員，特に，児童の成長及び福祉のための自然な環境として，社会においてその責任を十分に引き受けることができるよう必要な保護及び援助を与えられるべきであることを確信」することが宣言されている。

　同時に，「児童が，その人格の完全かつ調和のとれた発達のため，家庭環境の下で幸福，愛情及び理解のある雰囲気の中で成長すべきであることを認め」，「児童が，社会において個人として生活するため十分な準備が整えられるべき」であることが確認されている。さらに，「国内の又は国際的な里親委託及び養子縁組を特に考慮した児童の保護及び福祉についての社会的及び法的な原則に関する宣言，少年司法の運用のための国際連合最低基準規則（北京規則）及び緊急事態及び武力紛争における女子及び児童の保護に関する宣言の規定を想起(そうき)し，きわめて困難な条件の下で生活している児童が世界のすべての国に存在すること，また，このような児童が特別の配慮を必要としていることを認め，児童の保護及び調和のとれた発達のために各人民の伝統及び文化的価値が有する重要性を十分に考慮し」，「あらゆる国特に開発途上国における児童の生活条件を改善するために国際協力が重要であること」が宣言されている。

　つまり，戦争や飢饉(ききん)，貧困，搾取(さくしゅ)等の20世紀に多発した児童の権利侵害に対

する反省と児童の健全な育成の保障が国際的課題として認識され，そのための各国間の「国際協力」が重要であることが確認されている。

　同条約の第1部（第1条～41条）では，「子どもの最善の利益」（第3条），「児童の生存及び発達」の保障（第6条），「自由に自己の意見を表明する権利（第12条），「到達可能な最高水準の健康を享受する」権利（第24条），社会保障の権利（第26条），教育の権利（第28条）など，児童の権利保障に関する条項によって構成されている。さらに，第2部（第1条～第45条）では，児童の権利保障の実施に関して，「締約国は，適当かつ積極的な方法でこの条約の原則及び規定を成人及び児童のいずれにも広く知らせることを約束」（広報義務＝第42条）することや，同条約の「義務の履行の達成に関する締約国による進捗の状況を審査するため，児童の権利に関する委員会」の設置（第43条），締約国の権利保障に関する報告義務（第44条）などが規定されている。一方，第3部（第46条～54条）では条約の批准や改正に関する条項が規定されている。

　先に述べたように同条約は，20世紀の社会変動の過程の中で発生した多様な国際的社会問題が生み出す弊害をもっとも受けた児童の「最善の利益」（第3条）を保障する観点から成立した国際的規範である。同条約には，人類普遍の価値と人類の発展へのある種の期待が込められている。わが国においても同条約への批准を契機として，「子どもの権利に関する条例」を制定する地方自治体が増えている。

　たとえば，川崎市が2000（平成12）年12月に制定した「川崎市子どもの権利に関する条例」では，「この条例は，子どもの権利に係る市等の責務，人間としての大切な子どもの権利，家庭，育ち・学ぶ施設及び地域における子どもの権利の保障等について定めることにより，子どもの権利の保障を図ることを目的とする」ことが宣言されている（第1条）。また，北海道奈井江町の条例でも2002（平成14）年に「子どもの権利に関する条例」を制定し，「子どもにとって，最善の利益が尊重されるとともに，子どもの自己形成を支援するための基本理念を定め，町及び町民の役割を明らかにすることにより，子どもの権利を保障し，すべての子どもが幸福に暮らせる町づくりを進める」（第1条）ことを

81

掲げた。その後も，総合条例や個別条例など形態は異なるものの，同条例を制定する地方自治体が増加している。

コラム

子どもの最善の利益

　本章で学習したように，児童の権利条約の第3条には「児童に関するすべての措置をとるに当たっては，公的若しくは私的な社会福祉施設，裁判所，行政当局又は立法機関のいずれによって行われるものであっても，児童の最善の利益が主として考慮されるものとする」と規定されている。つまり，この原則に従えば児童相談所が行う児童福祉施設への入所措置は，対象児童の「最善の利益」＝「福祉」が優先・考慮されていることになる。しかし，果たして本当にそうであろうか。その視点から事例を用いて考察してみる。

　職員の佐藤さん（仮名）が児童の就寝時間が過ぎて業務日誌をまとめていた筆者の所に，男子児童の信二君（当時小学校3年生，仮名）が起きてきて突然「家に帰りたい」と訴えてきた。話を聞くと学校で友達との間で家庭の話になると自分が惨めな気持ちになる，自分も家族と一緒に生活したい，何で自分はここ（施設）で生活しなければならないのか，という訴えであった。信二君は3歳の時に両親が離婚し，諸般の事情で父親が信二君を引き取ることになった。しかし，長距離トラックの運転手をしていた父親は信二君の養育ができず，4歳の時に児童養護施設への入所となった。信二君は1年に2回程は父親のアパートに帰省することがあるが，家庭復帰の見込みは立っていなかった。

　客観的に判断すれば，信二君の児童養護施設への入所措置は誤った選択ではなかったであろう。しかし，児童相談所等の機関が判断の指標とする「子どもの最善の利益」をどのように決定するかは，最終的には関係機関の主観的な判断にもとづいていることに注意しなければならない。つまり，そこには子ども当事者の意思決定がほとんど介在していないのである。そのような状況の根底にあるのが，子どもの意思決定能力の欠如という認識とパターナリズム（父権主義）である。子どもの意思がほとんど反映されない状況の中で行われる施設入所措置において，「子どもの最善の利益」の保障とはどのような意味を持つのか。結局のところ，子どもの「選択の自由」が制限されている状況においては施設における生活の質を向上させていく地道な努力を積み重ねていくことであろう。施設（集団）生活に限界があることを事実として認識した上で，子どもの意思をどこまで尊重していくかの見きわめが社会福祉専門職には求められる。理念としての「権利擁護」の具現化こそが，専門職に委ねられた課題である。

第4節　子どもの権利ノート

　前節までに確認してきたように、児童の権利擁護を目的としたさまざまな法制度が日本だけでなく国際的に整備されてきた。そこには市民社会が成熟する中で資本主義社会がもたらす貧富の格差の拡大を是正する運動や社会権の高揚といった近代社会固有の特徴が確認される。本節以降では、そうした児童の権利擁護に関するさまざまな取り組みを紹介していきたい。そのひとつが「子ども権利ノート」の作成・発行である。「子どもの権利ノート」とは各地方自治体で作成・発行されている小冊子であり、児童養護施設を利用している児童や施設職員、里親を対象にした児童の権利擁護に関する手引きである。以下では、権利ノートが生まれた背景とその意義について解説していく。

　前節で確認したように、児童の権利について明確な規定が盛り込まれたのは第2次世界大戦後に制定された児童福祉法である。しかし、欧米で発達した人権等の社会権が市民革命による**『権利のための闘争』**によって勝ち取られたものであったのと対比して、日本の社会権は占領下におけるGHQ主導で「外から」導入された言わば「置き土産」の性質が濃厚であった。つまり、「児童の権利」が法律上は明記されたものの、それを具体的に遵守し浸透させる国民間の運動はきわめて乏しかった。その後も、「福祉」の概念には「権利」よりも「恩恵」＝「保護」としての性質が強く残存することになる。

重要語解説

『権利のための闘争』

　19世紀のドイツの法学者、イェーリングの著書名。イェーリングは同書の中で、自己の権利の表明は国家・社会に対する義務であると説き、さらに法の発展のための前提としている。

　日本において「児童の権利」が強く意識されるようになったのは、やはり前節で確認した「児童の権利に関する条約」への批准の影響によるところが大き

いといえる。1990年代初頭になるとカナダ・オンタリオ州の「子どもの権利・義務ハンドブック」が翻訳紹介されたのをきっかけとして，児童の権利ノートに関する関心が高まった。

1995（平成7）年には「大阪府子ども総合ビジョン」（大阪府子ども環境づくり推進協議会報告書）が公表された。同報告書の基本方針では「子どもの権利の尊重」が位置づけられている。さらに，同報告書の具体化を目的とした「今後の児童福祉施策のあり方」（大阪府社会福祉審議会報告書）が発行され，子どもの権利尊重の一環として「子どもの権利ノート」が作成された。大阪府で作成された「子どもの権利ノート」は，オンタリオ州の「子どもの権利・義務ハンドブック」を基礎にしている。大阪府の「子どもの権利ノート」作成を皮切りとして，その後同ノートを作成する地方自治体が増えていった。

このような地方自治体の取り組みの広がりの背景には，「児童の権利に関する条約」批准による権利意識の広まりとともに1990年代に多発した児童養護施設内での児童虐待事件の相次ぐ発覚があった。1995（平成7）年に発覚した千葉県の「恩寵園(おんちょうえん)」事件や神奈川県の「鎌倉保育園」等の施設内虐待事件を受けて，厚生省（現厚生労働省）は全国の自治体に「児童の権利ノート」作成の推奨(すいしょう)を通知した。このような児童虐待への関心の高まりの背景には，無論「児童の権利に関する条約」への批准以降に国民の側に着実に児童の権利擁護に関する意識が醸成されている事実がある。以下，「児童の権利ノート」の機能について解説していく。

先にふれたように「児童の権利ノート」は各地方自治体ごとに作成され，主に児童福祉施設入所児童や入所する児童，職員，里親などに配布される子どもの権利に関するガイドブックである。実際に各自治体によってその内容は異なり，権利行使について充分な説明がなされていないノートも散見されるのが実情である。「児童の権利に関する条約」への批准によって広がりを見せた「児童の権利ノート」であるが，その根拠となる法律は国内には存在していない。つまり，同ノートは厚生省の奨励(すいしょう)にもとづいて個々の自治体で作成しているのが実情で，明確な根拠法にもとづくものではない。この点にも，児童の権利

の未成熟が確認される。それと同時に、児童の権利ノートを作成する自治体が増加する一方で、同ノートが施設内虐待の歯止めにつながっているとは言い難い実情がある。今後明確な法的根拠を求めていく運動が必要である。

「子どもの権利ノート」が特にその効力が求められているのは、児童福祉施設入所児童の権利擁護である。児童福祉施設の入所者の多くは、自らの意思とは異なり措置（行政処分）という形態で入所を余儀なくされている。つまり、権利主体としての「児童」という着想が最初から希薄であり、施設入所の児童は権利を行使することが困難な状況に置かれている。「児童の権利に関する条約」でも記されている「児童の最善の利益」を保障するためには、子どもに対して明確な権利を教育することから出発しなければならない。その役割を「子どもの権利ノート」は持っている。

「子どもの権利ノート」は社会福祉施設入所児童の権利擁護のみならず、その支援を担う職員の義務を啓発する役割を担っている。施設職員は児童の日常生活をサポートすると共に、その権利を擁護するもっとも身近な存在である。施設職員は児童の権利について、その意義や目的、さらにはその具体的な行使の方法について教育する義務を持っている。その意味において、施設職員は「子どもの権利ノート」の内容について深い洞察を持っていなければならない。しかし、依然として職員の側に旧態依然の思考（保護および救済としての児童福祉）や経験に頼って、時には「体罰」を肯定的に捉える風潮があることも現実である。その背景には児童福祉施設における職員数の不足にともない、職員に対して過度の負担が強いられている現状がある。児童福祉施設へ入所してくる子どものニーズは、多種多様である。

施設職員の多くが保育士や児童指導員の有資格者であるが、そうした現場職員に対する研修体制も充分に整備されていない。しかし、現代の多様なニーズを抱えている子どもに対して適切な支援を展開するためには職員に専門職として絶え間ない技術の研鑽と知識の吸収が求められる。このような状況を打開するためにも、職員の労働条件の改善や研修体制の整備が急務である。

> 資料

施設内虐待

①恩寵園事件

　千葉県船橋市の児童養護施設「恩寵園」の園長（施設長）が，日常的に入所児童に対して虐待を行なっていた。1995（平成7）年に児童相談所への匿名の告発によって虐待の事実が明るみになったものの，当時の管轄の児童相談所は適切な措置を採らず虐待を放置したため園長らによる虐待行為はその後も継続して行われていく。このような児童福祉機関の無策はその後，当事者による議員への陳情やマスコミ等の報道によって広く社会に知れ渡り施設内虐待に対する児童相談所の機能について改めて問い直すきっかけとなった。

②鎌倉保育園事件

　神奈川県鎌倉市の児童養護施設「鎌倉保育園」の園長らが，日常的に入所児童に対して虐待を行なっていた。1998（平成10）年に東京都の「子どもの権利擁護委員会」から神奈川県「子ども人権審査委員会」あてに同園内における虐待行為の通報があり，その後の調査の結果虐待の事実が発覚した。

　この2つの施設に共通する特徴が，家族等の親族によって施設運営がなされていた事実である。同族経営の場合，職員間の支援内容に対するチェック機能が働かなかったり，スーパービジョン体制が構築できなかったりする弊害がともなう場合が多い。日本の社会福祉施設経営の課題でもある。

第5節　福祉サービス利用児童の苦情解決体制

　前節までに確認してきたように児童の権利擁護に対する法制度が整備され，その実現に向けて国家および地方自治体に対してさまざまな取り組みが要求されてきた。そのひとつが前節で確認した「子どもの権利ノート」の作成および配布であるが，多くの自治体でノートが作成されたものの依然として施設内虐待等の権利侵害が横行しているのが現状である。換言すれば，児童の権利保障が宣言されたものの，それが充分に浸透していない現実が見えてくる。ここでは，そのような権利保障のための取り組みのひとつとして，施設入所児童の苦情解決体制について解説する。

　児童福祉施設に限らず，社会福祉施設における集団生活の環境はさまざまな

ストレスやフラストレーションの温床になっていることが多い。特に，職員と児童，児童間同士の関係性において上下関係が発生し，それが生活上のストレス蓄積になる場合がある。むろん，そのような利用者のストレスを察知し適切な支援を展開するのが職員の役割であるが，職員と児童との上下関係の中にあってその不満を消化できず抱え込む利用者が多い。また，職員も児童を集団として支援する傾向が強く，個々の児童が抱えているニーズにまで充分に目配りができているとは言い難い状況である。そのような状況の中で施設の児童が抱える不満を解消することを目的として整備されているのが「苦情解決制度」である。

　2000（平成12）年に制定された社会福祉法の第82条には，「社会福祉事業の経営者は，常に，その提供する福祉サービスについて，利用者等からの苦情の適切な解決に努めなければならない」とする条項がある。つまり，児童福祉施設の長は入所する児童の苦情を受け付けてそれを解消する義務を有している。多くの施設では「意見箱」などを設置し，児童からの苦情を投書という方法で受け付ける仕組みを採用している。また，苦情の受け付けを担当する専任職員が配置されている施設も存在する（苦情解決委員）。寄せられた苦情については最初に施設内で解決に向けた試みが検討される。具体的には施設長や職員で構成される「苦情解決委員」で解決に向けた取り組みが検討され，施設外部の第三者によって構成される「第三者委員」に報告される。

　「第三者委員」とは施設外の弁護士や医師，民生委員などの有識者によって構成され，施設内における苦情解決の取り組み状況を評価する役割を担っている。実際に，施設内の状況を「内部告発」することは児童にとって大変に勇気のいることであり，苦情を申し出たことによって報復等の不利益を受ける可能性もないとはいえない。そのような状況に陥らないためにも苦情を申し出た児童の権利を擁護することが必要であり，それを達成するためには施設外の人間によって児童の権利が擁護されているかを客観的に評価する仕組みが不可欠となる。第三者委員が施設外の人間によって構成されるのは，そのような児童の権利を擁護するための客観性および中立性を担保する必要性があるからである。

施設内の苦情解決委員および施設外の人間によって構成される「第三者委員」では解決できない苦情については，各都道府県に設置されている「適正化委員会」に直接申し出ることも可能である。「適正化委員会」は多くの場合都道府県社会福祉協議会によって運営され，苦情の申し出を受け付けて，苦情に関する相談，調査，さらには苦情解決に向けた助言や斡旋などを行なっている。しかし，適正化委員会が十分に機能しているとは言えずその存在についても十分に認知されているとは言えないのが現状である。今後，さらなる広報等によってその存在意義を明らかにし，利用しやすい制度へと転換していく必要がある。

第6節　施設内児童虐待への対応と予防

最後に，施設内に発生する児童虐待への対応策と予防策について解説していく。先に述べたように，1990年代以降に「児童の権利」意識に対する社会的な拡がりを見せた。そのひとつの現象として，施設内虐待に対する国民の関心の高まりがある。特に1990年代に発覚した千葉の「恩寵園」事件を新聞等のマスコミが報道した影響は大きく，広く国民に対して児童養護施設および児童の権利について関心を呼び起こすことになった。本節では施設内虐待への対応策と予防策を紹介していく。

児童養護施設への入所理由の中で現在もっとも多いのが，親からの虐待である。虐待を受けた児童の多くは心の傷を抱えた状態でおおむね大人への不信感を払拭できないまま施設入所へと至る。そのような不信感から他者との社会的関係を形成することができず，暴力などの攻撃的な行動となって表面化することがある。支援者はそのような児童を「受容」し，心理的サポートを行っていかなければならない。保育士や児童指導員の専門職たる所以はここにある。

しかし，現実として施設内における虐待事例が続発しているのが現状である。厚生労働省がまとめた「平成22年度における被措置児童等虐待届出制度の実施状況」（全国47都道府県，19指定都市などを対象）によると，虐待の届出・通告受

理件数は176件に上り，実際に虐待の事実が確認されたのは39件であった。施設別に見ると，「児童養護施設」における虐待数が最も多く（27件），「里親・ファミリーホーム」における虐待数が8件であった。虐待の種別・類型については「身体的虐待」がもっとも多く（23件），「性的虐待」が9件，「心理的虐待」が4件，「ネグレクト」が3件となっている。一例を挙げると，「禁止していたにもかかわらず学校行事の打ち上げに参加していた児童を職員が見つけ，頭を何発か叩いた。口唇から出血有り」。「男性職員が女児の了解を得ないで，女児が着替えている部屋を開けた（閉めてと求めても，すぐに閉めなかった）」などである。

　このような施設内虐待を予防するためには，前節でも確認したように職員へのサポート・抑制体制，特に研修制度を充実させることが必要不可欠である。しかし，そのようなサポート体制が充分に構築されているとは言えず，少ない職員の配置基準の問題などから職員への過度な負担が強いられているのが現状である。むろん，専門職として日頃から虐待をしないための心構えや倫理観を体現することが保育士や児童指導員の基本的役割であるが，一方で職員が虐待行為に至ることを予防する取組も必要である。実際に，2009（平成21）年に厚生労が策定した「被措置児童虐待対応ガイドライン」でも「職員の研修，資質の向上」が据えられている。

　同ガイドラインでは「被措置児童等虐待の予防」の方策として，他にも「風通しのよい組織運営」を掲げている。社会福祉施設は従来から閉鎖的な環境に置かれており，外部の状況が外の社会から閉ざされている場合が多い。こうした弊害をなくすためも職員間の情報共有やチームアプローチの体制が必要不可欠である。また，同ガイドラインが掲げている「開かれた組織運営」では，施設の支援内容について施設外の第三者委員等からの監査（スーパービジョン）体制の構築に必要性を示唆している。社会福祉実践（ソーシャルワーク）は絶えず第三者から評価・指導を受ける中で適切な支援のあり方を模索していく計画的な実践である。その意味で外部の専門機関等との連携体制の整備が必要である。

　また，施設内における虐待を予防するためにもっとも必要なことは，対象者

である児童が自身の意見を明確にできる環境を整備することである。ガイドラインにおいても「子どもの意見をくみ上げる仕組み」の整備が目標に掲げられ，「子どもの気持ちをよく受けいれつつ，子どもの置かれた状況を可能なかぎり説明すること，子どもの意向や意見を確認し，子どもが自ら置かれた状況や今後の支援について理解できていない点があれば再度説明すること，子どもが自らの権利やルールについて理解できるよう学習をすすめることなどが必要」とされている。具体的には支援計画の策定や措置変更の際に，子どもの意見をふまえることなどが盛り込まれている。とかく，子どもの権利保障が「わがまま」として放任されるのではないかという危惧が児童福祉関係者には根強く存在している。しかし，児童福祉施設に入所している児童は施設の集団生活の中において家庭の児童よりも多く制約が課せられているのが一般的である。そうした制約の多い集団生活の中にあっても，たとえば自治会（子ども会）等で生活上の要望を施設経営者に上げていくといった試みがためされたり，子ども当事者間の生活のルールを独自に決定したりする施設も存在する。つまり，「権利」と「義務」という社会生活の営みにおいて必要な規範を修得することは本来子どもの発達において必要不可欠な要素である。そのどちらかが欠けても，個々の児童の健全な育成は見込めないし，そもそも社会生活そのものが成立しない。いずれにしろ，職員の過去の「経験」や「直観」にもとづく施設支援ではなく，権利擁護に代表される近代的な社会福祉理念や技術，知識にもとづいた思考と取り組みが求められている。

【演習課題】
1　本章で児童の権利に関する条文を実際に社会福祉六法等で確認してみよう。
2　児童の権利ノートをクラスのグループで実際に作成してみよう。また，自分たちが作成したノートと自治体で発行しているノートの共通点・相違点を指摘してみよう。
3　実際に児童福祉施設に足を運んで，職員に児童の権利擁護に対する個々の取り組みについてインタビューしてみよう。

〈注〉
(1) 山縣文治・柏女霊峰編集『社会福祉用語辞典』ミネルヴァ書房，310頁。
(2) 長谷川眞人編著『子どもの権利ノート――子どもの権利擁護の現状と課題』三学出版，2005年，77～87頁。
(3) 長谷川眞人編著，同上書，68～69頁。

〈参考文献〉
井上仁『子どもの権利ノート』明石書店，2002年。
井村圭壯・相澤譲治編著『児童家庭福祉の理論と制度』勁草書房，2011年。
小田兼三・石井勲編著『養護内容の理論と実際』ミネルヴァ書房，2007年。
木村武夫編『現代日本の児童福祉』ミネルヴァ書房，1970年。
鈴木祥蔵・山本健治編著『子どもの権利条約を読む』拓殖書房，1993年。
中央法規出版編『児童福祉六法』中央法規出版，2011年。
長谷川眞人編著『子どもの権利ノート――子どもの権利擁護の現状と課題』三学出版，2005年。
晴見静子・谷口純世編著『社会的養護』光生館，2011年。
堀正嗣『子どもの権利擁護と子育ち支援』明石書店，2003年。

（畠中　耕）

第5章
施設養護の理念と施設養護の原理と援助

―学習のポイント―

児童福祉施設を利用して生活をしている子どもたちの抱えるさまざまな課題や背景について理解し，施設での生活支援のあり方について理解できるよう学習を進めると共に，実際に支援活動に携わる職員が持つべき基本姿勢・基本理念について考える。

第1節　要保護児童を理解するための基本的視点

施設において適切な援助を展開するためには，まず，その対象である児童（要保護児童）を正しく理解することが必要である。しかし，ひとくちに「理解する」と言っても，その方法，視点はさまざまである。

そこで，ここでは，要保護児童を理解するための基本的視点について，乳児院と児童養護施設を取り上げることで，乳児，幼児，少年という，児童福祉法における児童の定義（同法第4条）を，年齢に従って説明していくことにする。

（1）「児童」を理解する

児童福祉法において，「要保護児童」とは，「保護者のない児童又は保護者に監護させることが不適当であると認められる児童」を言う（同法第6条の3－8）。また乳児院は，「乳児（保健上，安定した生活環境の確保その他の理由により特に必要のある場合には，幼児を含む）を入院させて，これを養育し，あわせて退院した者について相談その他の援助を行うことを目的とする施設（同法第37

条)」であり，児童養護施設は，「保護者のない児童（乳児を除く。ただし，安定した生活環境の確保その他の理由により特に必要のある場合には，乳児を含む。以下この条において同じ)，虐待されている児童その他環境上養護を要する児童を入所させて，これを養護し，あわせて退所した者に対する相談その他の自立のための援助を行うことを目的とする施設（同法第41条)」である。先に挙げた「児童の定義」とあわせて考えると，乳児院と児童養護施設は，同法の対象とする児童を，年齢的に継続して養育する，一連の流れとして捉えることができる。

児童養護施設を利用する児童の年齢は，通常，1歳から18歳までである。これだけでも，実に幅広い年齢の児童を対象としているが，状況によっては，下は0歳や1歳から，上は20歳までと，さらに対象が拡大する。つまり施設職員には，一口に「児童」と言っても，保育所保育士と同等の乳幼児に対する知識が必要であると同時に，中高生が抱える思春期特有の問題や，さらには，勤務している保育士自身とほぼ同世代の若者についても，正しく理解しておかなければならないことになる。

ここからは，児童の「年齢」に則して，援助者に求められる視点を考えてみたい。

1) 乳児期

乳児の場合，基本的には乳児院に措置（そち）されるが，場合によっては，児童養護施設に措置されるケースもある。そのため，たとえ児童養護施設の保育士であっても，0歳児や1歳児についての理解も必要である。

乳児の場合，自分の欲求を言葉で適切に伝えることができないため援助者は，乳児の様子からさまざまな情報を読み取り，「慮（おもんぱか）る」ことで，適切な援助に結びつけなければならない。特に乳児は，さまざまな疾病に罹（かか）りやすいという特徴がある。また，疾病が悪化・重度化した場合，後に障害をのこす恐れもあるため，乳児に関する医学的知識はもちろんのこと，観察力・注意力が求められる。

乳児期は，愛着関係形成について，特に配慮が必要である。たとえば「親元で一定期間生活した後，児童養護施設に措置されてきた」という場合，すでに

親との愛着関係が形成されており，親との分離による不安が強い場合がある。当然ながら，分離不安に対するケアは乳児期に限ったことではないが，一層の手厚さが求められると言えよう。また，出生後きわめて早期に施設に措置される場合，基本的に乳児院となるわけである。しかし，そこでかかわる保育士らが愛着関係形成の対象となることから，極力，援助者の交替を避ける（＝愛着関係形成の対象が変わらない配慮）必要がある。

このように，乳児に対する支援は，乳児が言語等で自身の要求・欲求を表出しない分，支援者側の「相手を慮(おもんぱか)るスキル」が求められると言えよう。また，乳児は低年齢である分，その「将来の幅」は広い。家庭復帰が可能な場合，このまま施設養護が継続する場合，あるいは里親委託や養子縁組に結びつく場合と，さまざまであることから，あらゆる将来の可能性を視野に入れて，援助を展開することが求められる。

 2）幼児期

 幼児の場合，基本的には児童養護施設への措置であるが，発達状況などの理由から，乳児院への措置となる場合もある。

 乳児期の目標としては，まず，「基本的生活習慣の獲得」[2]が挙げられる。自らの体をコントロールする術を身につけていく時期であり，食事や排泄などの行為について適切な援助を行い，少しずつその能力獲得を促していくことが必要である。その後徐々に，日常生活や遊びを通じて，さまざまな課題に挑戦し，経験を獲得していくことになる。この時期に，保育士など大人とのかかわりだけでなく，他の子どもたちとのかかわりを通じて，社会性を獲得していくこととなる。

 なお，幼児期の愛着関係形成が不十分な場合，援助者に対し，うまく感情を表現できないことが考えられるため，注意深く観察し，先を急がず関係形成をすることが求められる。また，乳児院から児童養護施設へ措置変更された場合，生活環境の変化や，愛着の対象であった乳児院の保育士らとの分離を経験することになるため，分離不安に対するケアが重要である。

3）学童期（小学校低学年）

　学童期（小学校低学年）は，子どもにとって，世界が大きく広がり，また変化も大きい時期である。これまでも施設内や幼稚園などの場で，一定のルールの下で生活して来たものの，基本的には，子ども中心（すなわち，自分に周囲が合わせてくれる状況）であった。ところが就学した途端，1時間近い授業時間を，着席して過ごすことが求められる。休み時間も，遊びを優先するのではなく，次の授業の準備や，トイレを優先しなければならない。このような変化の中で，最初は自己コントロールがうまくいかず，さまざまな失敗を経験することもあるが，さまざまな身体的・知的な活動を通して，徐々に能力を獲得し，自信や物事を成し遂げるよろこびを得ることになる。

　施設の多くは，学童児以上になると，ホーム（生活単位）内でさまざまな役割を持たせたり，自分の身の回りのことを自分で行うよう促す。施設や養育担当者によって違いはあれど，このような「任せられる」経験の中で，成功体験を重ねていくことが重要である。そのため，子ども一人ひとりの発達段階を見極め，言うなれば「どのタイミングで，どの程度，手を離すか」が重要となる。また，高学年になるにつれ，社会や自分自身など，さまざまなことに疑問を持ち始める。特に施設入所児童の場合，自らの生い立ちに対する疑問が起きる時期でもあり，子どもから疑問が発せられた際，どのように対応するか，職員間で共通理解を図っておくことが必要である。

4）学童期（小学校高学年～中学校）

　学童期（小学校高学年～中学校）は，前段で述べた特徴のほか，身体の発達とともに，性的な変化も生じる時期である。第二次性徴期に入り，性的欲求が起き，男女の違いも大きく現れるようになる。この時期の児童にとって性に関する正しい知識・理解はきわめて重要だが，一方で，好奇心の対象でもある。また，恥ずかしさから正しく向き合うことがしにくいものでもある。子どもが性被害の被害者や加害者にならないよう，適切な時期に援助を行い，歪んだ性情報から守ることが求められる。

　また中学生には，進路選択という大きな課題が待ち構えている。近年，高校

への進学を希望する児童が多く，中学3年生の高校進学率は8割を超えている。そのため，中学卒業後の進路として，就職を選択する児童はきわめて少数と言える。しかし，親が進学に反対したり，あるいは自身の学力の伸び悩みから，高校進学を諦める児童がいることも事実である。そのため，中学校入学時点から徐々に働きかけ，子どもが自身の進路をイメージできるよう働きかけることが求められる。

5) 青年期（高校生〜）

青年期（高校生）は，自分の価値観がある程度固まり，「自分とは何か」や「これからどう生きていくのか」を意識する時期である。自己イメージと，他者から見た自分との差異に苦しむ（同一性拡散）こともしばしばある。この時期は「モラトリアム」(4)と呼ばれ，社会に出るための準備期間として，さまざまな責任を免除（あるいは軽減）されている時期である。

一般家庭の子どもの多くは，大学等への進学や就職といった進路選択を経た後も，何らかの形で，親からの援助を受けることができる。進学しひとり暮らしを始めれば，仕送りという形で親の援助は続き，また，たとえ就職したとしても，浪費から日々の生活資金に困るようなことがあれば，親に「泣きつく」こともできる。しかし，施設出身の子どもたちは，そのような親の援助が期待できない場合が多い。施設出身の児童を対象とした奨学金制度などはあるものの，一般家庭の子どもたちの，「困った時に（金銭的）援助を受けることができる」こととは性質が異なる。また，施設として独自に援助を行っているケースはあるものの，制度的にすべての施設出身児童に保証されているものではない。こういった点から，施設出身の子どもたちは，モラトリアム期が短いとも言え，施設を退所する前に，身辺自立に必要な知識・経験を獲得できるよう援助することが求められる。

自立に必要な知識・経験の獲得のため，高校生（ないしは中学生後半頃）から，「自立生活プログラム」や「自立訓練」と呼ばれる取り組みを行う施設もある。これは，施設退所後の生活を見据え，社会生活に必要なさまざまな体験の場を設けるものである。具体的には，銀行口座の開設方法や，市役所などでの住民

票の取得などについて指導し，最終的には子どものみで実際に取り組ませる。また，遠方の目的地を設定し，決められた予算と時間内で，公共交通機関を使って目的地にたどり着く（施設職員は見守り役として同行するのみ）といった活動を行っている。これらの経験は，普段の施設での生活では，なかなか経験する機会の少ない事柄であるため，意識的に「場」を設け，退所後の子どもたちの生活がスムーズにスタートするよう，在所中に展開できる援助を考えなければならない。

（2）「障害」を理解する

　社会的養護の施設には，障害を持つ児童も多い。特に児童養護施設は，本来的には「障害児を受け入れるため」の施設ではないものの，実際には，いずれの障害児施設にも該当しないような，軽度の障害を重複して持っている児童や，虐待を理由として措置された障害児（知的障害，身体障害，精神障害など）などが在籍している場合がある。筆者が児童養護施設（乳児院）に入所する児童の中に，これらの状況から推察すると，要養護問題がより複雑化・多様化した今般，障害についての一定の知識・理解は必要不可欠と言える。

　なお，身体的な面において重度の介助を必要とする児童は，あまり多くない。たとえば，極端な視力低下や難聴，肢体不自由にともない車いすを必要とする児童などが一般的である。施設在籍児童に占める割合こそ多くないものの，このような児童が入所する背景には，家庭の養育力（含む，経済面）や，親の養育意識・意欲の低さがある。

　また，近年増加傾向にあるのが，情緒障害や発達障害を抱える児童である。情緒障害は被虐待児童に多く見られ，重度の場合には，情緒障害児短期治療施設での治療的かかわりによって，その改善を図る。そのため，比較的軽度の情緒障害を抱えた児童が，児童養護施設に入所することは，不思議ではない。

　また，発達障害については，保育所や幼稚園，学校などでも課題とされていることからわかる通り，社会的養護の領域に限らない。発達障害者支援法（2004〔平成16〕年）では，発達障害を，「自閉症，アスペルガー症候群その他の

広汎性発達障害，学習障害，注意欠陥多動性障害，その他これに類する脳機能の障害であってその症状が通常低年齢において発現するものとして政令で定めるもの（第2条1）」と規定しており，その特徴や対応・援助方法については，施設養護に携わる専門職として，適切に理解しておかなければならない点である。

（3）「虐待」を理解する

社会的養護の中心を担う児童養護施設では，被虐待経験を持つ入所児童が，全体の半数を超えている。これ自体驚くべき数字ではあるが，実際には，他の措置理由で措置されていながら，「実は虐待を（虐待も）経験していた」ことが明らかになるケースもあるため，実態はより多いと推測される。

被虐待児童の多くは，先に述べた情緒障害や，虐待にともなうPTSD[5]など，さまざまな障害・課題を抱えることになる。また，具体的な障害名や診断名がつかないまでも，行動上の問題を抱える児童も多い。そのため，被虐待児童の抱える課題や，適切な対応方法を理解しておくことが求められる。たとえば，感情のコントロールがむずかしく，ささいなことで激昂したり，落ち着き・集中力がない，性（性器）への異常な関心がある，といったことがあげられている。

被虐待児の特徴のひとつとして，「試し行為（試し行動）」がある。これは，あえて周囲の大人が怒るような行動をして，「どこまでやったら怒るか（どこまでなら怒られないか）」を確認している行為である。

なぜこのような行為に及ぶかというと，被虐待児童は，「自分は虐待されるもの（大人は虐待するもの）」という環境，すなわち「虐待環境」で生活してきた。そのため，施設入所にともない，新たな大人（施設職員）と関係を築くにあたり，「この人も虐待するのではないか」という警戒感から，無意識に，相手を測る行為に出ていると考えられる。つまり，子どもは意図的に「怒らせよう」としているのではなく，これ以上虐待体験を重ねないための，言わば自己防衛の一種として，そのような行為に及んでいると言える。このような特性を理解

しておかなければ，職員は，まんまと子どもに「怒らせられる」こととなる。

試し行為が出てきた場合，その表面的な事象に目を奪われ，当惑することがある。しかし，試し行為を問題視するのではなく，むしろ，「試し行為が出せるまでの関係は構築できた」と捉えたい。初対面や，施設入所直後などの緊張関係下から一歩前進し，「この人は，もしかしたら安全かも」，「どこまでなら安全か，試してみよう」という関係に一歩前進したのである。

事例（1）

小学校3年生の知恵ちゃん（仮名）は，親からの虐待を主訴として，3か月ほど前，この施設に措置されてきた。非常におとなしく，入所後も特別なトラブルもなく過ごしてきたのだが，最近になって，他児とのケンカや，年長児童に暴言を吐いて叩かれるなどのトラブルが増えてきた。

ある日，担当保育士が洗濯物をたたんでいた時のこと。学校から帰ってきた知恵ちゃんが，たたんで置いていた洗濯物を全部蹴散らしてしまった。担当保育士が知恵ちゃんを捕まえ，「どうしてこんなことしたの。せっかくたたんだのに」と言うも，知恵ちゃんは悪びれる様子もなく，平然とした態度であった。入所直後の様子から一変してしまい，こちらが叱っても何食わぬ顔の知恵ちゃんに，担当保育士は，どう対応してよいものか，頭を抱えてしまった。

【ワンポイント・クエスチョン】
①担当保育士は，どのような言葉掛けをすればよいだろうか。
②入所直後ではなく，今になって知恵ちゃんの粗暴な行動が出てきたのは，なぜだろうか。

（4）「親（保護者）」を理解する

かつて児童養護施設が孤児院と呼ばれた時代，施設に入所する児童は，文字通り，両親を亡くした孤児が大半であったが，今日の場合，その大半は，両親（あるいは父母の一方）がおり，何らかの理由により養育困難となっている。言い換えれば，施設職員は日々，子どもたちと共に生活し，援助の対象は子どもたちが中心ではあるものの，その後ろに親（保護者）の存在を忘れてはならない。

施設入所児童の親（保護者）が抱える問題は，その多くが，子どもの要養護

理由に直結している。親の精神疾患や依存症（薬物やアルコール），経済的貧困，親の子育て力の低さからくる養育困難や養育放棄など，実に多岐にわたる。施設職員は，このような親の状況を適切に理解し，場合によっては必要な関係機関と連携を取らなければならない。

　児童の施設入所については，本来，保護者の同意が必要であるが，保護者の同意が得られない場合には，児童福祉法第28条にもとづく強制的な措置（28条ケース）となる。この28条ケースの場合，親と児童相談所の関係が一時的に悪化したり，また，親が，子どもの入所する施設に子どもを強制的に引き取りに現れたりすることがある。子どもの施設入所に至る親の背景や生活状況などを正しく理解しておくことが，施設において子どもの安全を守り，養育する上でも必要不可欠である。

―事　例 (2) ―
　小学校2年生の文矢くん（仮名）。母親は病死しており，父親は覚醒剤取締法違反で服役していた。先日，児童相談所を経由して，父親が仮釈放になったという連絡が施設に入った。父親との面会は許されているものの，かつて父親が暴力団に所属しており，多数の事件を起こしていたことなどから，施設側は警戒しておくこととした。
　ある日曜日，父親から，「今日，息子に会いたいのですが」と，施設に電話が入った。物腰も丁寧だったことから，職員は父親に面会を了承する旨を伝えた。父親は約束の時間に表れ，施設内の部屋で子どもと話したり，一緒におやつを食べるなどしたりして過ごした。しかし，面会が終了する時間が近くなったところで，職員に，「このまま連れて帰りたい。頑張って育てるから」と，引き取りを要求してきた。職員は慌てて園長と主任指導員を呼び，対応することにした。

【ワンポイント・クエスチョン】
①この場合，どのような対応が必要と考えられるか。
②今後，文矢くんの面会については，どのような点に注意が必要だろうか。
③文矢くんの父親について，どのような関係機関と協議することが必要だろうか。

（5）「環境」を理解する

　子どもが育つ環境は，実にさまざまである。子どもを適切に理解するためには，その子がどのような環境で養育されたか（養育されてきたか）を理解することが，大前提である。

　たとえば，要養護児童は学力の面で課題を抱えている児童が多い。これを単純に「勉強していないから」と捉えることは，早計である。虐待，特にネグレクトを経験してきた児童の中には，毎日の食事さえ満足に与えられてこなかったという児童も多い。この飽食（ほうしょく）の時代にあって，「日々の食事に困ったから」という理由で，コンビニでパンを１個万引きして捕まり，そこから警察を経由して保護された児童などもいる。このように，劣悪・過酷な生活環境の中で，「生きていくこと」が最優先であり，勉強などする余裕がなかったという子どもたちも数多い。目の前の子ども「だけ」を見て判断するのではなく，その子の育ってきた環境・生育歴に目を向けることも，施設職員に求められる視点である。

　また，施設に措置された後も，子どもたちがかつて育った環境は，そこに存在する。具体的には，従来，親と共に生活していた家（実家）や，施設措置にあたって転校した場合，転校前に通っていた学校などが，これに該当する。子どもの家庭復帰を検討する場合，かつて親と一緒に生活していた住居に戻ることが少なくない。また，一時的な帰省で親もとに帰す際も，かつての生活環境の中に返すことになることから，施設の中だけに目を奪われないことが肝要である。

　さらに，「環境」を広い視点で捉えるならば，いわゆる「生活環境」や「住環境」といった意味だけでなく，そこに存在する人・物・時間・空間，すべてを環境として捉えることができる。人は，環境の中で，お互いに影響し合っている。たとえば施設では，施設の職員も，同じホームの児童も，施設の建物や施設が存在する地域も，すべてが環境である。そして，見方を変えれば，他の児童や他の職員にとっては，自分は「環境の一部」である。まわりの児童の行動に影響され，何か気づきを得ることもあれば，イタズラに誘われて，一緒に

行動してしまうこともある。このように，環境は実にさまざまな影響を子どもに与えるが，同時に，子どもも環境に影響を与え，環境から再び影響を受けるというサイクルを繰り返しているのである。

（6）「施設」を理解する

　（5）「『環境』を理解する」の項のでも述べた通り，施設は，子どもの生活の拠点であり，援助の基盤である。そのため，子どもを理解する上で，施設職員は，自身の勤務する施設について，適切に理解しておくことが求められる。
　たとえば，大舎制施設の場合，子どもが所属するホーム（生活単位）があり，その担当職員が決まっているとしても，子どもがかかわる職員の数は，実に多い。そのため，たとえば，「担当職員には言えないが，他の職員に，ぽろっと本音を漏らす」といったこともあり得る。担当職員は，どうしても，子どもを叱ったり，指導する場面が多くなりがちである。それゆえ，子どもの中には，一時的に担当職員を怖い存在として認識することもある。そのような状況の中で，他の職員が子どもの本音を聞き出したり，あるいはアフターフォローに入ることができるのは，大舎制施設のメリットのひとつと言えよう。
　逆に，小舎制施設やグループホームの場合，子どもと養育担当職員は，ほぼ固定されている。そのため，大舎制施設ではむずかしい，家庭的な，深く濃密なかかわりが期待できる。日々，ローテーションで職員が次々に交代することもなく，交代要員を入れても，数人の職員とのかかわりとなる。また，生活単位の人数が少ないということは，大舎制施設でありがちな，「日課でいっせいに動く」という場面が少なくなる。数人の子どもたちと職員であるから，風呂の順番でもめることもなければ，合宿のように大きな食堂でいっせいに，決まった時間内で食事ということもない。
　このように，施設の形態によって，養護を展開する上での，さまざまなメリット・デメリットが存在する。現在，わが国としてもケアの小規模化を推進しており，旧来の大舎制施設は徐々に小舎制やグループホームに姿を変えるとされている。しかし，大舎制の施設が多数を占める現在，「与えられた施設環

境の中で，いかによりよい養護を展開していくか」という視点は，施設職員にとって不可欠であろう。

第2節　施設養護の基本原理

(1) 子どもの最善の利益

　施設養護に限らず，子どもに関する福祉やその基本原理・原則を考える時，「子どもの最善の利益（児童の最善の利益）」という言葉を抜きにして語ることはできない。

　「子どもの最善の利益」とは，「児童の権利に関する条約」で使われている表現である。この条文からわかる通り，子どもの最善の利益とは，大人側の都合や，「大人が，子どもにどう育ってほしいと考えているか」，あるいは「大人が規定した，正しいこと（正しい子どもの姿）」ではなく，子ども自身が絶対的に最優先であり，「子どもが自分自身のことを考えた時，どう育つのが，自分にとってよいか」なのである。

　施設職員はさまざまな困難を経験してきた子どもと向き合うことになる。これまでの体験が壮絶であるがゆえに，子どもたちは大人に対してひどく絶望し，また拒否的・拒絶的なこともしばしばだが，子どもたちに対して，「われわれの常識」を求め，押しつけるのではなく，まず子どもを理解しよう，子どもの気持ちを汲み取ろうとする姿勢が肝要である。

　たとえば，われわれが子どもを叱る時，頭の中では，「子どものために，子どものためを思って（叱っている）」と考える。しかし時として，自分の欲求が優先されてはいないだろうか。「わかってほしい，気づいてほしい」という思いがあるとしても，「わかってほしい，気づいてほしい」のは，子どもの方ではないだろうか。子どもに対し，「（大人の思いを）わかってほしい」とこちらからボールを投げるより，まず，子どもからの「（僕の，私のつらさを）わかってほしい」というボールを受け止めることから始めたい。そのためには，施設職員が，子どもたちの声なき声を「わかってあげたい，気づいてあげたい」と

いう気持ちからスタートすることこそ,施設養護の第一歩なのである。

児童の権利に関する条約
(一部抜粋,下線は筆者)

第3条1
児童に関するすべての措置をとるに当たっては,公的若しくは私的な社会福祉施設,裁判所,行政当局又は立法機関のいずれによって行われるものであっても,<u>児童の最善の利益</u>が主として考慮されるものとする。

第9条1
締約国は,児童がその父母の意思に反してその父母から分離されないことを確保する。ただし,権限のある当局が司法の審査に従うことを条件として適用のある法律及び手続に従いその分離が児童の<u>最善の利益</u>のために必要であると決定する場合は,この限りでない。(以下略)

第9条3
締約国は,<u>児童の最善の利益</u>に反する場合を除くほか,父母の一方又は双方から分離されている児童が定期的に父母のいずれとも人的な関係及び直接の接触を維持する権利を尊重する。

第18条1
締約国は,児童の養育及び発達について父母が共同の責任を有するという原則についての認識を確保するために最善の努力を払う。父母又は場合により法定保護者は,児童の養育及び発達についての第一義的な責任を有する。<u>児童の最善の利益</u>は,これらの者の基本的な関心事項となるものとする。

第20条1
一時的若しくは恒久的にその家庭環境を奪われた児童又は<u>児童自身の最善の利益</u>にかんがみその家庭環境にとどまることが認められない児童は,国が与える特別の保護及び援助を受ける権利を有する。

---

(2) 安全・安心の保障

　児童養護施設で生活する子どもたちは,入所以前,何らかの形で自身の安全・安心が脅かされる状況に置かれていた。施設での生活を始めるにあたり,まず,「ここは安全な場である」と,子どもたちが理解できることが重要である。

　たとえば,「しつけ」は叱られる理由があり,「次からは,叱られるようなこ

とはしない」と，子ども自身がコントロールできるものである。しかし，虐待は，親の都合や身勝手で起こるものであり，子どもはその理由を理解することはできず，自ら虐待をコントロールすることもできない。そのため，常に「次はいつ，虐待されるのだろうか」という緊張・不安の状況下にある。このような生活を続けてきた児童にとって，入所したばかりの施設は，「ここも虐待される場かもしれない」という，不安に満ちた場である。当然，職員も「虐待するかもしれない人」の一員であるため，職員の言葉掛けや態度，周囲の子どもたちの様子などから，徐々に，ここが安全であると理解していく。

　安全確認の過程で，試し行為や，職員を独占しようとするような欲求が表出する。しかし，それらの表出は，「安全を確認してみよう」と，子どもが第一歩を踏み出した証(あかし)でもある。時にその要求の大きさに戸惑うこともあるが，それは，子どもが抱えている過酷な経験・体験の大きさと同義であると理解したい。

　ただし，子どもの安心を優先するあまり，職員が，過度に「抱えこむ」ことは避けなければならない。施設職員は親を代行しているのではなく，専門職集団の一員として，子どもの養護を担っているのである。子どもの不安の大きさや，要求の増大に戸惑う場合には，早期に他の職員とも情報を共有し，一部の職員だけが疲弊(ひへい)し，バーンアウトするような事態を避けなければならない。なぜなら，バーンアウトは，職員自身にとってつらい経験であるのと同時に，仮に職員が退職などした場合，子どもにも，「自分のせいで，先生が辞めた」という負担感や，あるいは「信頼できると思った人が，目の前から消えた」という，見捨てられ体験を重ねさせることになるからである。

　子どもにとって，安心・安全の保障は，施設生活のもっとも重要な部分であり，すべての基礎となるものである。だからこそ職員には，高い人権意識と，子どもの機微を敏感に感じ取る感覚，専門的対人関係のスキルが求められると言えよう。

（3）「ニーズ」を判断する視点

　たとえば，私たちが普段，買い物をする際には，「こちらが求める品物を提供してくれる店」を選ぶ。もし，品物が同じであるならば，価格が安い方の店を選んだり，距離の近い店を選んだりする。このように，「その人が求めるもの」を提供することが，通常考える「良いサービス」であり，本人の利益（この場合は，買い手の利益）に適う（かな）ものである。

　しかし，施設養護に限らず，子どもの福祉に関する領域では，それは当てはまらない。たとえば，子どもが甘い物ばかりほしがったり，パスタやハンバーグといった比較的柔らかく調理されている料理ばかりに手を出たりして，逆に野菜や魚類に手が出ないとしよう。「子どもの欲求に応えること」は，たしかに大切ではあるが，前述のような欲求に漫然（まんぜん）と応えることが，子どもの最善の利益に適わないことは，考えるまでもない。たしかに，「その場の，子どもの満足」にはつながるかもしれないが，中長期的に見た場合，さまざまなリスクがある。糖類の過剰摂取は，虫歯や小児肥満といった健康上の問題を引き起こすであろうし，また，柔らかい食べ物ばかりの食事では，噛む力が弱くなる。特に成長期の子どもの場合，顎の骨や周辺の筋肉の形成にも悪影響を及ぼすことが知られている。

　このように，われわれが「子どもの最善の利益」を考える際には，「子どもの欲求に応える（欲求を満たす）」という点について，中長期的なニーズに着目することが不可欠である。そこで，ブラッドショウ（Bradshaw, J.）[6]が提案した，「福祉ニーズの4つの概念」を参考に整理してみたい。

　第1のニーズは，ニーズを持つ本人ではなく，専門家が「本人は望ましい状態からかけ離れており，それを補うことが必要」と判断する「ノーマティブ・ニーズ」である。児童養護施設への措置自体，ノーマティブ・ニーズに該当すると考えられる。また，子どもが必要と判断していなくても，施設職員から見て，「この子には，この援助が必要」という判断が，これに該当する。

　第2のニーズは，ニーズを持つ本人が，その必要性を自覚しているニーズ，「フェルト・ニーズ」である。子どもが施設職員に表出する「甘え」などの欲

求や，本人に「援助が必要か」を尋ねて把握するニーズが，これに該当する。

　第3のニーズは，本人がニーズを自覚した上で，利用を申し出たニーズ「エクスプレスド・ニーズ」である。たとえば，退所間近の子どもが「ひとり暮らしが不安なので，だれかに相談しなければ」と考えた時，考えただけではフェルト・ニーズである。それを職員に申し出なければ，援助を受けることはできない。つまり申し出た段階で，エクスプレスド・ニーズになる。もちろん，施設養護の場合，子どもが自ら申し出ることを漫然と待つのではなく，専門的見地からの気づきが重要である。すなわち，エクスプレスド・ニーズとして表出するよりも前に，施設職員はノーマティブ・ニーズとして把握しておくよう努めたい。

　第4のニーズは，何かの援助を受けている子どもと比較して，それと同じ状況にありながらも，援助を受けていない子どもがいたとき，ニーズがあると考える，「コンパラティブ・ニーズ」である。すなわち，同じ状況なのに，一方は援助を受けているのであるから，援助を受けていない他方にもニーズがあると判断する。たとえば，同じような生育歴を抱えていたり，要養護理由が同じ（あるいは似ている）子どもがいたりした時に，同様の援助を展開することがこれに該当する。

　施設養護は，そもそも措置制度という強制力を持った制度の下に成り立っている。言わば，ノーマティブ・ニーズからスタートしている。そのため，ここで挙げた4つのニーズの概念を機械的に適用することはできないが，子ども自身の主観的ニーズ（フェルト・ニーズとエクスプレスド・ニーズ）と，施設職員が捉える客観的ニーズ（ノーマティブ・ニーズとコンパラティブ・ニーズ）を組み合わせて検討することで，適切なニーズ把握と，その対応が可能になるのである。

コラム

国連決議に見る，施設養護の今後

　「国連採択決議64/142. 児童の代替的養護に関する方針（2009年）」では，施設養護について，次のように述べている。

　「23. 施設養護と家庭を基本とする養護とが相互に補完しつつ児童のニーズを満た

していることを認識しつつも，大規模な施設養護が残存する現状において，かかる施設の進歩的な廃止を視野に入れた，明確な目標及び目的を持つ全体的な脱施設化方針に照らした上で，代替策は発展すべきである。かかる目的のため各国は，個別的な少人数での養護など，児童に役立つ養護の質及び条件を保障するための養護基準を策定すべきであり，かかる基準に照らして既存の施設を評価すべきである。公共施設であるか民間施設であるかを問わず，施設養護の施設の新設又は新設の許可に関する決定は，この脱施設化の目的及び方針を十分考慮すべきである」。

「123. 施設養護を提供する施設は，児童の権利とニーズが考慮された小規模で，可能な限り家庭や少人数グループに近い環境にあるべきである」。
(本方針の付属書である「児童の代替的養護に関する指針」より引用。文頭の数字は指針に示されている項目番号)

　今日，わが国の社会的養護の中心は児童養護施設であり，その大部分は大舎制と呼ばれる，大規模集団による養育形態を採っている。同決議では，このような大規模な施設養護について「進歩的な廃止」を視野に入れることを求めている。言い換えれば，国際基準に照らして考えるならば，先進国と言われるわが国にあって，こと社会的養護に関しては，後進国ということになろう。

　しかし筆者は，児童養護施設の今日までの有り様を否定するものではない。現実問題として，小規模ケアの推進のためには，施設の改修など，多額の財源が必要であり，マンパワーの増強も不可欠である。現在でも十分とは言えない施設設備，あるいは職員配置の中で，これまで子どもたちを養育してきた施設の努力は賞賛に値する。また，里親制度が欧米諸国に比べて普及しない背景には，制度政策の問題のみならず，宗教的価値観の相違などもあることが指摘されている。そのため，里親への支援（養育費やバックアップ体制など）が整ったとしても，速やかに欧米の水準にはなり得ないだろう。

　今後，大規模養護から小規模ケアへの転換を図るためには，施設のみにその責を負わせるのではなく，わが国が，社会的養護と，そこに暮らす子どもたちをどう考えるのか，改めて社会に問うていくことが求められると言えよう。

第3節　施設養護に求められる専門的なかかわり

　施設には，実にさまざまな背景を持った児童が入所している。そのため，それぞれの抱える課題や障害，生育歴等に応じた，専門的なかかわりが求められる。ここでは，施設養護における専門的なかかわりについて述べることにする。

(1)「個」としての子ども

　施設で生活する子どもたちは，実にさまざまな課題や生育歴を抱えている。これは，児童養護施設入所児童等調査結果（2009〔平成21〕年）における，養護問題の発生理由が，実にさまざまであることからもわかる（表5-1）。

　養護問題発生理由の主なものとしては，乳児院の場合，「父または母の精神疾患（19.1%）」や「父または母による虐待（9.2%）」が挙げられている。また，児童養護施設の場合は，「父または母による虐待（14.4%）」や「父または母の放任・怠惰（13.8%）」が挙げられている。さらに，施設養護ではないが，里親委託の場合も見てみると，「養育拒否（16.0%）」や「父または母の行方不明（14.3%）」が挙げられている。乳児院に入所している児童は，後に里親委託に移行したり，あるいは児童養護施設へ措置変更することがあり，児童養護施設入所児童についても，里親委託に移行するケースがあることを考えると，要養護理由がいかに多様であるかがわかる。言い換えれば，それは，施設で生活する子どもたちが，それだけ多様であることを示している。

　このように，子どもたちは，それぞれに異なる生育歴や背景を抱えている。しかし，施設養護が，人数の差はあれ集団生活であることを考えると，一人ひとりの子ども（個）を大切にしたいという理念を持ちつつも，ホームや，施設全体（集団）を動かしてく方向に流れる危険性は否定できない。たとえば，生活の中で何かしらのルールを定める場合にも，そのルールが，「子ども（集団）を動かしやすいがためのルールになっていないか」を，十分に考える必要がある。子どもの持つ背景や生育歴，また個々人の考え方は，一人ひとり異なる。集団生活である施設養護の場においても，個々のニーズに対応していくことが求められる。

(2)「集団」としての子ども

　たとえば，あなたが手術を必要とする病気を患い，入院したとする。この場合，病気からの回復は，手術の成否や手術方法，使用する薬の種類，あなたのもともとの健康状態，リハビリにどう取り組むか（まじめに行うか，さぼるか），

表 5-1 養護問題発生理由別児童数

	児 童 数					構 成 割 合 (%)				
	里親委託	養護施設	情 短	自立施設	乳児院	里親委託	養護施設	情 短	自立施設	乳児院
総　　数	3,611	31,593	1,104	1,995	3,299	100.0	100.0	100.0	100.0	100.0
父の死亡	46	195	14	9	2	1.3	0.6	1.3	0.5	0.1
母の死亡	192	580	10	25	35	5.3	1.8	0.9	1.3	1.1
父の行方不明	109	328	2	16	8	3.0	1.0	0.2	0.8	0.2
母の行方不明	408	1,869	14	28	136	11.3	5.9	1.3	1.4	4.1
父母の離婚	136	1,304	52	203	82	3.8	4.1	4.7	10.2	2.5
両親の未婚	*	*	*	*	260	*	*	*	*	7.9
父母の不和	21	252	19	49	42	0.6	0.8	1.7	2.5	1.3
父の拘禁	65	563	10	24	30	1.8	1.8	0.9	1.2	0.9
母の拘禁	108	1,048	15	24	146	3.0	3.3	1.4	1.2	4.4
父の入院	31	327	4	8	5	0.9	1.0	0.4	0.4	0.2
母の入院	159	1,506	10	12	122	4.4	4.8	0.9	0.6	3.7
家族の疾病の付添	*	*	*	*	14	*	*	*	*	0.4
次子出産	*	*	*	*	22	*	*	*	*	0.7
父の就労	82	1,762	13	19	24	2.3	5.6	1.2	1.0	0.7
母の就労	99	1,293	19	72	221	2.7	4.1	1.7	3.6	6.7
父の精神疾患等	12	180	7	15	7	0.3	0.6	0.6	0.8	0.2
母の精神疾患等	277	3,197	145	158	622	7.7	10.1	13.1	7.9	18.9
父の放任・怠だ	34	654	29	100	13	0.9	2.1	2.6	5.0	0.4
母の放任・怠だ	319	3,707	152	346	276	8.8	11.7	13.8	17.3	8.4
父の虐待・酷使	102	1,849	137	181	119	2.8	5.9	12.4	9.1	3.6
母の虐待・酷使	156	2,693	156	158	184	4.3	8.5	14.1	7.9	5.6
棄　　児	134	166	3	12	50	3.7	0.5	0.3	0.6	1.5
養育拒否	579	1,378	52	116	256	16.0	4.4	4.7	5.8	7.8
破産等の経済的理由	210	2,390	22	24	188	5.8	7.6	2.0	1.2	5.7
児童の問題による監護困難	36	1,047	117	148	21	1.0	3.3	10.6	7.4	0.6
その他	217	2,674	92	192	353	6.0	8.5	8.3	9.6	10.7
不　　詳	79	631	10	56	61	2.2	2.0	0.9	2.8	1.8

出所：児童養護施設入所児童等調査結果（平成21年）より。

などによって左右される。適切な医療処置が行われ，あなたも回復に努めれば，それだけ回復は早くなり，回復で得られる健康状態も，手術前と同等になる。

　しかし，施設養護の場合はそうではない。施設において，保育士をはじめと

する専門職の援助内容や方法，援助を行う時期などの条件が同じであり，また，児童の年齢や性別などの条件が同じであっても，「以前，別の子どもに援助した時と同じような効果」が現れるとは限らない。もちろん，個々人の差はあるだろうが，それにも増して重要なのは，「集団生活の中で，育ち合う（影響を受け合う）環境にある」という点，すなわち，グループ・ダイナミクスの視点である。

　施設養護の場合，時に新たな児童が措置され，また，家庭復帰や措置年齢満了に伴う措置解除がある。そのため，集団の一部（あるいは全体）が絶えず変化を繰り返していると言える。このような中にあって，施設職員は，集団の持つ力（集団力動）を十分に活用し，援助を展開することが求められる。たとえば，年齢に応じた役割を与え，子どもがホームの中で，あるいは施設の中で，自分の有用感を得ることも重要である。また，年長児童が退所すれば，自ずと子どもたちの中で，「ホームを引っ張っていく，新たなリーダーはだれか」ということになる。この時，年長児が力によって年少児を押さえつけたりすることのないよう，子ども同士の人間関係にも，普段から十分気を配っておくことが必要である。

（3）多様な価値観

　施設養護における子どもとのかかわりを考える際に，私たちは当然，専門家としての視点で子どもを捉え，援助を行う。たとえば，子どもが泣いているとしても，それを安易に「かわいそう」とだけ捉えるのではなく，「なぜ泣いているのか」を考えたり，「これまでに同じ状況だった場合はどうだったか」と，以前の状態と比較したり，その子と周囲との関係性を考えることが必要である。

　ここで重要なのは，養育者自身が多様な価値観・養育観を持つことも重要ではあるが，「子どもの多様な価値観を認める」ということである。そもそも子どもは，何らかの理由で家庭から引き離され，施設で生活するに至っている。価値観も経験も異なる子どもたちが，ひとつの集団の中で生活する上では，緊張や遠慮がつきまとう。そのため，子どもが自分自身の感情や思いを表現しや

すい環境づくりが求められる。そして、まずは子どもの気持ちや思いをしっかり受け止める（受容）ことが求められる。「受容する」ということは、「すべてを認める（どんな行いも許す）」という意味ではない。まずは、子どもの行為をありのままに受け止め、その上で、適切な援助を考えていくべきということである。そうすることで、子どもの不適応行動などに対しても、「そんなことをしてはダメ」と一方的に叱ったり批判するのではなく、行動そのものを受け入れ、そこから、行動の理由や解決策を探ろうという展開に至ることができるのである。

（4）社会参加

　施設の子どもは、社会参加の機会を意識的に設けることが重要である。友だちと遊ぶにしても、大舎制の施設であれば、施設内に同学年の児童や、近い学年の児童がいることが多い。そのため、「友だちの家に遊びに行く」という行為をせずとも、遊び相手が見つかってしまう。言い換えれば、「施設が、友だちの家に遊びに行く経験を奪っている」とも言える。

　また、施設にはさまざまなボランティアが訪れる。単発の行事での来訪もあるが、学習指導や理美容（ヘアカット）のボランティアなど、比較的定期的に訪れるボランティアも多い。ボランティアそのものは、施設としては大変有り難いことであるが、子どもの社会参加を考えると、手放しでよろこべない一面もある。

　たとえば学習指導のボランティアは、一般家庭に置き換えると、「家庭教師をつけている」ことと同じである。児童養護施設の子どもたちは、学習面にも困難を抱えていることが多いため、きめ細かな指導が可能な家庭教師は好適である。しかし、「塾に通い、集団の中で一緒に学ぶ」という経験を奪っているとも言える。また、理美容のボランティアでは、幼児や小学校低学年の児童であれば、ボランティア来訪の理美容師にカットしてもらうことに抵抗もないだろう。しかし、小学校高学年以降、特に女子児童の場合、年齢的にもおしゃれに気をつかいたくなることから、施設内で一様にカットしてもらうことに対し

抵抗感を持つことも考えられる。また,「美容室に行ってみたい」という気持ちも,偽らざる本音ではないだろうか。

さらに,施設の多くを占める大舎制施設の場合,調理を担当する職員が配置されており,「食事は施設の児童と職員みんなで,食堂でいっせいに食べる」という施設も少なくない。一般家庭の子どもは,親が調理をする過程を横目に見つつ遊んだりするが,施設の場合は,「夕食は,できあがったら呼ばれる」ということも多い。また,一般家庭であれば,時には一緒に買い物に行き,スーパーでさまざまな商品を目にすることもあるだろうが,施設の場合,業者が納品するシステムをとっている場合,子どもは「夕食の材料を買いに行く(一緒について行く)」という経験をしないことになる。

以上の点は,いずれも主として大舎制の施設で,これまで問題視されてきたものである。いまだ施設の多くが大舎制であることを考えると,施設養護全般の問題として,意識的に「外とかかわる」取り組みを行っていくべきと言えよう。

(5) 親子関係

施設養護とは,保育士などの施設職員が,子育てを代替する行為である。生活の本拠も施設であり,子どもの生活を中心的に担っているのは,施設職員である。しかし,だからと言って,親子関係を軽視することは,決してあってはならない。

どのような事情があるにせよ,子どもにとって「親」とは,唯一無二の存在である。たとえば,虐待された子どもが,「自分が悪かったから虐待されたのだ」と親をかばうことがある。施設職員からすると,「あんな親を」と思いたくなる場面もあるが,どんな親であっても,子どもの親に対する思いを否定することはあってはならない。

現在,児童養護施設などの施設には,子どもの早期家庭復帰を支援する専門職として,家庭支援専門相談員(ファミリーソーシャルワーカー)が配置されている。施設は子どもにとって,安心・安全が保証される場所であることは重要だが,「安住の地」ではない。可能であれば家庭復帰に向けて支援し,しかも

極力早期に実現すべきである。とすれば，親が可能な範囲内で，子どもとの関係性をつないでおくためにも，子どもの養育に参加することを促したい。

たとえば，児童養護施設の多くは，お盆や年末年始に，子どもたちを親元に帰省させている。親の状況から帰省が叶わない場合もあるが，児童相談所と十分に協議の上，子どもの安全が確保されると判断されれば，可能な限り帰省や外出などの機会を設定し，親子の接点を設けるよう努力したい。また，親の仕事の状況などが許せば，月に数回，週末帰省を行う方法もある。定期的な親子の接点が確保され，施設職員も，日々の子どもの様子を親に伝え，また，子どもも1週間の自分の様子を親に伝える。そのようなかかわりの中で，親の子どもに対する愛情や，「離れて暮らしていても，気になっている」という気持ちを醸成することができるのである。

施設職員は，「永遠の2番手」である。どんなに努力しても，子どもにとって唯一無二の存在である親の存在を超えることはできない。また，超えようとすること自体，ナンセンスと言えよう。しかし，だからといって2番手に甘んじるのではなく，「この子にとってもっとも頼れる，信頼できる存在でありたい」という姿勢で職務に臨むことが重要である。

事 例 (3)

隆くん（仮名）と正くん（仮名）は，施設の同じ男子ホームで暮らしており，ともに小学校2年生。隆くんは，発達面に課題があると考えられており，確定的な診断は出ていないが，「おそらくAD/HDであろう」という見方がなされている。また正くんは，学校でも人気者で，施設での行事などの際も，積極的に人前で歌うなど，明るく陽気な性格である。

ある日の夕方，保育士が出勤すると，学校から帰ったばかりの状態で，隆くんと正くんが，取っ組み合いのケンカをしていた。保育士はとっさに，「やめなさい」と大きな声で制し，2人を引き離した。事情を聞いたところ，ほんのささいなことで隆くんが正くんに腹を立て，つかみかかったことから，ケンカが始まったようだったため，隆くんにその場で，「自分の気持ちばかりじゃなくて，相手のことも考えなさい」ときびしく諭し，その場を収めた。

数日後，隣のホームの指導員が，隆くんと正くんが，取っ組み合いのケンカになっている場面に出くわした。その時，指導員は，先日のケンカについては知らなかったのだが，「まずは2人とも，叩くのをやめて」と2人に言い，ある程度落ち着くまで

待つことにした。

　落ち着いたところで指導員は、「2人から順番にケンカの理由を聞くから。片方に聞いている時は、ちゃんと待ってるんだよ。じゃあ、どっちが先に話す」と切り出すと、隆くんが「正くんからでいいよ」と切り出したため、正くんから事情を聞くことにした。その後、隆くんからも事情を聞き、2人の話を総合すると、「正くんが、先日のケンカの結果を根に持っていて、隆くんにちょっかいを出したことから、今日のケンカが始まった」とのことであった。

　その後、2人の言い分にも耳を傾け、説明にも内容の食い違いがないことから、指導員は、説明通りの状況だったと考えてよいと判断。隆くんには「人から何か言われても、自分の気持ちをコントロールできるようになろう」という旨の話をし、また正くんには、「以前のケンカをまた持ち出したのは、何か納得できないことがあったのかな。そんな時は、お互いが納得できるまで、きちんと言葉で伝えられるようになろう」という旨の話をし、その場の指導を終えた。

【ワンポイント・クエスチョン】
①保育士と指導員の「指導の違い」はどこか、考えてみよう。
②隆くん、正くん、それぞれの課題を考えてみよう。

（6）職員同士の関係性

　施設養護を考える時、施設形態や職員配置（人数、職種等）も、援助内容や方法に、大きく影響する。子どもと生活をともにする職員を、どのような形で配置し、どのような勤務形態（ローテーション）を採っているかは、施設によって千差万別である。

　たとえば、大舎制の施設と、小舎制やグループホームの施設とでは、職員が顔を合わせる頻度も、その日に顔を合わせる職員数も異なる。大舎制施設の場合、日々、朝礼や職員会議で、前日の引き継ぎを行っているところが少なくないが、小舎制やグループホームの場合、そもそも養育者がある程度固定されていることから、次の勤務者が出勤してからの、個人対個人の引き継ぎで事足りることが多い。また、住み込み型の施設では、勤務時間外でも職員同士が顔を合わせる機会が多いため、自然と、子どもたちに関する情報を共有する機会も増える。しかし、通勤型の施設では勤務が休みの場合、日誌を通じての伝達や、

他の職員を介しての連絡になることもあるため，子どもに関する情報が，的確・適切に伝達されるよう留意することが求められる。

　さらに，職員の組み合わせについてもさまざまである。たとえば，「担当ホームを持つのは保育士に限定し，児童指導員は複数のホームを掛け持ち」といった形態の施設もあれば，「保育士も児童指導員も関係なく，2人1組のペアで担当」という施設や，「職種や資格ではなく，原則として男女1人ずつ（父親役と母親役）の組み合わせで担当」という施設もある。施設の養護観や養護理念によって，この点はさまざまであるが，いずれにせよ，職員同士が子どもに関する情報を把握し，それぞれの専門職としての見地から適切な見立てを行うことが求められる。

　これらに加えて，職員の年齢構成も重要である。「キャリアの長い職員と，新人職員」という組み合わせや，「ほぼ同キャリアの職員同士」という組み合わせなどさまざまだが，たとえば前者のような組み合わせだと，新人職員の成長には寄与すると考えられる一方，ややもすると，キャリアの長い職員が独善的に指導方法を決定することも考えられる。また，後者のような組み合わせだと，互いの意思疎通は比較的容易であるとしても，先輩職員からの学びという点では，前者の組み合わせに劣る場合もあると考えられる。

　職員数や配置は，限られた人的資源の中で創意工夫しなければならない問題であるが，どのような形であれ，子どもにとってより良い養護が展開できるよう，その欠点を補う方策を考えておかなければならない。

事 例 (4)

2つの家族

　7歳になる一夫くん(仮名)は，この児童養護施設に入所して，もう4年あまりになる。両親は離婚しており，親権は母親にあるのだが，母親の面会は多くなく，週末やお盆，年末年始の帰省時期になると，帰省していく子どもの後ろ姿を，寂しそうに見ている。
　ある日のこと，一夫くんは学校の宿題で，「家族」についての作文を書いていた。担当職員は何気なくのぞき込んだのだが，そのタイトルを見て，「この子にとっては，少し酷な作文かもしれない」と，胸を痛めた。
　しばらくして，「作文を書いたから，見て」と，一夫くんが担当保育士に作文を持

って来た。読むと，「自分は施設にいて，母親と離れて暮らしている」ことや，「母親と会えることはほとんどないこと」，また「たまの面会や帰省で母親に会える時は，何日も前から眠れないほどうれしい」ということが，一夫くんなりの言葉で書き連ねられていた。
　ふと，作文の最後の方を読むと，「でも，僕には家族が2つあるから，お母さんと会えなくても寂しくない」と描かれていた。担当保育士は気になって，一夫くんに，その部分について尋ねてみた。すると一夫くんから，「お母さんは，僕を生んでくれたから家族。でも，姉さんや，このホームのみんなも家族。だから（寂しくない）」という言葉が返ってきた。
　担当保育士は，涙を堪えることができなかった。
　※文中の「姉さん」とは，担当保育士のこと。また「ホーム」とは，施設内でFくんが生活しているユニット（生活単位）のこと。

【ワンポイント・クエスチョン】

①一夫くんは，母親との関係を，どのように考えているのだろうか。
②他児の帰省を寂しそうに見ている」一夫くんに対して，どんな援助や言葉掛けができるだろうか。
③担当保育士が「涙を堪えることができなかった」のは，なぜだろうか。

（7）関係機関との連携

　施設養護は，それ独自で展開し，完結するものではない。子どもが施設に措置されるにあたっては，市町村や児童相談所による要養護問題の把握に始まり，最終的に，児童相談所による措置会議を経て措置が決定される。同様に，施設からの退所についても，「要養護問題が解消された」とする判断や，子どもの発達状況等を総合的に判断して措置解除が決定される。したがって，児童相談所をはじめとする関係機関はもちろんのこと，施設が所在する市町村や都道府県，親の居住地の関係機関などとの連携は必要不可欠である。施設養護そのものは「施設の中」を中心に展開されるとしても，関係機関との連携を抜きにして施設養護を考えることはできないだろう。
　さらに，施設にとって，あるいは子どもにとって，より身近な関係機関としては施設の所在する地域（市町村）や，子どもの通う幼稚園・学校などが考え

られる。市町村は言うまでもなく、幼稚園や小中学校の場合、地域的にも近隣であることから施設で生活する子どもたちについて、一定の理解がある場合が多い。学校によっては、児童養護施設から通学する児童がいる場合は、定期的に施設側との懇談会や、合同の研修会を行っているところもある。施設の子どもたちは、さまざまな問題・課題を抱えているため、学校生活の中でトラブルを引き起こすことも少なくない。そのような場合に、単に「言うことを聞かない子」や、「施設の子どもだから」といったステレオタイプ(7)的な理解にとどまらないためにも、このような関係機関との連携は必要不可欠である。

　高等学校になると、かなり遠方の学校に通う子どももいることから、施設や子ども自身について適切な理解が得られるよう、定期的に接点を持つことが必要であろう。授業参観や各種行事に参加するだけにとどまらず、進路指導等も考え、施設（職員）の側からむしろ積極的に働きかけ、施設退所と新たな進路選択がスムーズに進むよう、共働することが求められる。なお、高等学校に限らず、授業参観などで学校を訪れる際には、施設職員が子どもの同級生の目に触れる機会があることから、子どもの気持ちに十分に配慮したい。

　退所が近づくと、親もとに帰るケースの場合、親の居住地の市町村などとの協議が必要となる。家庭復帰が叶った後も定期的な見守りが必要なのか、あるいは比較的安定しており、当面の心配はないのか、児童相談所も交えて、適切な情報共有を行っておくことが求められる。なお、今後も継続的に見守りや支援が必要と判断される場合には、要保護児童対策地域協議会など、ネットワークを活用し、幅広く支援のセーフティネットを広げておくことが必要である。

【演習課題】

1　「規則正しい時間に起床できているか」や、「毎日、朝食を取ることができているか」など、自分自身の「基本的生活習慣」について、考えてみよう。
2　大舎制、中舎制、小舎制、グループホームなど、施設形態（施設規模・養育形態）の違いと、その特徴について考えてみよう。
3　「子どもの最善の利益」や、「中長期的なニーズ」を考える時、低年齢児に

説明することは非常にむずかしい。あなたなら，どのように説明するか，考えてみよう。
4　文中で示したそれぞれの事例について，あなたならどのようにかかわり，対応するか，考えてみよう。

〈注〉
(1)　乳幼児が，母親などの養育者に対して抱く，「この人といれば安全・安心だ」という気持ち。自身の感情や意思を理解してくれることで生ずる，特別な感情。
(2)　食事・睡眠・排泄・清潔・衣服の着脱の5つ。児童が適切に獲得できるよう，養育者には，年齢や発達状況に応じた適切な援助が求められる。
(3)　性別の違いから生じる，発育上の身体的変化。男児は12歳頃，女児は10歳頃から生じ始める。男児は，変声（声変わり）や睾丸の発達，女児は，乳房の発達や初潮が特徴。
(4)　本来の意味は，金融用語の「支払い猶予」。転じて，人間が成長する中で，身体的・知的に発達しているにもかかわらず，大人社会での責任や義務を負うことを「猶予」されている状態を指す。
(5)　posttraumatic stress disorders の略。心的外傷後ストレス障害。不安や恐怖から強いストレスを体験した後に，さまざまな精神症状が発現すること。睡眠障害，不安症状，抑鬱などの症状がある。
(6)　イギリスの社会学者。論文「ソーシャルニードの分類法」の中で，福祉ニーズを4つに分類し，説明した。
(7)　ものの見方や考え方が，型にはまっていて固定的・画一的であること。紋切り型。

〈参考文献〉
櫻井奈津子編著『子どもと社会の未来を拓く社会的養護の原理』青鞜社，2011年。
佐藤豊道『ジェネラリスト・ソーシャルワーク研究――人間：環境：時間：空間の交互作用』川島書店，2001年。
社会的養護の当事者参加推進団体日向ぼっこ『施設で育った子どもたちの居場所「日向ぼっこ」と社会的養護』明石書店，2009年。
全国社会福祉協議会編『保育士養成講座　第8巻　養護原理』2009年。
中山正雄編／浅井春夫ほか『児童養護の原理と実践的活用』保育出版社，2004年。
バイステック，F.P.／尾崎新ほか訳『ケースワークの原則――援助関係を形成する技法』誠信書房，2006年。
渡井さゆり『大丈夫。がんばっているんだから』徳間書店，2010年。

（中島健一朗）

第6章
社会的養護の領域

― 学習のポイント ―

　本章では，児童福祉施設中心であった社会的養護の流れが，里親・ファミリーホームの家庭養護の方向に転換している現状について理解することである。また，これは国際的な流れであり，児童福祉施設のローテーション勤務では児童一人ひとりの心のケアがむずかしいという考え方から出ている。

　里親・ファミリーホームなどの少人数による家庭的ケアが求められている中で，児童養護施設なども少ない人数で子どもを見ていく施設の小規模化や，専門職員の配置が図られている。これらの流れを理解することが，保育士として働く中で大切なポイントとなる。

第1節　家庭養護

　1989（平成元）年の秋に行われた第44回国連総会において全会一致で採択され1990（平成2）年に発効した「児童の権利に関する条約（子どもの権利条約）」では，第20条1で「一時的若しくは恒久的にその家庭環境を奪われた児童又は児童自身の最善の利益にかんがみその家庭環境にとどまることが認められない児童は，国が与える特別の保護及び援助を受ける権利を有する」としている。また，その2で「締約国は，自国の国内法に従い，1の児童のための代替的な監護を確保する」とし，その代替的監護の内容として，その3において「2の監護には，特に，里親委託，イスラム法のカファーラ，養子縁組又は必要な場

合には児童の監護のための適当な施設への収容を含むことができる。解決策の検討に当たっては，児童の養育において継続性が望ましいこと並びに児童の種族的，宗教的，文化的及び言語的な背景について，十分な考慮を払うものとする」としている。日本は1994（平成6）年4月24日に批准し，条約として効力を持たせる発行を同年5月22日に行っている（詳細については79頁を参照）。

日本においては児童養護施設などの児童福祉施設が中心とされている社会的養護の受け皿は，国際的には子どもの持つ甘えや，幼さを受け止め，適切に対応するには，児童養護施設というローテーションで縛られている生活では限界があると考えられている。そこで対応を求められているのが里親などの家庭養護である。

（1）里親制度の現状と課題

1）里親制度の歴史

家庭養護を追及する時にもっとも家庭に近い制度が「里親制度」である。日本での里親の歴史は古く，平安時代から存在し，親権を有しないで児童を養育する者を里親と言い，養われる子どもを里子と言う。里親が，里子を預かる風習は各地域の中で里親部落として存在していた[1]。また，大正時代の児童福祉実践家である石井十次は独自の里親委託を行っていた。

国により里親が制度化されたのは，1947（昭和22）年に児童福祉法が制定され，1948（昭和23）年10月，厚生省（現厚生労働省）事務次官通知「里親等家庭養育の運営に関して」が出されてからである。その後，1987（昭和62）年に「里親家庭運営要綱」が通知され，里親の定義として「里親とは，児童を一時的又は継続的に自己の家庭内に預かり養育することを希望する者であって，都道府県知事が適当と認定したものをいうこと。この児童とは，現に監護する保護者がない者又は保護者に監護させることが不適当な者であって，都道府県知事が里親に委託して保護することが適当であると認めた18歳未満のものをいうこと」とされた。

 コラム

石井十次と里親

　石井十次は（1865年～1914年）岡山孤児院を創設し，児童福祉に生涯を捧げた人であり「孤児の父」「児童養護の父」などと呼ばれた。石井は子どもを育てる方針として岡山孤児院12則を策定した。家族主義，<u>委託主義</u>，満腹主義，実行主義，非体罰主義，宗教主義，密室教育，旅行教育，米洗教育，小学教育，実業教育，托鉢主義である。この中で，委託主義とは10歳になるまで子どもに関して理解のある農家に生活費を払ってみてもらうものであり，現在の里親制度の実践を独自に行っていた。

　2002（平成14）年には「里親の認定等に関する省令」が制定され，里親の種類が養育里親，親族里親，短期里親，専門里親の4類型となった。また，「里親が行う療育に関する最低基準」が制定され，虐待等の禁止，懲戒に係る権限の濫用禁止などが規定された。同時に，里親支援として，里親が一時的な休息のための援助を必要とする場合に，乳児院，児童養護施設等または他の里親を活用して当該児童の養育を行う，里親の一時的な休息のための援助（レスパイト・ケア）や，里親の研修事業や里親養育相談事業などを規定した「里親支援事業」が実施された。

　里親が児童福祉法に独立した定義規定の条文として明記されたのは，2004（平成16）年11月26日に成立した「児童福祉法の一部を改正する法律案」からである。同年12月に出された「子ども・子育て応援プラン」では里親委託率を2009（平成21）年度に15％とする目標を設定している。2006（平成18）年4月児童相談所に「里親委託推進員」，「里親委託推進委員会」を設置することを定めた「里親委託推進事業実施について」がだされた。2008（平成20）年の児童福祉法改正では，養育里親を養子縁組希望里親と区別し，養育里親，専門里親，養子縁組希望里親，親族里親の4類型とされた。また，里親認定省令に代わり，児童福祉法・施行令・施行規則に規定された。さらに，里親研修が義務化され[2]，欠格事由の法定化等がなされ，里親手当が倍額になった。

　2011（平成23）年3月30日付，厚生労働省雇用均等・児童家庭局長から里親委託優先の原則が示された「里親委託ガイドライン」が通知された。また，

第6章 社会的養護の領域

表6-1 児童福祉法における里親

- 第6条の4　この法律で、里親とは、養育里親及び厚生労働省令で定める人数以下の要保護児童を養育することを希望する者であって、養子縁組によって養親となることを希望するものその他のこれに類する者として厚生労働省令で定めるもののうち、都道府県知事が第27条第1項第3号の規定により児童を委託する者として適当と認めるものを言う。
- ②　この法律で、養育里親とは、前項に規定する厚生労働省令で定める人数以下の要保護児童を養育することを希望し、かつ、都道府県知事が厚生労働省令で定めるところにより行う研修を修了したことその他の厚生労働省令で定める要件を満たす者であって、第34条の19に規定する養育里親名簿に登録されたものを言う。
- 第47条②　児童福祉施設の長、その住居において養育を行う第6条の3第8項に規定する厚生労働省令で定める者又は里親は、入所中又は受託中の児童で親権を行う者又は未成年後見人のあるものについても、監護、教育及び懲戒に関し、その児童の福祉のため必要な措置をとることができる。
- 第48条　児童養護施設、障害児入所施設、情緒障害児短期治療施設及び児童自立支援施設の長、その住居において養育を行う第6条の3第8項に規定する厚生労働省令で定める者並びに里親は、学校教育法に規定する保護者に準じて、その施設に入所中又は受託中の児童を就学させなければならない。

出所：児童福祉法から抜粋。

2012（平成24）年3月29日厚生労働省雇用均等・児童家庭局長通知「里親及びファミリーホーム養育指針」が出され、里親、ファミリーホームを「家庭養護」と位置付け、養育に関する基本的事項を明示するとともに、自立支援計画や養育記録、権利擁護などについて示された。

2）児童福祉法と里親制度

里親については、表6-1「児童福祉法における里親」の通り、第6条の3に里親の定義が明記されている。この中で、第27条第1項第3号とは都道府県の児童の措置に関する項目であり里親委託が行えることが明記されている。里親の種類については、養育里親、専門里親、養子縁組希望里親、親族里親の4類型されており、その概要と里親認定については表6-2の通りである。

この類型については2008（平成20）年の児童福祉法改正からであり、「社会的養護として子どもを養育する里親」と「養子縁組を前提とした里親」を制度上明記して区分した。また、短期里親については、養育里親の登録時に名簿に記載することで対応することとなった。

さらに、2011（平成23）年の「里親委託ガイドラインについて」では、里親委託優先の原則や「新生児については、障害の有無が明らかになる年齢を待っ

表6-2　里親の概要と認定要件

里親の種類	概　要
養育里親・里親手当 72,000円（2人目以降36,000円加算）	養育里親とは，前項に規定する厚生労働省令で定める人数以下の要保護児童を養育することを希望し，かつ，都道府県知事が厚生労働省令で定めるところにより行う研修を修了したこととその他の厚生労働省令で定める要件を満たす者であって，第34条の19に規定する養育里親名簿に登録されたものをいう。（児童福祉法6条4の2）※厚生労働省令では「里親が養育する要保護児童の人数は4人以下とする」となっている。 ・法第6条の4第2項に規定する厚生労働省令で定める要件は，次のいずれにも該当する者であることとする。1　要保護児童の養育についての理解及び熱意並びに要保護児童に対する豊かな愛情を有していること。2　経済的に困窮していないこと（要保護児童の親族である場合を除く）。3　養育里親研修を修了したこと。（児童福祉法施行規則第1条の35） ・本人又はその同居人が次の各号（同居人にあっては，第1号を除く。）のいずれかに該当する者は，養育里親となることができない。（欠格事項） 1　成年被後見人又は被保佐人　2　禁錮以上の刑に処せられ，その執行を終わり，又は執行を受けることがなくなるまでの者。3　この法律，児童買春，児童ポルノに係る行為等の処罰及び児童の保護等に関する法律（平成11年法律第52号）その他国民の福祉に関する法律で政令で定めるものの規定により罰金の刑に処せられ，その執行を終わり，又は執行を受けることがなくなるまでの者。4　児童虐待の防止等に関する法律第二条に規定する児童虐待又は被措置児童等虐待を行った者その他児童の福祉に関し著しく不適当な行為をした者。 ②　都道府県知事は，養育里親又はその同居人が前項各号（同居人にあっては，同項第1号を除く。）のいずれかに該当するに至ったときは，当該養育里親を直ちに養育里親名簿から抹消しなければならない。（児童福祉法　第34条の20）
専門里親・里親手当 123,000円（2人目以降87,000円加算）	専門里親とは，次条に掲げる要件に該当する養育里親であって，次の各号に掲げる要保護児童のうち，都道府県知事がその養育に関し特に支援が必要と認めたものを養育するものとして養育里親名簿に登録されたものをいう。1．児童虐待の防止等に関する法律（平成12年法律第82号）第2条に規定する児童虐待等の行為により心身に有害な影響を受けた児童。2．非行のある又は非行に結び付くおそれのある行動をする児童。3．身体障害，知的障害又は精神障害がある児童［児童福祉法施行規則第1条の36］ ・専門里親は，次に掲げる要件に該当する者とする。1　次に掲げる要件のいずれかに該当すること。イ　養育里親として3年以上の委託児童の養育の経験を有する者であること。ロ　3年以上児童福祉事業に従事した者であって，都道府県知事が適当と認めたものであること。ハ　都道府県知事がイ又はロに該当する者と同等以上の能力を有すると認めた者であること。 2　専門里親研修の課程を修了していること。 3　委託児童の養育に専念できること。［児童福祉法施行規則第1条の37］
養子縁組希望里親（事業費のみで里親手当は支給されない）	・里親とは，養育里親及び厚生労働省令で定める人数以下の要保護児童を養育することを希望する者であって，養子縁組によって養親となることを希望するものその他のこれに類する者として厚生労働省令で定めるもののうち，都道府県知事が第27条第1項第3号の規定により児童を委託する者として適当と認めるものをいう。（児童福祉法第6条の4） ・養子縁組によって養親となることを希望する者。（児童福祉法施行規則第1条の33第2項第1号） ・児童福祉法施行規則第1条の33第2項各号に掲げる者に係る認定等については，養育里親の認定等に準じて，都道府県知事が行うものとする。（児童福祉法施行規則第36条の47）
親族里親（事業費のみで里親手当は支給されない）	要保護児童の扶養義務者及びその配偶者である親族であって，要保護児童の両親その他要保護児童を現に監護する者が死亡，行方不明，拘禁，疾病による病院への入院等の状態となったことにより，これらの者による養育が期待できない要保護児童の養育を希望する者（児童福祉法施行規則第1条の33第2項） （※児童福祉法施行規則の親族里親の定義を改正し，扶養義務者でないおじ及びおばについては，親族里親ではなく，養育里親として法令の規定を適用する）

出所：児童福祉法，児童福祉法施行規則から抜粋。

表6-3 施設養護と里親委託

項	乳児院	児童養護施設	合　計	項	人　数
定　員	3,778	34,215	37,993	登録里親数	7,669
現　員	3,136	29,975	33,111	委託里親数	2,971
				委託児童数	3,876

出所：乳児院，児童養護施設については厚生労働省「平成22年社会福祉施設等調査結果の概況（2010年10月1日現在）」，里親については福祉行政報告例から筆者作成。

表6-4 各国の要保護児童に占める里親委託児童の割合
（2000年前後の状況）

国	割　合	国	割　合
オーストラリア	91.5%	イギリス	60%
アメリカ	76.7%	カナダ（B.C.州）	58.5%
イタリア	62.1%	フランス	53%
シンガポール	62%	デンマーク	42.4%

出所：厚生労働省主任研究者湯沢雍彦「里親委託と里親支援に関する国際比較研究」厚生労働省『厚生労働科学研究（平成13，14年）』から筆者作成。

てから，里親委託を検討する考え方もあるが，心身の発達にとって大切な新生児の時期から里親委託を検討することが重要である」としている。また，同年9月から扶養義務者でないおじ及びおばについては，親族里親ではなく，養育里親として法令の規定を適用することとなった。

3）里親制度の現状

このような里親制度普及のための改正を行っているが，里親登録数については表6-3の通りであり，2010（平成22）年末現在の調査では，登録里親数は7,669人，委託里親数2,971人，委託児童数3,876人となっている。これは，児童養護施設の入所現員の11.7%程度である。

世界の里親委託状況を見てみると，社会的養護が必要な児童に対して里親委託は表6-4の通りである。国の文化が違うため一概に比較はできないが，日本の場合，他国と比べて里親委託に関して委託割合低いことが分かる。世界的

な動きは施設福祉より家庭に近い小規模な里親委託，小規模住居型児童養育事業（ファミリーホーム）になっている。前述のとおり厚生労働省は2011（平成23）年の「里親委託ガイドライン」などで，里親優先の原則を打ち出し「家庭養護」を中心とした施策を今後の社会的養護の根幹としていく方向で里親委託の拡大を図っている。

（2）小規模住居型児童養育事業（ファミリーホーム）と自立支援活動

　小規模住居型児童養育事業（以下，ファミリーホームと言う）は，2009（平成21）年度に創設された新たな里親型のグループホームである。養育者の住居において，児童5～6人を養育するものであり，児童福祉法では「この法律で，小規模住居型児童養育事業とは，第217条第1項第3号の措置に係る児童について，厚生労働省令で定めるところにより，保護者のない児童または保護者に監護(かんご)させることが不適当であると認められる児童（以下「要保護児童」と言う）の養育に関し相当の経験を有する者その他の厚生労働省令で定める者（次条第一項に規定する里親を除く）の住居において養育を行う事業をいう」（児童福祉法第6条の2第8項）としている。

　厚生労働省の調べではホーム数145か所（平成23年10月現在／家庭福祉課調べ），委託児童数497人（平成23年3月末／福祉行政報告例）となっている。

　ファミリーホームは集団生活であり，複数の児童（5～6人）を同時に養育するものであるが，その運営については「家庭養護」であり，施設が小さくなったものではないとしている。

　2012（平成24）年3月29日付で，厚生労働省から通知された「里親及びファミリーホーム養育指針」では，「ファミリーホームの養育者は，子どもにとって職員としての存在ではなく，共に生活する存在であることが重要である。したがって養育者は生活基盤をファミリーホームにもち，子どもたちと起居を共にすることが必要である。ファミリーホームの基本型は夫婦型であり，生活基盤をそこに持たない住み込み職員型ではない。児童養護施設やその勤務経験者がファミリーホームを設置する場合には，家庭養護の特質を十分理解する必要

第6章 社会的養護の領域

表6-5 ファミリーホームの概要

項	内　　　容
目　的	小規模住居型児童養育事業は，養育者の家庭に児童を迎え入れて養育を行う家庭養護の一環として，保護者のない児童又は保護者に監護させることが不当であると認められる児童（以下「要保護児童」という。）に対し，この事業を行う住居（以下「ファミリーホーム」という）において養育を行い，児童間の相互作用を活かしつつ，児童の自主性を尊重し，基本的な生活習慣を確立するとともに，豊かな人間性及び社会性を養い，児童の自立を支援すること目的とする。
対象児童	この事業の対象児童は，要保護児童のうち，家庭的な養育環境の下で児童間の相互作用を活かしつつ養育を行うことが必要とされたものであって，児童福祉法（昭和22年法律第164号。以下「法」という。）第27条第1項第3号の規定に基づき措置された者とする。
設備等	ファミリーホームには，委託児童，養育者及びその家族が，健康で安全な日常生活を営む上で必要な設備を設けなければならない。
職　員	(1) ファミリーホームには，2人の養育者及び1人以上の補助者（養育者が行う養育について養育者を補助する者をいう。以下同じ。）を置かなければならない。なお，この2人の養育者は一の家族を構成しているもの（夫婦であるもの）とする。 (2) (1)の定めにかかわらず，委託児童の養育にふさわしい家庭的環境が確保される場合には，当該ファミリーホームに置くべき者を，1人の養育者及び2人以上の補助者とすることができる。 (3) 養育者は，当該ファミリーホームに生活の本拠を置く者でなければならない。 (4) 養育者は，次の①から④までのいずれか及び⑤に該当する者をもって充てるものとする。補助者は，⑤に該当する者とする。 　① 養育里親として2年以上同時に2人以上の委託児童の養育の経験を有する者， 　② 養育里親として5年以上登録し，かつ，通算して5人以上の委託児童の養育の経験を有する者，③ 児童養護施設等において児童の養育に3年以上従事した者， 　④ ①から③までに準ずる者として，都道府県知事が適当と認めた者，⑤ 法第34条の20第1項各号の規定に該当しない者，（※①及び②については，平成21年4月1日より前における里親としての経験を含むものとする）， (5) 養育者及び補助者は，家庭養護の担い手として里親に準じ，児童福祉法施行規則第1条の34及び第1条の37第2号に定める研修を受講し，その養育の質の向上を図るよう努めなければならない

出所：小規模住居型児童養育事業（ファミリーホーム）実施要綱「2009（平成21）年3月31日付，厚生労働省雇用均等・児童家庭局長通知（平成24年3月29日一部改正）」から筆者作成。

がある。養育者と養育補助者は，養育方針や支援の内容を相互に意見交換し，共通の理解を持ち，より良い養育を作り出す社会的責任を有している」としている。

―― コラム ――

里親支援専門相談員

　2012（平成24）年度から乳児院，児童養護施設に里親支援専門相談員を置くこととなった。児童相談所，里親委託等推進員と連携し，里親やファミリーホームへの支援体制の充実を図ると共に，施設と里親との新たなパートナーシップを構築することが目的である。里親委託専門相談員には，社会福祉士，精神保健福祉士，児童福祉司資格のある者，または施設や里親で5年以上児童の養育に従事した者であって，里親制度に理解があり，ソーシャルワークの視点を持てる人があたることになっている。
　里親支援専門相談員は里親と子どもの側に立つ専任の職員であり，施設の直接処遇の勤務ローテーションに入らないことが条件となっている。その活動としては，児童相談所の里親担当職員や里親委託等推進員とともに，定期的な家庭訪問を行うほか，施設機能を活かした支援を含め，里親支援を行うことになっており，児童相談所の会議に出席して，里親についての情報と課題を共有することが求められている。

　ファミリーホームの概要については表6-5の通りであり，職員は児童養護の知識を備えた上で，里親的対応を複数の職員で行うことになる。しかし，里親もファミリーホームの職員も地域社会の中で孤立してしまう可能性がある。虐待などで人間関係に不信を持つ児童や，友達関係が取れない児童が地域の幼稚園・学校などに通うことにより発生する諸問題に対処することは学校，地域社会との協力関係や密接な連携が必要となる。
　前述の「里親及びファミリーホーム養育指針」では，「里親・ファミリーホームにおける養育は，家庭の中で行うが，決して自己完結型では行うことができないので，関係機関との連携・協働が不可欠である。関係機関・支援者とともに養育のチームをつくっていく意識が必要である」としている。さらに，里親会やファミリーホーム協議会などの参加の必要性を述べている。[3]

―― コラム ――

施設養護，家庭的養護，家庭養護

　施設養護とは乳児院や児童養護施設などの児童福祉法で定められた児童福祉施設で生活することを言う。
　社会的養護が必要な児童の生活は，2009（平成21）年12月国連総会決議「児童の代

> 替的養護に関する指針」でも施設養護は必要な場合に限られるべきこととし，可能な限り家庭や少人数に近い環境を確保することが求められている。「里親及びファミリーホーム養育指針」では，従来，家庭的養護としていた里親・ファミリーホームを家庭養護とし，施設養護に対する言葉として定義した。また，ユニットケアの発想から2004（平成16）年から制度化された小規模グループケアや，地域小規模児童養護施設，小規模グループケアの分園型などのグループホームは家庭的養護と定義した。

　また，同指針では家庭養護における養育として，児童の自立について「自立とは，誰に頼らないで生きていくことではなく，適宜他者の力を借りながら他者と関係を結びながら自分なりに生きていくことである」としている。さらに，児童相談所が作成した自立支援計画に基づき，養育者はその養育を行うこととしている。養育者には，養育状況の記録と児童相談所への報告が求められており，児童相談所とともに自立支援を行っていく体制となっている。

〈注〉
(1) 日本における里親研究の先駆者である元日本女子大学の松本武子は，北海道（昭和48年）や宮城県（昭和59年）などの，里親部落の調査を行っている。
(2) 里親研修には，里親認定までの研修と里親委託後5年ごとに行われる更新研修，さらに，養育里親委託経験3年以上で専門里親になることを希望する専門里親研修がある。里親認定研修では基礎研修と認定前研修がある。また，更新研修では社会情勢，改正法，行動の理解，養育上の課題に対する研修などが行われる。また，専門里親の研修では障害児の特徴や福祉サービスについての研修が行われる。
(3) 里親会には全国里親会，都道府県市里親会，地区里親会がある。地区里親会は里親に対して養育技術の向上，孤立化の防止など直接支援するもので，児童相談所を単位として形成されている。都道府県市里親会は都道府県市の里親委託推進の役割を持ち，全国里親会は里親支援促進の調査研究を行うことを目的として設置されている。

〈参考文献〉
松本武子『里親制度の実証的研究』建帛社，2005年。
厚生労働省ホームページ「子ども子育て支援　社会的支援」2012年6月確認。

第 2 節　施 設 養 護

(1) 養護系施設の領域と実践課題
　1) 乳児院とは
　①施設の目的と概要

　2012（平成24）年11月現在の乳児院の設置状況は，全国で129か所設置されており，児童福祉法によると，乳児院は「乳児（保健上その他の理由により特に必要のある場合には，おおむね2歳未満の幼児を含む）を入院させて，これを養育することを目的とする施設とする」と規定さている（児童福祉法第37条）。

　2004（平成16）年12月公布の「児童福祉法の一部を改正する法律」により，乳児院と児童養護施設の入所児童の年齢要件の見直しがあり，「安定した生活環境の確保等の理由により特に必要のある場合には，乳児院に幼児を，児童養護施設には乳児を入所させることができる」となり，乳・幼児院的な長期の養育が行われることになった。

　2012（平成24）年の児童福祉法の改正では0，1歳の乳幼児を入所させる場合には乳幼児1.6人（2009〔平成23〕年までは乳幼児1.7人）に対して職員1人を配置するよう改正され，1976（昭和51）年に改定されて以来の目標である「0，1歳の乳幼児1.3人に対して職員1人を配置」すると言う水準達成に向けての小さな一歩が示された。

　②入所児童の特徴

　「児童養護施設入所児童等調査結果」2008（平成20）年によると乳児院への入所委託時または入所時の年齢構成は，入所児数は3,229人で0歳児2,543人（77.1％），1歳児597人（18.1％），2歳児134人（4.1％）3歳児16人，4歳児6人となっている。平均年齢は0.3歳で在所期間の平均は1.1年となっている。2010（平成22）年度では，平均在所期間は1.4年と微増傾向にあり，入所経路をみると家庭からの入所が2,844人（86.2％）となっている。また，措置児童の入所理由は父母の精神障害，放任怠惰，虐待酷使，養育拒否，行方不明，拘禁，

表6-6 乳児院の措置理由児童数（平成22年度中新規措置児童数）

(単位：人, %)

区　　分	児童数	割　合
父母の死亡	16	0.7%
父母の行方不明	59	2.5%
父母の離婚	65	2.8%
父母の不和	39	1.7%
父母の拘禁	128	5.5%
父母の入院	272	11.7%
父母の就労	90	3.9%
父母の精神障害	465	19.9%
父母の放任怠惰	190	8.2%
父母の虐待	374	16.0%
棄　　児	12	0.5%
父母の養育拒否	158	6.8%
破産経済的理由	148	6.3%
児童の問題による監護困難，その他	315	13.5%
合　　計	2,331	100.0%

出所：第14回社会保障審議会児童部会社会的養護専門委員会資料「社会的養護の現状について」（参考資料）平成24年3月より。厚生労働省厚生労働省雇用均等・児童家庭局家庭福祉課調べ。

入院等養育者が子どもを養育することができにくい状況になった場合がほとんどで，主たる理由のほかにいくつかの事情が加わることも少なくない（表6-6参照）。

同調査の結果によれば，乳児院入所中の子どもたちの今後の見通しとしては，保護者のもとに復帰25.5％，児童養護施設22.3％，里親委託および養子縁組9.8％，その他10.3％となっている。

③援助の方法

乳児院で過ごす時期は子どもの成長発達にとって，「健康と安全に十分に配慮された環境で，個別的できめ細やかなかかわり」が不可欠で，特定の保育者（家庭であれば両親）との間で愛着と信頼関係を築く重要な時期である。

全国に設置されている乳児院が加入し、つくられている全国乳児福祉協議会では2008（平成20）年に「乳児院倫理綱領」を作成し、2009（平成21）年には「より適切なかかわりかたをするためのチェックポイント」を作成し、乳児院における、乳幼児へのより適切なかかわり方についての実践活動をふまえ、そのあり方を追及している。
　乳児期は人として生きていくために必要な基礎をつくる（つくられ始める）大切な時期であることから、特に規則正しい生活のリズム（人生の）づくりをするという意識を持った生活支援が必要で、そのためには毎日の生活（生活日課）をどう提供して行くが問われる。生活日課については、起床からから睡眠までの時間を子どものリズムに合わせ、施設としての共通した大まかな取り組み課題を設け、支援を行っているが理想としては子ども一人ひとりに合わせた日課が作成され、その子どもに合った支援活動の実現である。
　乳幼児の発達成長にとって快・不快を感ずることや屋外活動と室内での活動、暑い寒い、音への刺激、色彩の刺激、柔らかさ硬さの感覚等、どれをとっても欠くことのできない大切な事である。子どもたちの支援に当たる保育士などは、こうしたこと一つひとつの必要性について意識し、実際の援助活動に取り組んで行くことが大切である。
　④乳児院の課題
　乳児院を利用する乳幼児に安心して生活できる環境と、適切な支援を提供することは施設に与えられた大切な役割である。厚生労働省では新たに「乳児院運営指針」（2012〔平成24〕年3月29日児童家庭局長通知）を示し、運営の適正化を求めているが、こうした点をふまえ、今後の課題について考えてみることとする。
　乳児院の平均在籍期間は1.1年である。「乳幼児が家庭に帰る」事を想定した場合、母親への働きかけをどう行うかということが大きな課題となる。子どもは乳児院で生活、親は家庭（等）で生活を送っていると言う、親子で異なった環境での生活を余儀なくされているなかで、親子関係をつくるということは簡単なことではない。

乳児院側には，親に子どもの成長をどう伝え，必要とされる子どもの養育についての理解や育児に関する技術を学んでもらうためのさまざまな取り組みが求められているのである。これには，親としてのトレーニングといった参加型のかかわりを持ってもらう機会を多くしていくことが重要である。こうした取り組みを通して，授乳，入浴，おむつ交換，離乳食といった育てるために必要な知識や技術を習得してもらうということであり，親子での宿泊体験（親子訓練室の設置）学習などが有効と考えられている。また，乳児院に配置されている家庭支援専門相談員による，家庭復帰へ向けての支援だけではなく，家庭に復帰した後まで，継続した家族支援の取り組みなどが必要とされている。

　里親支援については，里親委託を進められる子どもについては，家庭支援専門相談員が早期よりかかわることにより，里親と委託の対象となる乳幼児との愛着形成や信頼関係を深められるよう，乳児院と里親をつなぐ支援体制を充実させて行くことが必要である。また，2012（平成24）年度より，児童養護施設に配置された，里親支援専門相談員との連携を図っていく必要がある。里親支援専門相談員は新たに配属された職種であることから，里親支援専門相談員の活用に関する今後の乳児院側の取り組み方が注目されている。

　児童養護施設への措置変更を行う場合には，育成記録などの継続性が大切になってくる。社会的養護関係の施設では，自立支援計画が必ず作成されており，年齢による内容の違いはあるとしても，継続性を持たせたものにできるような記録のあり方が求められる。双方の施設にいる家庭支援専門相談員同士の情報交換や調整機能に期待するところである。

　生まれて初めて出会う施設が乳児院である。この場所からしあわせな未来に向かうのか，過酷な未来へと続く歴史が始まるのか，まさに神のみぞ知る世界であると言えるかも知れない。子どもたちに直接かかわる，保育士などの援助する人によって，子どもたちに少しでもしあわせな未来が開けてゆけることを期待してやまない。

2）児童養護施設

①目的と概要

　児童養護施設は，児童福祉法制定（1947〔昭和22〕年）以前は孤児院と呼ばれ，貧困や疾病，災害，戦争による被災（いわゆる「戦災孤児」）などによって親からの養育を受けられなくなった棄児や孤児を保護する事を目的とした施設で，児童福祉施設の中ではもっとも古くから存在する施設である。

　児童養護施設は，児童福祉法7条に規定された入所型の児童福祉施設であり，施設の目的は「児童養護施設は，保護者のない児童（乳児を除く。ただし，安定した生活環境の確保その他の理由により特に必要のある場合には，乳児を含む。以下この条において同じ），虐待されている児童その他環境上養護を要する児童を入所させて，これを養護し，あわせて退所した者に対する相談その他の自立のための援助を行うことを目的とする施設とする」（児童福祉法41条）と規定されている。

　児童養護施設を利用する子どもたちの多くは次のような背景を持つ子どもたちである。

▼保護者のいない児童

　「保護者のいない児童」とは両親またはいずれかが死亡した，両親またはいずれかが行方不明，遺棄されている，両親またはいずれかが長期に渡って拘禁されている，両親またはいずれかが精神障害である，または長期に療養を必要とする，両親が離婚している等の理由により，常時監護をする者のいない児童を指す。

▼虐待されている児童

　保護者があっても，身体的虐待や心理的虐待，性的虐待，ネグレクト等の虐待を受けている児童。生理的欲求の制限や禁止，家への閉じ込め，登校停止等を強要されている児童も含まれる。

▼その他，環境上養護を要する児童

　放任，無関心，父母の入院，父母の就労，家庭内不和，必要な衣食住および監護を受け継ことのできない児童を指す。

　児童養護施設の数は，2011（平成23）年3月末現在，全国で585か所が設置されている。

施設の入所定員（利用可能な人数）は34,522人，現員（実際に利用している人数）は29,114人であり，支援に当たる職員の総数は14,892人である。施設数は増加の傾向にある。また，2008（平成20）年の児童養護施設利用者の年齢区分を見ると，幼児21.3%，小学生41.5%，中学生22.7%，高校生14.5%となっている（第14回社会保障審議会児童部会社会的養護専門委員会資料「社会的養護の現状について」〔参考資料〕，2012〔平成24〕年3月より）。

児童養護施設を利用している児童の平均年齢は10.4歳，入所時の平均年齢は5.9歳。在籍期間の平均は4.6年となっている。施設の形態は大舎制（1舎20人以上）370，中舎制（1舎13〜19人）95，小舎制（1舎12人以下）114である。

近年増加傾向にある地域小規模児童養護施設（地域で生活する取り組みで児童6人，約職員2.5人）は全国111か所で設置・運営されるようになった一方で，大舎制が7割を超え，施設の定員が100人を超えるような施設もある（「社会的養護施設に関する実態調査」2008〔平成20〕年3月1日現在）。

┌─ 事 例 (1) ─────────────────────────────
│　父母，京子さん（仮名，中学3年生女子），弟，妹の5人家族。学校での児童虐待
│の授業を受けたことにより，自分が虐待されていると養護教諭に相談した。その後，
│自分から児童相談所に保護を求め一時保護となった。児童相談所より呼び出しを受け
│た両親は驚き，子どもとの話し合いが1か月にわたり持たれたが平行線で，京子さん
│は児童養護施設に入所。高校は施設から通学した。家庭支援専門相談員（FSW）を
│交えて，家族面接も行われ，外泊体験を経て関係の修復が図られた。外泊後には
│FSWが親子合同面接を行った。通常面接は，親子別々に行われることが多いが，意
│識的に合同での面接を繰り返した。ある面接場面で父親が「家族は全員揃っていなく
│ちゃいけない」と言った時本児の表情が変わった。その後数回の面接が行われ，家庭
│復帰となった。
└─────────────────────────────────────

児童養護施設に勤務する職員の勤務形態を見ると，通勤形態としては施設内への住み込み制（専用の居室がある），通勤制，職員寮制（施設の敷地内，あるいは近隣に職員のための寮が準備されている）などがあり，勤務の形態としては，早出，遅出，断続勤務，日勤等があるが，児童養護施設の場合には，子どもと共に過ごす時間の確保を優先した断続勤務（起床と共に出勤し，昼を休み，下校時間には再び出勤しで就寝の時間まで勤務する）を採用している場合が多い。これは児

表 6-7　日課表（例）

(断続勤務の一例)
　　平日：6:30～ 9:00　勤務したのちに休憩をとり，
　　　　　16:00～21:30　休憩後，再度出勤して勤務をする。
(児童養護施設の日課表の例)

時間	日　課	職員の動き
6:15		出　勤
6:30	起　床	児童起し
	朝食準備手伝い	洗濯・朝食準備
6:50	朝　食	配　膳
7:15	登　校	持ち物の確認
	小学生集団登校	登校見送り
	中学生部活児童は速い登校	清　掃
	高校生は自転車・電車登校	洗濯干し
8:30	日勤職員出勤	清　掃
8:45	幼稚園児送り	担当保育士
	職員打ち合わせ	宿直報告（前日の報告，当日の予定の確認）
9:00	休　憩	断続勤務者
9:30	園内保育開始	保　育
12:00	昼　食	日勤職員・園内保育職員
14:00	幼稚園迎え	日勤職員
15:00	おやつ	
16:00	小学生下校	宿題指導
	中学生・高校生下校	翌日準備確認
18:00	夕　食	配膳・片づけ
	入浴・自由時間	
21:00	小学生就寝	日誌等の記入
21:30	職員退勤	宿直職員に引き継ぎ
22:00	中・高校生就寝	
23:00	学習児就寝	

出所：児童養護施設F園の日課表を参考に筆者作成。

童養護施設が取り組むべき支援活動を実践するための方法であり，児童養護施設職員の勤務の特徴でもある。

②入所児童の特徴

児童養護施設は児童福祉法の制定（1947〔昭和22〕年）された時期には，戦災孤児や浮浪児の保護や救済が主たる役目だったが，時代の変遷や社会情勢の変化により入所理由も変化し，多様化している。

児童養護施設を利用する子どもたちの養護問題は，今日では夫婦共働きは一般化し，DV（ドメスティック・バイオレンス）被害や離婚，父母の虐待を理由とした入所件数が増加している。また，入所理由の項目には含まれていないが，発達障害の疑われる子どもたちの入所利用も増加している。

表6-8に示したように，もっとも多いのは父母の虐待（32.7%）による子どもたちで，父母の放任・怠惰（11.7%）と続いている。被虐待児は，トラウマ（心的外傷）やPTSD（心的外傷後ストレス障害）による引きこもり，不登校，情緒の不安定や言葉・行動の発達障害（虐待は「第4の発達障害」とも言われている），学習障害，対人関係への不適応などの課題を抱えている。

③施設での生活

児童養護施設における援助の内容は，①生活支援（指導），②学習支援（指導），③職業支援（指導）に大別されるが，中心になるのは生活支援である。親や家庭環境に問題があったとしても，親と離れて自分ひとりで生活する状態は，子どもにとっては複雑で不安な感情を持つ。施設の生活環境に適応するまでの間は，反発や抵抗，自暴自棄になるようなことも多く見られる。子どもたちの養護活動に当たる保育士には，こうした子どもたちの感情や行動を受け止め，気持ちを和らげ，安心して生活することが可能となるよう，子どもたちとの信頼関係が必要であるが，信頼関係を構築して行くためには保育士と子どもたちの間での愛着関係や信頼関係の形成などが不可欠である。

生活支援は，子どもたちについての理解をもとに作成される自立支援計画（児童相談所の援助指針をもとに3か月のモニタリング期間を経て作成され，6か月ごとの中間見直しと1年ごとの再評価が退所まで繰り返される）にもとづく支援が行わ

表6-8 児童養護施設の措置理由児童数
(平成22年度中新規措置児童数)

(単位：人, %)

区　分	児童数	割　合
父母の死亡	80	1.5%
父母の行方不明	115	2.1%
父母の離婚	144	2.6%
父母の不和	59	1.1%
父母の拘禁	328	6.0%
父母の入院	403	7.4%
父母の就労	218	4.0%
父母の精神障害	492	9.0%
父母の放任怠惰	641	11.7%
父母の虐待	1,793	32.7%
棄　児	6	0.1%
父母の養育拒否	215	3.9%
破産等経済的理由	225	4.1%
児童の監護困難	295	5.4%
その他	460	8.4%
総　数	5,473	100.0%

出所：第14回社会保障審議会児童部会社会的養護専門委員会資料
「社会的養護の現状について」（参考資料）平成24年3月より。
家庭福祉課調べ。

れる。

　児童養護施設が生活支援として取り組むべき活動としては日常生活にかかわる掃除や洗濯，調理，健康管理等，生活全般にわたるすべての活動が対象となる。児童養護施設に勤務する保育士には生活全般にかかわる支援活動を充実させると共に，保育士としての専門性をともなう支援活動を提供し，子どもたちの成長発達を支援して行くことが必要である。

　児童養護施設で生活する子どもたちの中には，入所前の生活環境上の問題もあり，学習意欲は低く，低学力の子どもたちも多い，これらの理由から学習支援は児童養護施設における大切な取り組みである。学習意欲の低さや学力低下

は，子どもたちの進学（高校入試など）や自立，とりわけ社会に出るための取り組み等に困難をきたす場合がある。そのためには職員やボランティアによる基礎学力の向上を目指した取り組みが必要であり，場合によっては学習塾を活用する必要もあり，現に学習塾に通う子どもたちもいる。

児童養護施設では，被虐待児の入所率が高くなり，1999（平成11）年度より心のケアを担う心理療法担当職員の配置が可能となった。さらに，2001（平成13）年度から子どもたちへの個別面接や保護者の援助を行う被虐待児個別対応職員の配置，2004（平成16）年度には家庭調整を担う**家庭支援専門相談員**の配置，2012（平成24）年度には里親支援専門相談員の配置もなされ，子どもたちの自立支援，家庭復帰に向けた支援，里親委託時の調整もスムーズに行うための体制が整い，社会的養護の連携強化が図られている。

― 重要語解説 ―

家庭支援専門相談員

乳児院には，2002（平成14）年から配置。児童養護施設，情緒障害児短期治療施設，児童自立支援施設には2004（平成16）年に配置された職種。虐待等の家庭環境上の理由により入所している児童の保護者に対して，児童相談所との密接な連携のもと，電話や面接等により児童の早期家庭復帰，里親委託等を可能とするための家庭復帰支援を行い，入所児童の早期退所の促進，親子の再構築等を図ることを目的としている。

④児童養護施設の課題

児童養護施設を利用する子どもたちに安心して生活できる環境と，適切な支援を提供することは施設に与えられた大切な役割である。厚生労働省では新たに「児童養護施設運営指針」（2012〔平成24〕年3月29日児童家庭局長通知）を示し，運営の適正化を求めているが，こうした点をふまえて，今後の課題について考えてみることとする。

児童養護施設を利用する成長年齢や本人の希望などをふまえ個室の提供や，施設の小規模化によるプライバシー保護の可能となるようなハード面の改善と，子どもたちが自分の希望を言える環境や苦情を申し立てるなどの意見表明が自由に行えるようなソフト面でのシステムづくりが必要である。

児童福祉施設の運営や支援内容の適正化を促進することが重要であり，これまでは施設の努力義務とされていた第三者評価事業が2012（平成24）年度からは３年に１度の受審が義務づけられることとなった。これを積極的に受審することにより施設の運営や支援・指導のあり方を振り返り，子どもたちの福祉向上に向けて取り組んで行く事が求められている。第三者評価を受けない年であっても毎年，自己評価を実施し，施設の運営や支援内容を改善して行くことが求められている。情報公開が求められている中，第三者評価の受審結果はかならず公表されことになっている。

　児童養護施設は児童福祉施設として，職員の資質向上と養育技術の向上が求められており，CSPなどの養育技術の実践的活用を図るとともに，保護者や地域の子育て支援活動に対してもこうした養育技術をもとにした取り組みが求められている。

　地域支援に関しては，児童家庭支援センター（児童福祉法改正により，独立しての開設も可となった）による家庭や地域の子育て支援を充実させることにより，子育ての機能低下により生じる養護問題に対する相談援助活動を行うための支援体制を整える必要がある。

重要語解説

CSP（コモンセンス・ペアレンティング）

　神戸少年の町のプログラムができたことにより急速に広まっている。アメリカで子どもたちを100年以上にわたって援助し続けてきたボーイズタウンという施設のプログラムをもとに，日本の児童養護施設「神戸少年の町」で開発された子育て支援プログラムであり，どのように子どもとの関係を深めていけばよいか，どのように子どもをしつけたらよいかという疑問に答え，具体的なしつけのスキルを親に効果的に教えることができます。近年虐待をする保護者の支援・治療，予防のプログラムとして，多くの児童相談所や児童施設，市町村等からその効果が報告され，全国的な広がりを見せているす。

第6章 社会的養護の領域

> **重要語解説**
>
> **児童養護施設倫理綱領**
>
> 　児童養護施設に携わるすべての役員・職員は，日本国憲法，世界人権宣言，国連・子どもの権利に関する条約，児童憲章，児童福祉法，児童虐待の防止等に関する法律，児童福祉施設最低基準に掲げられた理念と定めて遵守する。すべての子どもを，人種，性別，年齢，身体的の精神的状況，宗教的文化的背景，保護者の社会的地位，経済的状況等の違いにかかわらず，かけがえのない存在として尊重する。として，全国児童養護施設協議会が，2010（平成22）年5月17日に制定した。

3）母子生活支援施設

①母子生活支援施設とは

　母子生活支援施設は，児童福祉法に定めれた児童福祉施設であり，「配偶者のない女子又はこれに準ずる事情にある女子及び沿いの者の監護すべき児童を入所させて，これらの者を保護するとともに，これらの者の自立の促進のためにその生活を支援し，あわせて退所した者について相談その他の援助を行うことを目的とする施設」である（児童福祉法第38条），現在全国に261か所設置されており，3,850世帯，児童6,015人が生活している（2011〔平成23〕年3月現在）。

　母子生活支援施設は1998（平成10）年の児童福祉法改正で，「母子寮」から「母子生活支援施設」へと名称の変更が行われ，施設の目的が入所者を「保護する」から「保護するとともに，生活を支援する」に変更された。児童福祉施設の中では唯一，母親と子どもたちが一緒に入所できる施設である。

　母子生活支援施設の職員配置は施設長，母子支援員（2011〔平成23〕年までは母子相談員），少年指導員，調理員等の配置が定められている。

②入所母子の特徴

・主な入所理由

　夫などの暴力49.6％，住宅事情22.2％，経済事情11.2％となっている。

・入所者の経済事情

　就労している母親の収入状況は月額15万円未満が入所者全体の67.8％，15〜20万未満の入所者が25.9％であり，生活保護や各種手当受給により生計を立て

表6-9 母子生活支援施設における主な支援内容

分類	主な支援内容
生活	見守り・声掛け　家事の補助・代行　人間関係調整（親子・親族・利用者間など）　金銭管理・負債整理支援　住宅申し込みに関する相談　関係機関への同行・連絡調整　緊急一時保護事業
就労	就労相談　就職活動支援　就労先との関係調整　就労継続のためのサポート　スキルアップに関する支援
健康	健康に関する相談・情報提供　通院やカウンセリングの付き添い　服薬管理　精神安定のための支援　心理相談
子どもの養育	施設内保育・病児保育・学童保育など　学習指導　生活指導（社会生活のルールなど）　通学・通園の支援　子育て相談
その他	季節行事・地域交流事業　退所世帯へのアフターケア

出所：中山正雄編著『実践から学ぶ社会的養護』保育出版社，2010年，53頁より引用。

ている場合が多い。

③入所児童の状況

　入所児童の年齢別割合は，乳幼児40.4％，小学生38.2％，中学生12.8％，高校生・高校生以上7.8％，その他0.8％となっている。

　母子生活支援施設入所児童の対象年齢は18歳未満であるが，特に必要のある場合は満20歳になるまでの期間延長が認められている。

④入所者への援助

　母子生活支援施設における支援活動は母親に対する支援と子どもに対する支援，母親と子どもの関係性における支援等が考えられる。支援にあたっては母親と子どもそれぞれの個別の課題を正しく理解し，母親と子どもが，自己の意思で課題を解決してゆけるよう，個々の気持ちに寄りそった専門的な支援を行う事が求められている。

　母子生活支援施設における主な支援内容としては表6-9に示すような支援内容がある。

⑤母子生活支援施設の課題

　母子生活支援施設を利用する母子に安心して生活できる環境と，適切な支援を提供することは施設に与えられた大切な役割である。厚生労働省では新たに

「母子生活支援施設運営指針」(2012〔平成24〕年3月29日児童家庭局長通知)を示し,運営の適正化を求めているが,こうした点をふまえて,今後の課題について考えてみることとする。

母子生活支援施設は設置されている地域や環境,利用者の利用理由などにより取り組みの差が大きく,支援についても違いが見られる。しかし,住居の提供,母に対する支援,子どもに対する支援,虐待の防止,母子再統合の支援,アフターケア,地域支援等による入所者支援の充実を図る必要がある。また,DV被害者は,加害夫から逃れるために遠隔地の施設を利用する場合が多いので,円滑な広域利用の推進が望まれる。

その他にも,職員配置の充実や支援技術の普及,子どもの学習支援の充実,児童相談所,婦人相談所との連携等も大切な取り組みとなる。

事例 (2)

母子生活支援施設での生活

母親は,就労がうまくいかないこと等によるストレスがたまり,医療機関に通院していたが,妄想がでる状態で生活もままならない状況だった。市の福祉課の指導にも従えないことより,生活保護は打ち切られ,状況はさらに悪化し強制入院となった。このことにより信子さん(仮名,小学校5年生女子)は児童養護施設に入所となり,母親が退院する1か月後を心待ちにしていた。しかし,病状は回復せず,数か月が経過した。その間,児童相談所,市の福祉課,子ども家庭課,病院,施設(児童養護施設,母子生活支援施設)も交えた支援会議が開催され,母親には家事ができるように生活施設で指導し,再び母子生活支援施設で生活するとの方針が出された。子どもにとっては長期間の親子離れての生活となったが,面会や外泊を行い,1年後にはもと生活していた母子生活支援施設での親子の生活が再開された。

〈参考文献・資料〉
虹釜和昭『社会的養護と子どものこころ』北陸学院大学,臨床発達心理学研究会,2012年。
中山正雄編著『実践から学ぶ社会的養護』保育出版社,2010年。
厚生労働省社会保障審議会・社会的養護専門委員会「社会的養護の課題と将来像」児童養護施設等の社会的養護の課題に関する検討委員会・社会保障審議会児童部会社会的養護専門委員会とりまとめ(2011〔平成23〕年7月)。
児童養護施設入所児童等実態調査結果(2010〔平成22〕年2月1日現在)。
2010(平成22)年度「施設設備実態調査」厚生労働省家庭福祉課調べ(2011〔平成23〕年3月

1日現在)。
2012（平成24）年度社会的養護関係施設第三者評価事業評価調査者養成研修会資料。
第14回社会保障審議会児童部会社会的養護専門委員会資料「社会的養護の現状について」（参考資料）。
第14回社会保障審議会児童部会社会的養護専門委員会資料「施設運営指針及び里親養育指針について」関連資料。

（2）障害系施設の領域と実践課題
1）障害児施設に関連する法制度の変化

わが国の障害福祉のサービスは，長期間にわたり行政がサービス内容，提供期間（施設等）を決定する「措置制度」により提供されていた。しかし，増大・多様化する国民の福祉ニーズに対応するため，社会福祉制度の根本的な改革が必要になった。1998（平成10）年に**社会福祉基礎構造改革案**が発表され，その方針を取り入れた社会福祉法が2000（平成12）年に成立した。その法律の基本方針の1つに福祉サービスの利用を措置制度から契約制度に変更することが取り入れられた。

重要語解説

社会福祉基礎構造改革

2000（平成12）年6月に社会福祉基礎構造改革が実施された。この改革は目の前に迫っている超高齢社会に備えて，早いうちに国民の期待に応えられるだけの，社会福祉の共通基盤を作り上げることを目的としている。

その基本は，個人が住み慣れた地域において，人としての尊厳をもって，その人らしい自立した生活ができるように支えることにある。そのために，個人に対して社会連帯の考え方に立った総合的な支援が行えるように，社会福祉事業，社会福祉法人，措置制度（行政主導の社会保障）などについて見直しが行われた。「介護保険制度」や「障害者自立支援制度」の成立もこの改革の一環である。

出所：現代用語検定協会『現代用語の基礎知識』自由国民社，2012年版参照。

障害福祉（対象者が18歳以上）の分野では，2002（平成14）年度に福祉サービスの利用の手続きの措置制度が廃止され，2003（平成15）年度から契約方式の「支援費制度」がスタートした。しかし，財政問題により支援費制度は短期間で継続が困難な状況に陥った。そのために国は，利用者の自己負担制度を含む

内容の障害者自立支援法を2005（平成17）年に成立させ，2006（平成18）年から施行することになった。

障害児の分野は障害児施設（知的障害児施設・知的障害児通園施設・盲ろうあ児施設・肢体不自由児施設・重症心身障害児施設）の利用が，2006（平成18）年10月から原則契約方式に変更になった。しかし，例外規定として，児童相談所が以下の状態であると判断した場合は措置による利用も認められた。

①保護者が不在であることが認められ利用契約の締結が困難な場合。

②保護者が精神疾患等の理由により制限行為能力者またはこれに準ずる状態にある場合。

③保護者の虐待等により，入所が必要であるにもかかわらず利用契約の締結が困難と認められる場合。

このように，「措置」と「契約」の両方の手続きを認めたために，都道府県の状況の違いによって措置が多い所や契約が多い所があり，格差や混乱が生じた。

障害者自立支援法は，負担の仕組みが「応能負担」から「応益負担」に変わったことにより自己負担等の諸問題が多く，障害者団体等からの改善要望が多く寄せられ何度か見直しが行われている。そして，2009（平成21）年の障害者自立支援法を廃止し，新しい法律を模索することが決まり，2013（平成25）年4月1日より新たに成立した「障害者総合福祉法」によるサービスの提供が行われることとなった。

新法成立までの間にも改善すべき点があり2012（平成24）年4月に法改正が行われ，障害児関係法や児童福祉法等の改正された。

以上のように，障害児施設は時代と共に転換期を迎えている。これらの改正点に関しては後述することにする。

なお，2012（平成24）年4月改正前の児童福祉法は「旧児童福祉法」，改正後は「児童福祉法」と表記する。

2）社会福祉基礎構造改革

1980年代の後半から続いていたバブル経済が1992年代に破綻し，国の税収入

が低下し,税を基盤とするわが国の社会福祉分野は変化を余儀なくされた。また,1980（昭和55）年の初頭から歳出を抑制するために取り組んでいた「小さな政府」の実現もままならない状況下に置かれていた。

> **重要語解説**
>
> **小さな政府**
>
> 小さな政府とは1970（昭和45）年後半にイギリスのサッチャー首相が推進したことで知られている政治用語である。この用語は,民間で過不足なく供給可能な財・サービスにおいて政府の関与を無くすことで,政府・行政の規模・権限を可能な限り小さくしようとする思想または政策を意味している。
> 出所：現代用語検定協会『現代用語の基礎知識』自由国民社,2012年版参照。

加えて,地方自治体も同時に多額の負債を背負うことになり,これまでの社会保障および社会福祉体制では,少子高齢化のさらなる進行の中で,かつ税収が激減して行くと予想される中で,十分な福祉サービスを提供する見通しが立たない事態を迎えた。

これらの理由から,今後増大・多様化が見込まれる国民の福祉ニーズに対応するため,1951（昭和26）年の社会福祉事業法制定以降,これまで大きな改正が行われてこなかった社会福祉事業や社会福祉法人,措置制度など社会福祉に共通な基盤的制度の見直しを行うことを目的として社会福祉基礎構造改革が発表された。

社会福祉基礎構造改革は,個人が尊厳をもって,その人らしい,自立した生活が送れるよう支えるという社会福祉の理念にもとづいた理念の中で推進された。

社会福祉基礎構造改革3つの基本方針は以下の通りである。
①個人の自立を基本とし,その選択を尊重した制度の確立。
②質の高い福祉サービスの拡充。
③地域での生活を総合的に支援するための地域福祉の充実。
の3点に整理されている。また,2005（平成17）年5月に,「社会福祉の増進のための社会福祉事業法等の一部を改正する等の法律」の成立により,以下の5

点が改正されている。

①社会福祉事業法の名称および目的の改正

新法は社会福祉法となり，目的に，福祉サービス利用者の利益保護および地域福祉の増進を追加した。

②利用者の立場に立った社会福祉制度の構築

措置制度から契約方式による利用制度への転換がこの改革のもっとも大きな柱であり，戦後の措置制度の下で発展してきた社会福祉事業の基本的枠組みを大きく転換することになった。高齢者福祉分野でも，認知症の人達の権利擁護制度や苦情解決システムの導入が実施された。

③サービスの質の向上

社会福祉士および介護福祉士の教育の充実，サービスの質の向上に向けて，事業者の自己評価の実施や第三者機関の育成，事業の透明性の確保に向けた基盤整備を行う。

④社会福祉事業の充実・活性化

社会福祉事業に9事業を追加（福祉サービス利用援助事業，身体障害者相談支援事業，身体障害者生活訓練等事業，手話通訳事業，盲導犬訓練施設，知的障害者相談支援事業，知的障害者デイサービス事業，知的障害者デイサービスセンター，障害児相談支援事業）。社会福祉法人の設立要件の緩和，多様な事業主体の参入促進などを行う。

⑤地域福祉の推進

社会福祉事業の計画的促進，住民の自主的な活動と公的サービスの連携などを目的として，地域福祉計画の策定，知的障害者福祉等に関する事務の市町村への委譲，社会福祉協議会，共同募金，民生委員，児童委員の活性化を行う[1]。

これまで記述してきたように，社会福祉基礎構造改革の内容は，その後のわが国の社会福祉施策の方向を決定づけるものとなった。特に，障害児の福祉分野においては，経営面・支援面の両面において多大な影響を受けることになっている。

3）障害児施設の領域と実践課題
①障害児施設の実践課題

　1960年代までは，障害児で就学年齢に達した児童は入所施設を利用するケースが多く見られた。しかし，1979（昭和54）年の養護学校義務化により，基本的には，就学児期にある児童の全員が「日中は特別支援学校（旧養護学校）に登校し，夜間は家族と家庭で過ごす」という生活をする児童が一般化し，「障害児童は入所施設へ」という一般市民の認識は大きく変化していった。このことは，生まれた地域の学校へ通い，就職するのが「普通である」というノーマライゼーション理念の浸透が大きく影響していると予測されるが，その一方で多額の運営費や人件費を必要とする入所施設形式の建設を回避したいという国の政策的な考えも反映されている。

　加えて，これらの取り組みの背景には，日中は特別支援学校で教育を受けているので，保護者や家族の子育て支援や介護の負担が軽減したいというねらいもあった。これらの日中支援の充実や放課後の学童保育や施設におけるデイサービスの充実，学童保育までの送迎サービスの導入は，たしかに，障害児童を抱える家庭を支援し，負担感を軽減した。

　しかし，その一方で，近年，知的障害系のサービス受給対象児に発達障害（自閉症，ADHD，LD，アスペルガー症候群等）の障害を併せ持った児童の増加が著しいという報告が後を絶たない。特に，アスペルガー症候群の障害を有する児童が高学歴を得るために，短期大学や4年生大学で修学しているとの報告があり，地域社会の日常の中で，懸命に生き残りをかけて切磋琢磨している彼らの支援（家庭支援を含む）が重要な課題になってきていることを再認識する必要性が生じ始めている。

─ コラム ─

障害乳幼児に関する虐待状況

　厚生労働省が2012（平成24）年7月26日に公表した調査では，全国の児童相談所（児相）が2011（平成23）年度に対応した児童虐待（18歳未満）の相談件数は約6万件と，21年連続で過去最多を更新した。2005（平成17）年の改正児童福祉法で虐待通

告先となった市町村の要保護児童対策地域協議会（要対協）の件数と合わせると，年間約15万件と推測する関係者もいる。

　死亡件数も高い水準で推移している。2010（平成22）年4月から1年間の児童虐待による死亡は45件，51人。1週間に1人の割合で死亡した計算になる。0歳児が45%と半数近くを占め，3歳以下を合わせると8割以上になる。

　児童虐待には「身体的虐待」，「性的虐待」，「ネグレクト（育児放棄）」，「心理的虐待」の4つがあるが，死亡事例の調査では「身体的虐待」が62.7%，「ネグレクト」が27.5%と，この2つで9割を占めた。児相の相談件数では身体的虐待とネグレクトはほぼ同数である。

　また，加害者は「実母」が58.8%ともっとも多く，次いで「実父」が13.7%，「実母の交際相手」が7.8%。両親が7割強を占めている。実母が抱える問題としては「若年妊娠」や「望まない妊娠」が多かった。

出所：厚生労働省，2012年7月発表。

　たしかに，発達障害のある児童の中の一部は，**行動障害**の激しい児童も散見される。また，他害，自傷行為，睡眠障害等の問題行動が目立つ児童が多々見られる。このようなケースの場合は，学校と家族のみの支援では対応が困難なため，福祉サービスを利用する児童が増加している。あまりにも障害が重く，家族の支援能力を超えるような児童は，短期入所や入所施設を利用しているのが実態である。しかし，前述した通り多くの知的障害児（発達障害含む）は在宅の児童が多い（11.7万人：2008〔平成20〕年厚生労働省社会援護局障害保健福祉部）。

―重要語解説―

行動障害

　発達障害を持った人たちの環境へのいちじるしい不適応を意味し，激しい不安，興奮，混乱の状態で，結果的には，多動，疾走，奇声，自傷，固執，強迫，攻撃，不眠，拒食，異食などの行動上の問題が日常生活の中で出現し，現状の養育環境では処遇困難なものをいい，そうした行動面から定義する群である。行動障害は，その人が生来的に持っている資質そのものではなく，適切な働きかけをすることで軽減することが可能である。

出所：『社会福祉用語辞典』中央法規出版，2012年を参考にして，筆者作成。

　近年，経済生活が不安定な理由から，障害児のいる母子家庭の母親も労働し

ているケースが多く，放課後障害児童の受入れ先の不足が問題として浮上してきている。通常は放課後対策としては，障害者自立支援法で定められている**地域生活支援事業**の中にある日中一時支援事業のひとつである一時預かりを利用しているケースが多々見られる。

重要語解説

地域生活支援事業

　障害者自立支援法にもとづき，障害者，障害児が自立した日常生活や社会生活を営むことができるよう支援を行う事業。地域の特性や利用者の状況に応じた柔軟な事業形態による事業を効率的・効果的に実施する。市町村が実施主体となる市町村地域生活支援事業，都道府県が実施主体となる都道府県地域生活支援事業がある。
　出所：『社会福祉用語辞典』中央法規出版，2012年を参考にして，筆者作成。

　その中で短期入所に関しては，原則として宿泊可能な事業所のみしか認められていないことから，宿泊をともなわない冠婚葬祭や緊急時の一時預かりは**日中一時支援事業**を利用している児童が一般的である。しかし，日中一時支援事業は，市町村事業のため財政面の格差のためサービス支給量に格差があり，保護者や支援者サイドで問題になっている。基本的には，全国どこに居住していても，均等な福祉サービスを受給できる体制準備されているのが普通である。これらの問題の他に，短期入所を原則として宿泊ケースのみに限定していることについても改善が必要である。なぜなら，夜間のみの2〜3時間程度預かってもらいたい時に短期入所事業しか活用できるサービスがないために，児童，保護者共に希望していないのに宿泊しなければいけない矛盾が生じているからである。これらのさまざまな課題の解決が急がれる。

重要語解説

日中一時支援事業

　障害児を介護している家族が，社会的理由または私的理由により在宅における介護が一時的に困難になった場合に，日中一時支援事業により，日中活動の場を提供し在宅の障害児等およびその家族の介護の負担の軽減を図る。

出所:『社会福祉用語辞典』中央法規出版,2012年を参考にして,筆者作成。

　わが国の医療型障害児入所施設（旧重症心身障害児施設,第一種自閉症施設,肢体不自由児施設,以下略す），は世界に比較しても水準の高い療育を実現している。

　特に,重症心身障害児に関するケアの水準の向上はめざましいものがある。たとえば近年の医学技術の進歩により従来では困難とされていた児童の生命維持や支援が可能となり,医療型入所施設において,気管切開やレスピレータ（人口呼吸器）などの呼吸管理を必要とする医療が提供され生命維持が可能となっているが,医療型障害児入所施設における重症心身障害児のQOL（生活上の質）の問題は,今後の大きな支援課題とされている。

　また,医療型障害児入所施設は児童福祉施設だが,年齢制限が設定されていない。主な理由としては,障害があまりにも重度のため,他の施設,機関で対応することが困難なこと,および医療型障害児入所施設が医療機関も兼ねている理由からである。このため,医学の進歩にともない利用者が長期にわたって継続支援されることが多いことから,自ずと高齢化の問題から逃れることはできなくなりやすい。基本的には,医療型障害児入所施設とはいえ,位置づけは通過型施設である。現状を見れば,通過型施設が終身利用施設化している。

　次に問題になっているのが,地域福祉の流れで在宅の重症心身障害児も増加していることである（推計2万5千人：財団法人日本訪問看護振興財団「重症心身障害児者の地域生活支援のあり方に関する研究調査事業報告」）。そのため,地域に通所可能な事業所や支援機関が必要に迫られている。実情から言えば,旧制度の通園タイプB型施設（原則として,障害児〔者〕施設等,主に知的障害者援護施設等において,施設運営に支障のない程度の人数〔1日の利用人員は5名を標準とする〕を受け入れるもの）はある。しかし,重症心身障害を抱える児童のニーズを充足しきれない状況を抱えている。都道府県によっては,やむを得ない緊急措置として重症心身障害児を他の種別の障害児施設等で対応しているところもあるが,決して医療や健康の管理を含めて十分な対応が行われているとは言い難い状況

が散見される。また，僻地や地方都市など，重症心身障害児が住んでいる居住地の近隣に医療型入所施がなく，施設サービスを利用できにくいケースも発生している。

事 例 (3)

大志君（7歳：仮名）は，自閉的障害と軽度の知的障害がある。現在，近隣の特別支援学校の小学校2年生である。家族構成は，父41歳，母39歳，妹5歳（保育園児）である。父は，レストランに勤務していたが，4か月後に会社を退職し独立してうどん店を自営で始める予定である。数年前から準備をしていたことで，母も一緒に店を手伝うことになっていた。当初，大志君の放課後は祖母（母方）に預ける予定にしていたが，祖母が体調を崩してしまい大志君の放課後の対応が必要になってきた。

市の担当課に相談すると，社会福祉法人さくら会（仮名）が日中一時支援事業を実施しているという情報提供があった。社会福祉法人さくら会からは，大志君の利用についての承諾は得ることができた。しかし，市の対応は，財政状況がきびしく支給量が3日であるという回答だったのである。自営のため，週末も営業しなければいけないので支給量が不足し，社会福祉法人さくら会の日中一時支援のみでは大志君の放課後対策に不安が残ることになってしまった。そのような折，大志君のクラスメート武士君は隣の市に住んでおり，家庭状況は類似しているが支給量は大志君よりも多く，支障はないということを武士君の保護者から伝え聞いた。大志君の母親は，同じような障害のある児童の同一の事業のサービス水準が住んでいる自治体で違いがあることに強い疑問を抱いてしまった。

4）障害者虐待防止法
①障害者虐待防止法成立

障害者（児）に対する虐待は，年々増加している。この事態は「①障害児施設の実践課題」のコラムで示唆した通りである。

虐待は，被害者の人格の尊厳を害するものであり，極めて劣悪なケースでは生命にもかかわるものもある。死亡事件も散見される。したがって，「障害者の自立と社会参加」を遂行する上において，障害児の虐待防止は重要な事柄となっている。

しかも，障害の程度が重い児童が，告発・通知することは不可能に近い。特に，入所型の事業所等を利用しているケースでは，虐待の事実が発覚しにくい事態も想定される。これらを背景として，国は障害者虐待の防止に対応するた

めに，2011（平成23）年6月17日に「障害者虐待の防止，障害者の養護者に対する支援等に関する法律」（以下，障害者虐待防止法と記す）を成立させ，2012（平成24）年10月1日から施行している。

②障害者虐待の定義

障害者とは，障害者基本法第2条第1号に規程する障害者である。障害者とは，「身体障害，知的障害，精神障害，発達障害，その他心身の機能の障害がある者であって，障害及び社会的障壁により継続的に日常生活または社会生活に相当な制限を受ける状態にあるもの」と規定しており，障害者手帳を持っていない人も対象となる。障害者虐待防止法における障害者には，18歳未満の児童も対象になっている。児童に対しては，総則等の全般的な規定は障害者虐待防止法に規程しているが，通知や通報に対する虐待対応については，**児童虐待防止法**が適用される。

重要語解説

児童虐待防止法

　正式な法律名は「児童虐待の防止等に関する法律」児童虐待の増加・顕在化にともない，2000（平成12）年5月に議員立法により成立し，同年11月に施行された。児童虐待について，第1に具体的に4項目の類型に分け，どういう行為が虐待に該当するかが規定されている。第2に国および地方公共団体の責務として，関係機関連携等の体制整備，人材の確保およびその資質の向上に関する措置をとること。第3に広報および啓発活動の展開等について規定している。第4に，通告をうけた児童相談所の速やかな対応義務，児童福祉法第29条の立入調査の要件の緩和，警察の援助，保護者に対する児童福祉司の指導，児童福祉法第28条にもとづく入所の場合の面会，通信の制限等が規定されている。
出所：山縣文治・柏女霊峰編『社会福祉用語辞典』ミネルヴァ書房，2012年を参考にして，筆者作成。

福祉施設従事者等による虐待，使用者による虐待の3類型に分けている（法第2条第2項）。法第3条では，「何人も，障害者に対し，虐待をしてはならない」と規定し，加害者側の身分等に関しては範囲を拡大している。

養護者とは，身辺の世話や身体介助，金銭の管理などを行っている障害者の

家族，親族，同居人等が該当する。障害者福祉施設従事者とは，「障害者支援施設」または「障害福祉サービス事業所等」にかかわる業務に従事する者である。使用者とは，障害者を雇用する事業主または事業の経営者等である。派遣先事業所の場合の事業主も含まれる。

以上が虐待に該当する具体的な行為である。

5）障害者虐待への対応

障害者に対する虐待の発生予防や虐待が起きた場合の対応の重要なポイントとしては以下のような対応が必要とされる。

①虐待を未然に防ぐための対策

一度虐待が生じてしまうと，被害者の体と心を深く傷つけてしまいかねない。また，虐待の発生は，「法律や倫理」を周知のうえで実行されることが一般的なので，習慣性が危惧される。したがって，もっとも大切なことは未然に防止することである。このためには，住民や関係者に広く障害者虐待防止法の周知や障害者の権利擁護の必要性，障害や障害者虐待に対する理解の浸透を図ることが重要となる。その一方で障害者本人や家族など孤立を防ぐネットワークを築き，介護ストレスや養育上の悩みなどからの解放に努める必要がある。加えて，必要な福祉サービス利用を促進する等の養護者等の負担軽減を図る必要がある。

②虐待の早期発見・早期対応

障害者虐待への対応は，問題が深刻化する前に早期に発見し障害者や養護者等に対する支援を開始することが重要である。このためには，通知義務を周知していくことが必要である。また，障害者虐待防止法では，国，地方公共団体の他（第6条第1項），保健・医療・福祉・労働等の関係者も虐待の早期発見に努めることとされている（第6条第2項）。これらの関係者は，虐待問題を抑制する必要性を強く意識する必要がある。さらに，地域のネットワークを緊密に図ることも重要である。虐待は夜間や休日など，日常的に発生する事態も想定されるので，いかなる状況下においても，相談，通知，緊急保護等の対策を講じることが可能な体制を整えておく必要がある。

参考資料　障害者虐待の例

区　分	内容と具体例
身体的虐待	暴力や体罰によって身体に傷やあざ、痛みを与える行為。身体を縛りつけたり、過剰な投薬によって身体の動きを抑制する行為。 【具体的な例】 ・平手打ちする　・殴る　・蹴る　・壁に叩きつける　・つねる　・無理やり食べ物や飲み物を口に入れる　・やけど　・打撲させる　・身体拘束（柱や椅子やベッドに縛りつける、医療的必要性にもとづかない投薬によって動きを抑制する、ミトンやつなぎ服を着せる、部屋に閉じこめる、施設側の管理の都合で睡眠薬を服用させるなど）
性的虐待	性的な行為やその強要（表面上は同意しているように見えても、本心からの同意かどうかを見きわめる必要がある）。 【具体的な例】 ・性交　・性器への接触　・性的行為を強要する　・裸にする　・キスする　・本人の前でわいせつな言葉を発する、または会話する　・わいせつな映像を見せる
心理的虐待	脅し、侮辱などの言葉や態度、無視、嫌がらせなどによって精神的に苦痛を与えること。 【具体的な例】 ・「バカ」「あほ」など障害者を侮辱する言葉を浴びせる　・怒鳴る　・ののしる　・悪口を言う　・仲間に入れない　・子ども扱いする　・人格をおとしめるような扱いをする　・話しかけているのに意図的に無視する
放棄・放任	食事や排泄、入浴、洗濯など身辺の世話や介助をしない、必要な福祉サービスや医療や教育を受けさせない、などによって障害者の生活環境や身体・精神的状態を悪化、または不当に保持しないこと。 【具体的な例】 ・食事や水分を十分に与えない　・食事の著しい偏りによって栄養状態が悪化している　・あまり入浴させない　・汚れた服を着させ続ける　・排泄の介助をしない　・髪や爪が伸び放題　・室内の掃除をしない　・ごみを放置したままにしてあるなど劣悪な住環境の中で生活させる　・病気やけがをしても受診させない　・学校に行かせない　・必要な福祉サービスを受けさせない・制限する　・同居人による身体的虐待や心理的虐待を放置する
経済的虐待	本人の同意なしに（あるいはだますなどして）財産や年金、賃金を使ったり勝手に運用し、本人が希望する金銭の使用を理由なく制限すること。 【具体的な例】 ・年金や賃金を渡さない　・本人の同意なしに財産や預貯金を処分・運用する　・日常生活に必要な金銭を渡さない・使わせない　・本人の同意なしに年金等を管理して渡さない

出所：「障害者虐待防止マニュアル」NPO法人PandA+J．を参考に筆者作成。

③障害者の安全確保

障害者虐待に関する通知等の中には，障害者の生命にかかわるような緊急なケースもある。このようなケースを確認した場合は，警察や児童相談所等に緊急連絡を行い，被虐待児童の安全確保を第一にすべきである。

④障害者の自己決定権の支援と養護者の支援

被虐待障害児が，本来持っている生きる力や自信を失っている場合や精神的なゆらぎを示すことはめずらしくない。支援者は，障害者が将来に向けて主体的に生活していけるように，生活全体への支援継続的な支援を心掛けながら，対象障害児童が本来持っているプラスの力や秘めている可能性を引き出すかかわりを行い（エンパワメント），本人の自己選択・自己決定を促したり支援したりする視点が必要である。その一方で，加害者である保護者や養育者を排除するだけでは解決できない問題を隠し持つケースが散見されることから，心理的なアプローチや彼らが抱え持つ悩み・課題の解決・緩和を遂行するためにファミリーソーシャルワークなどを実施し，本質的な問題解決を模索する必要がある。

重要語解説

エンパワメント

　社会福祉援助活動（ソーシャルワーク）において，利用者，利用者集団，コミュニティなどが力を自覚して行動できるような援助を行うこと。利用者などの主体性，人権等が侵害されている状態において心理的，社会的に支援する過程をいう。その目的は，侵害されている状態に対して，利用者，集団，コミュニティ等が自律性を取り戻し，その影響力，支配力を発揮できるようにするところにある。

　1980年代以降，アメリカ，イギリスを中心に発展してきた手法であるが，現在では社会福祉援助活動の動向として位置づけられている。

出所：『社会福祉用語辞典』中央法規出版，2012年を参考にして，筆者作成。

6）障害者虐待の判断ポイント

障害者に対する虐待の判断を行う場合の，重要なポイントとしては以下のような点がある。

①虐待をしているという「自覚」は問わない

　虐待をしている側が，自分が行っている行為が虐待に該当するということを自覚していない場合がある。たとえば，しつけ，指導，療育の名の下に虐待行為が行われている場合がある。そのために，虐待者サイドに自分たちが障害児童に虐待しているという自覚がないことから，虐待行為自体の非社会性が自覚できていない事態に陥りやすいので，深刻な虐待に陥るケースが多い。このような無自覚な虐待ケースでは，加害者側にその行為自体が虐待に該当することを認識させる必要がある。

②障害者本人の「自覚」は問わない

　知的，精神障害の場合は，障害特性から自分のされていることが虐待だと認識できにくい人も多くいる。障害者自身も恐怖感，無力感等のため本人から訴えが少ないケースが多い。そのために，支援者の積極的な介入が必要である。

③家族等の意向が障害者本人のニーズと異なる場合がある

　福祉事業所や就労現場で発生した虐待の場合，家族等が正確に事実を把握せず，障害者を預かってもらっているという意識のため虐待に対して告発しないケースも多く見られる。支援者は，客観的事実を把握し，適切な支援を行う必要がある。

④虐待の判断はチームで行う

　障害者虐待の判断等については，支援者個人の判断は避け機関として判断し対応すべきである。客観的に事実確認が必要であることから，個人の対応よりは組織で対応すべきである。虐待という反社会的な問題の性質上，支援者個人の過度の負担は避けるべきである。

⑤立入調査

　障害者虐待の通知等があった場合は，緊急度が高いケースでは立入調査が必要になる。

　障害者虐待により障害者の生命または身体に重大な危険が生じているおそれがあると認められる時は，市町村長は，担当部局の職員に，虐待を受けている障害者の住所や居所に立入，必要な調査や質問をさせることができるとされて

いる（法第11条第1項）。

　また，立入調査の際に障害者の生命または身体の安全確保をすることに緊急性がある場合は，警察の援助を求めることができる（法第12条)[(2)]。

事　例　(4)

　望ちゃん7歳（仮名）は，中程度の知的障害がある。家族構成は父親36歳，母親34歳である。父親は，建設会社に勤務していたが，不況のためリストラになり，現在は日雇いの仕事をしている。以前から酒が好きで泥酔して，トラブルを起こして警察に通報された経験がある。リストラ後は，朝から飲酒し母親に暴力をふるうことも多くなっている。望ちゃんの前で，DV行為が多くなり，その場面で望ちゃんが泣くので，最近では望ちゃんにも暴力をふるうことが増えてきた。母親も，軽度の知的障害があるため具体的な解決のための行動がとれない状況である。地域の民生委員が，福祉事務所に通報し，児童相談所の担当者も加わり会議が数回開催された。父親は，注意を受けるたびに謝罪するが，しばらくすると，同様の行為が繰り返されている。関係者会議では，分離が必要と判断し母親と望ちゃんを母子自立支援施設に入所することを母親にアドバイスし，母親も承諾した。

---

⑥児童福祉法改正

　障害者自立支援法は，成立してから諸々の問題があるため，廃止が決定したが，新しい法律が成立するまでの期間の問題改善のため「障がい者制度改革推進本部における検討をふまえて障害者等の地域生活を支援するための関係法律の整備に関する法律」という法律が成立し，児童福祉法も一部改正され，2012（平成24）年4月に障害児に関する制度等が変更された。

　この児童福祉法改正は，基礎構造改革の流れを汲むものであり，今後，新たな施策へ進む改革の一部であると捉えることができる。

　児童福祉法改正の内容については「図6－1　障害児施設・事業の一元化イメージ」に示してある。改正のテーマは，「身近な地域で質の高い支援を必要とする児童が療育を受けられる場の提供」においている。

　見直しのポイントとしては，①施設・事業所が障害児の状態等に応じて柔軟に対応できる仕組みにする。②通所施設・事業所に関しては，量的拡大を図る観点から，できる限り規制緩和する。③障害特性に応じて，専門的な支援が引

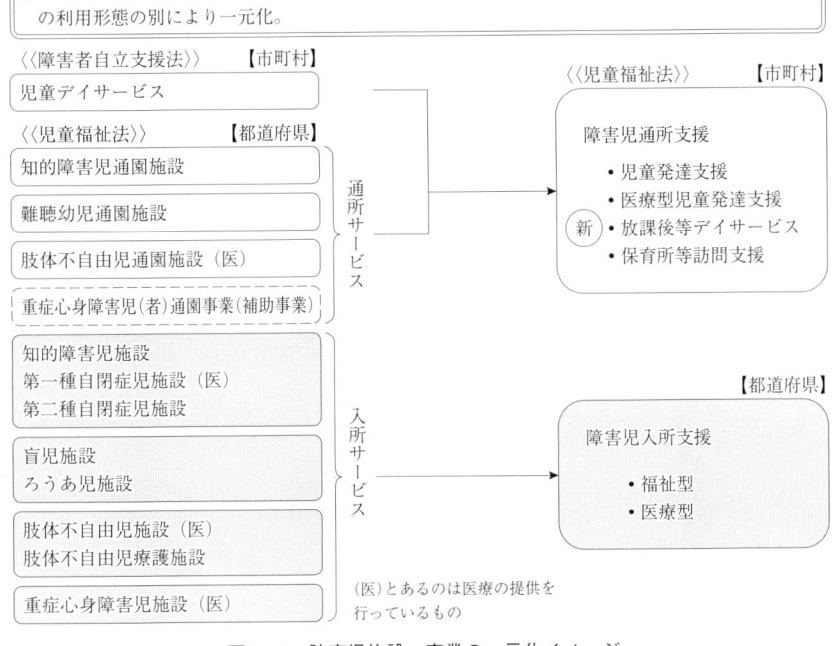

○ 障害児支援の強化を図るため，現行の障害種別ごとに分かれた施設体系について，通所・入所の利用形態の別により一元化する。

〈〈障害者自立支援法〉〉　【市町村】
児童デイサービス

〈〈児童福祉法〉〉　【都道府県】
知的障害児通園施設
難聴幼児通園施設
肢体不自由児通園施設（医）
重症心身障害児(者)通園事業(補助事業)

通所サービス →

〈〈児童福祉法〉〉　【市町村】
障害児通所支援
・児童発達支援
・医療型児童発達支援
新 ・放課後等デイサービス
・保育所等訪問支援

知的障害児施設
第一種自閉症児施設（医）
第二種自閉症児施設

盲児施設
ろうあ児施設

肢体不自由児施設（医）
肢体不自由児療護施設

重症心身障害児施設（医）

入所サービス →

【都道府県】
障害児入所支援
・福祉型
・医療型

(医)とあるのは医療の提供を行っているもの

図6-1　障害児施設・事業の一元化イメージ
出所：厚生労働省，障害保健福祉関係主管課長会議等資料（2011年3月22日開催）。

き続き提供できる仕組みとする。特に，重症心身障害については，児者一貫した支援を確保する。④18歳以上の障害児施設入所者が，必要な障害福祉サービスを受けることができるよう障害者福祉サービスの基準設定に当たって配慮する。必要に応じて，障害福祉サービスと一体的に行うことができる仕組みを工夫する。以上のようなねらいをもって，児童福祉法の改正が行われた。

　具体的には，障害種別等で分かれている施設の一元化を目的として，身体に障害のある児童，知的障害のある児童または精神に障害のある児童（発達障害を含む）が該当する。なお，福祉サービス提供の対象としては，障害手帳の有無を問わず，児童相談所，市町村保健センター，医師により療育の必要性が認められた児童も対象となるとしている。

　障害児への施設支援は，これまで障害の種類別に必要とされる支援が行われ

○事業の概要
・保育所等を現在利用中の障害児,又は今後利用する予定の障害児が,保育所等における集団生活の適応のための専門的な支援を必要とする場合に,「保育所等訪問支援」を提供することにより,保育所等の安定した利用を促進。

○対象児童
(法) 保育所や,児童が集団生活を営む施設に通う障害児
※「集団生活への適応度」から支援の必要性を判断
発達障害児,その他の気になる児童を対象

個別給付のため障害受容が必要 ⇒ 相談支援事業や,スタッフ支援を行う障害児等療育支援事業等の役割が重要

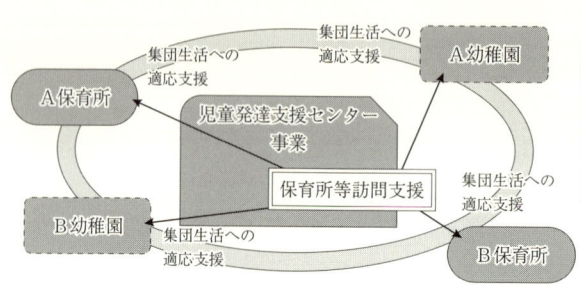

○訪問先の範囲
(法)
・保育所,幼稚園,認定こども園,小学校,特別支援学校,その他児童が集団生活を営む施設として,地方自治体が認めたもの

（中央の図：児童発達支援センター事業／保育所等訪問支援 を中心に、A保育所・A幼稚園・B幼稚園・B保育所へ「集団生活への適応支援」）

○提供するサービス
(法) 障害児が集団生活を営む施設を訪問し,当該施設における障害児以外の児童との集団生活への適応のための専門的な支援その他の便宜を供与。
①障害児本人に対する支援（集団生活適応のための訓練等）
②訪問先施設のスタッフに対する支援（支援方法等の指導等）

・支援は2週に1回程度を目安。障害の状況,時期によって頻度は変化。
・訪問担当者は,障害児施設で障害児に対する指導経験のある児童指導員・保育士（障害の特性に応じ専門的な支援が必要な場合は,専門職）を想定。

図6-2 保育所等訪問支援のイメージ（案）
出所：厚生労働省,障害保健福祉関係主管課長会議等資料（2011年6月30日開催）。

てきたが,障害者自立支援法のもとで見直しが行われ,入所型の施設については「障害児入所施設」として「福祉型障害児入所施設」,「医療型障害児入所施設」の2つに分類されることとなった。

通園型の施設については,「児童発達支援センター」として,障害児入所施設同様に「福祉型児童発達支援センター」,「医療型児童発達支援センター」に分類されることとなった。さらに,「放課後等デイサービス」,「保育所等訪問指導」などの取り組みも行われることとなった（図6-2参照）。

サービスの提供主体は,これまで都道府県とされてきたが,今後は市町村に

移管されることとなり，より身近な機関による充実した相談支援や支援サービスの提供が期待されている。

コラム

改正児童福祉施設の概要

　改正児童福祉施設の種類としては，乳児院や児童養護施設，児童自立支援施設，情緒障害児短期治療施設，母子生活支援施設および障害児関係施設がある。
　その中で障害児施設は，保護，日常生活の指導，知識技能の付与を行う福祉型障害児入所施設と，保護，日常生活の指導，独立自活に必要な知識技能の付与および治療を行う医療型障害児入所施設の2つに分類されている。
　これらを詳細に説明すると，福祉型障害児入所施設には従来の知的障害児施設や第2種自閉症児施設，盲ろうあ児施設と呼ばれていた施設がある。また，医療型障害児入所施設には，従来の，肢体不自由児療護施設や第1種自閉症児施設，肢体不自由児施設，重症心身障害児施設と呼ばれていた施設がある。
　障害児通所支援には，児童発達支援や医療型児童発達支援，放課後等デイサービス，保育所等訪問支援がある。

---

⑦障害児者福祉に関する法制度の今後の方向性（障害者自立支援法から障害者総合福祉法へ）

　2009（平成21）年9月9日の連立政権合意において，現行の「障害者自立支援法」を廃止し，「制度の谷間」がなく，利用者の応能負担を基本とする総合的な制度をつくる方向性が示された。また，2009（平成21）年12月8日に内閣に「障がい者制度改革推進本部」が設置され，2010（平成22）年1月12日に第1回「障がい者制度改革推進会議」が開催されている。加えて，同年4月12日付，障がい者制度改革推進会議決定により，4月27日に第1回「障がい者制度改革推進会議総合福祉部会」が開催されている。

　これらの会議や部会を経て，立法化が進められているのが，いわゆる「総合福祉法」である。この法律のポイントは6つある。

1．障害のない市民との平等と公平

　障害者と障害のない人の生活水準や暮らしぶりを比べる時，そこには大きな隔たりがある。障害は誰にでも起こりうるという前提に立ち，障害があっても

市民として尊重され，誇りを持って社会に参加するためには，平等性と公平性の確保が何よりの条件となる。障害者総合福祉法がこれを裏打ちし，障害者にとって，そして障害のない市民にとっても新たな社会の到来を実感できるものとする。

　2．谷間や空白の解消

　障害の種類によっては，障害者福祉施策を受けられない人がたくさんいる。いわゆる制度の谷間に置かれている人たちである。また，制度間の空白は，学齢期での学校生活と放課後，卒業後と就労，退院後と地域での生活，働く場と住まい，家庭での子育てや親の介助，消費生活など，いろいろな場面で発生している。障害の種別間の谷間や制度間の空白の解消を図っていく。

　3．格差の是正

　障害者のための住まいや働く場，人による支えなどの環境は，地方自治体の財政事情などによって，質量ともに大きく異なっている。また，障害種別間の制度水準についても大きな隔たりがある。どこに暮らしを築いても一定の水準の支援を受けられるよう，地方自治体間の限度を超え合理性を欠くような格差についての是正を目指す。

　4．放置できない社会問題の解決

　世界でノーマライゼーションが進む中，わが国では依然として多くの精神障害者が「社会的入院」を続け，知的や重複の障害者等が地域での支援不足による長期施設入所を余儀なくされている。また，公的サービスの一定の広がりにもかかわらず障害者への介助の大部分を家族に依存している状況が続いている。これらを解決するために地域での支援体制を確立すると共に，効果的な地域移行プログラムを実施する。

　5．本人のニーズにあった支援サービス

　障害の種類や程度，年齢，性別等によって，個々のニーズや支援の水準は一様ではない。個々の障害とニーズが尊重されるような新たな支援サービスの決定システムを開発していく。また，支援サービスを決定する時に，本人の希望や意思が表明でき，それが尊重される仕組みにする。

6. 安定した予算の確保

　制度を実質化させていくためには財政面の裏打ちが絶対的な条件となる。現在の国・地方の財政状況はきわめて深刻であるため，障害者福祉予算を確保するためには，給付・負担の透明性，納得性，優先順位を明らかにしながら，財源確保について広く国民からの共感を得ることは不可欠である（厚生労働省2011〔平成23〕年8月30日障がい者制度改革推進会議総合福祉部会報告書参照）。

　こうした点をふまえ，障害者自立支援法の見直しが行われ，新たに「障害者総合支援法」が制定され2013（平成25）年4月1日より障害者への福祉に関する支援を行うこととなった。

〈注〉
(1)　山縣文治・柏女霊峰『社会福祉用語辞典』ミネルヴァ書房，2006年。
(2)　厚生労働省「市町村・都道府県における障害者虐待の防止と対応冊子」2012年。

〈参考文献〉
PandA-J 権利擁護・成年後見プロジェクト『障害者虐待防止マニュアル』NPO 法人 PandA-J。

(3) 情緒・行動系施設の療育と実践課題

1) 情緒障害児短期治療施設

　情緒障害児短期治療施設は，1961（昭和36）年に児童福祉法が改正され，規定された児童福祉施設である。同法によれば情緒障害児短期治療施設とは，「軽度の情緒障害を有する児童を，短期間，入所させ，又は保護者の下から通わせて，その情緒障害を治し，あわせて退所した者について相談その他の援助を行うことを目的とする施設とする（第43条の5）」とされている。同法第48条の2の規定にもとづき，地域の住民に対して児童の養育に関する相談に応じ，助言を行うように努める役割もある。

　情緒障害児短期治療施設の対象は，児童福祉法の規定では，年少の非行少年が対象とされていたが，現在は，発達障害を抱える子どもや保護者から虐待を受けた子どもまでその対象が広がっている。情緒障害児短期治療施設の定員数は図6-3に示す通りである。

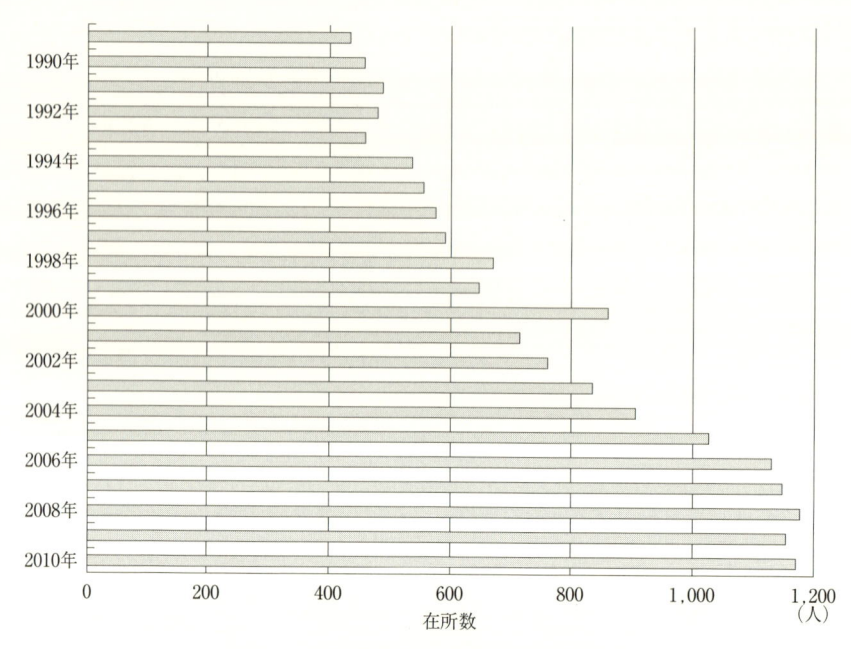

図6-3 情緒障害児短期治療施設定員数推移
出所：厚生労働省「社会福祉施設等調査」より筆者作成。

　ここでいう情緒障害とはさまざまな状態を指しており，文部科学省によれば，「情緒の現れ方が偏っていたり，その現れ方が激しかったりする状態を，自分の意志ではコントロールできないことが継続し，学校生活や社会生活に支障となる状態」を指す障害としている。それは，心理的困難や苦しみを抱え日常生活に困難さを感じている心理的治療が必要な子どもたちも含まれる。また，情緒障害は，さまざまな要因で起こり得る障害であり，アスペルガー症候群や高機能自閉症，学習障害，注意欠陥多動性障害などの発達障害を抱える子どもたちに，二次的障害としても配慮される障害である。発達障害は脳機能の障害とされ，保護者のしつけや教育環境が要因で発生する障害ではない。しかし，発達障害は，コミュニケーションがとりづらいこと，考えが偏ってしまうことなどから周囲とトラブルを起こす場合がある。また，発達障害は学童期まで気づかれないこともあり，問題行動に対して，きびしい指導や非難を受ける場合が

表6-10 情緒障害児短期治療施設入所援助の主な一日の流れ

時　間	日　課	内　　　　容
7:00	起　床	
7:30	朝　食	
8:30	登校・始業	本校もしくは施設内にある分校に登校する。
	授　業	※登校がむずかしい子どもは、職員と学習を行ったり、心理療法が行われたり、個別対応のプログラムが進められる。
12:00	昼　食	
	授　業	
15:00	下　校	｝子どもの状態に応じて、自主学習や心理療法、遊びなどの個別的な対応がなされる。個別だけでなく、集団遊びなども行われる。
	夕　食	
18:00	自由時間	｝子ども同士の自由遊びなどのだんらんする時間でもり、入浴もすませる。
21:00	就　寝 （小学生）	
22:00	就　寝 （中学生）	

出所：参考文献や筆者インタビューから筆者作成。

ある。それが要因で情緒障害を引き起こす恐れがある。発達障害は早期に発見し早期に療育をしないと情緒障害のような二次的障害を引き起こし、ますます支援がむずかしいとされている。

　情緒障害児短期治療施設の対象となる年齢は、おおむね学童期から18歳までである。必要があれば、20歳に達するまでの措置延長が可能である。現在、情緒障害児短期治療施設では、入所児の高年齢化が進んでおり、年齢に合わせた支援内容の充実が求められている。

　児童福祉施設の設備および運営に関する基準では、情緒障害児短期治療施設には、医師、心理療法担当職員、児童指導員、保育士、看護師、個別対応職員、家庭支援専門相談員、栄養士および調理員の配置が義務づけられている。ただし、調理業務の全部を委託する施設にあっては、調理員を配置しないこともできる。児童養護施設と配置される職員と比較すると、心理的支援をする側面から、心理療法担当職員の配置が義務づけられているのが特徴である。心理担当

職員の数は,おおむね児童10人につき1人以上が配置される。また,児童指導員および保育士の総数は,おおむね児童5人につき1人以上が配置される。

　情緒障害児短期治療施設における心理治療は,定期的に行われ,遊戯療法(プレイセラピー)やカウンセリングなどを通じて,情緒の安定を図るよう援助を行う。遊戯療法は,子どもを対象とし,プレイルームなどで玩具や遊具を用いて,遊びを通して,子どもの心理的状態の分析,子どもと治療者の関係づくりを目的とする心理療法のひとつである。

　情緒障害児短期治療施設の援助形態には,入所援助と通所援助がある。それぞれ援助形態は異なるが,子ども一人ひとりに自立支援計画[1]が作成され,計画にもとづいて支援が行われる。入所援助には,生活指導や心理治療,学校教育などの生活全般が治療となり,子どもとその家族を援助することが特徴的である。通所援助には,保護者のもとから対象児が情緒障害児短期治療施設に通い,必要な心理治療,学校教育を受ける。入所していた子どもが退所後にも援助を受けることを目的に通所援助を利用することもできる。通所援助の場合は,対象児が保護者のもとから情緒障害児短期治療施設に通うため,家庭と施設との連携および保護者からの協力が不可欠となる。

　また,情緒障害児短期治療施設の長には,入所児童を就学させる義務があり,学校教育との連携を行っている。情緒障害児短期治療施設には,施設から学校に通学する子ども以外に通学がむずかしい子どもも在所していることがほとんどである。そのような子どもたちに対して,情緒障害児短期治療施設によってさまざまであるが,施設の敷地内に学校教育形態として規定される分校や分級を設置していることが多い。分校とは,学校における本校から分離して設けられる教育施設であり,分級は,本校の学級の一部を別に設けて実施する教育形態のことである。本来であれば,学校に通学しなくてはならないが,軽度の情緒障害のため,学校に通学することがむずかしい子どもに対して,分校や分級による教育形態を利用することで,子ども一人ひとりの状態に応じた学習を行うことができる。

　以上をふまえた上で情緒障害児短期治療施設入所援助の1日の流れを表6-

10で確認したい。ただし、図6-4はあくまでも例であり、すべての施設が同様の生活リズムではないことを注意したい。

事 例（5）

「保護者による身体的虐待を受け、情緒障害児短期治療施設に入所した児童（宏くん）」

　小学校6年生（12歳）の宏くん（仮名）は、父親と母親との3人暮らしである。宏くんは、小学校4年生頃から、授業の内容を理解するのが遅れることが増え、まわりの友だちと喧嘩をすることが多くなり、学校も休みがちになってしまった。小学校5年生になるとまわりに対する暴言が増え、友達の文具を壊すことや万引きなどの問題行動が目立ち始めた。そのような問題行動に対して、父親は宏くんに体罰を加え更生させようとしていた。小学校6年生になると宏くんはまわりの友だちとも話すことはなくなり、教室の隅でひとりぼんやりすることが多くなった。宏くんの状態を心配した担任教師は、宏くんと話す中で、身体にいくつものあざを発見し、児童相談所に通告した。その後、宏くんは、児童相談所の判断により一時保護となり、その後、情緒障害児短期治療施設に入所することとなった。

　宏くんは施設に入所することに対して嫌悪感を抱き、入所当初から職員に対して暴言や暴力を振るい、入所している他の児童に対しても同様であった。また、施設から抜け出そうとすることもたびたびあり、問題行動は増加している傾向であった。宏くんは職員が指導される度に、「自分ばかりが怒られる」、「どうせ、やさしくしてもまた殴るんだ」と強く職員の対応を否定していた。

　入所して1か月ほど経つと、宏くんは、小学校の時と同様にだれとも話さず、部屋の隅にいることが多くなった。職員が遊戯療法を用いながら、宏くんと遊ぶと宏くんの方から「もう苦しいよ」、「暴れたくないよ」など職員に自身の心の苦しさを伝えることが多くなった。職員は、宏くんの心のつらさを肯定的に受け止め、宏くんが暴れようとすれば、すぐにそばに行き、優しく宏くんの気持ちを受け止めるよう心掛けた。すると宏くんは「悪いことしていないのにお父さんにずっとぶたれるんだ。もうあの家には帰りたくないし、お父さんにも会いたくないよ」と言うようになり、施設では問題行動が減少し、安定した生活を送るようになった。

　事例を見ると、宏くんは父親の身体的虐待により、自身の心は疲弊しており、それをだれにも打ち明けることができず情緒のバランスに障害が生じたことが考えられる。また、宏くんは情緒障害児短期施設に入所させられたことに対して嫌悪感を抱いており、入所当初は情緒の障害に悪化が見られ、そのために問

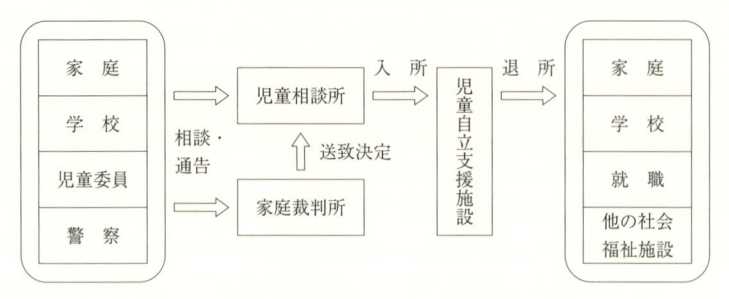

図6-4 児童自立支援施設の入所から退所までの流れ
出所：筆者作成。

題行動が増加していた。職員が宏くんの行動や疲弊した心を否定することなく肯定的に捉え，受け止めることで宏くんの情緒に安定が芽生え，宏くん自身のつらい気持を表すことができることにつながり，問題行動の減少にもつながっている。

　情緒障害児短期治療施設は，当初対象とされた年少の非行少年から，虐待を受けた子どもや発達障害を抱える子どもにまでその対象が広がっている。情緒障害児短期治療施設を利用する子どもの数は増加傾向にあるが，それに対して，情緒障害児短期施設の施設数は全国に非常に少ないのが現状である。厚生労働省の社会福祉施設等調査結果によれば，2010（平成22）年度現在は，37施設が確認されている。

　情緒障害児短期治療施設の名称の一部でもある「情緒障害」という言葉は，偏った考え方や差別的な対象といった誤解を招く恐れもあることから，法的には情緒障害児短期治療施設という名称ではあるが，地域に根づいた施設とするために「児童心理療育施設」と呼称する施設も増加している。現在，虐待を受ける子どもや発達障害を抱える子どもは，発見方法の充実化により増加傾向にある。そのような中で情緒障害児短期治療施設に求められる期待は非常に大きいといえる。しかし，子ども一人ひとりに対する援助方法は，子どもの状況に合わせた援助のため，職員数の充実や増加する対象児を受け入れることができる施設の増設は急務な課題である。

2）児童自立支援施設

　児童自立支援施設とは，児童福祉法第44条の規定にもとづく「不良行為をなし，又はなすおそれのある児童及び家庭環境その他の環境上の理由により生活指導等を要する児童を入所させ，又は保護者の下から通わせて，個々の児童の状況に応じて必要な指導を行い，その自立を支援し，あわせて退所した者について相談その他の援助を行うことを目的とする施設とする」とされている。児童自立支援施設は，各都道府県に設置が義務づけられており，全国で58施設（国立2施設，都道府県立および市立54施設，私立2施設）が設置されている。入所から退所までの流れは図6－4に示す通りである。児童の入所は，児童福祉法の規定にもとづいて児童相談所が主に決定を行うが，少年法にもとづき家庭裁判所が決定を行う場合もある。

　施設定義に記述されている不良行為とは，少年活動規則第2条にその定義がなされており，「飲酒，喫煙，深夜はいかいその他自己又は他人の徳性を害する行為」を指している。児童自立支援施設の入所対象年齢は，小学校就学年齢から18歳に至るまでの児童とされているが，必要があれば20歳に達するまで入所を措置延長することができる。

　児童自立支援施設に入所している児童は，以前は不良行為をなし，またはなすおそれのある児童および生活指導を要する児童であったが，現在は，虐待などによる不適切な環境で養育を受け多くの問題を抱える子ども，知的障害，注意欠陥多動性障害や広汎性発達障害などの障害を抱える子ども，精神的な不安を抱える子どもも増加している。そのため，特別なケアを必要とする児童が増加しており，個別支援や心理治療などによるケアの充実が課題となっている。

　児童自立支援施設は少年院とは異なることを注意したい。少年院は，「家庭裁判所から保護処分として送致された者及び少年法第56条第3項の規定により少年院において刑の執行を受ける者を収容し，これに矯正教育を授ける施設とする」と少年院法第1条に規定されている。また，管轄機関も違い，児童自立支援施設は厚生労働省であり，少年院は法務省とされている。その大きな違いは，児童自立支援施設は児童福祉法にもとづく児童に対する支援とされ，少

表6-11　児童自立支援施設の平日と休日における1日の流れ

時　間	平　日	休　日
6:30	起　床	
7:00	寮内の掃除	
7:30	朝　食	起　床
8:00		朝　食
8:30	登校・始業	学習活動
	授　業	作業活動
	※分校が設置されている場合は登校し、そうでない場合はそのまま授業を行う。	自由活動など
	一時帰寮・昼食	
12:00	昼食後再び登校	昼　食
	授　業	
		自由活動
	帰　寮	学習活動
15:00	おやつ	
	クラブ活動	
	作業活動	
	学習活動	
	夕　食	
18:00		夕　食
	自由活動	
	就　寝	自由活動
21:00		
22:00		就　寝

出所：参考文献や筆者インタビューから筆者作成。

年院は、家庭裁判所から保護処分として送致された者や刑の執行を受ける者を収容し、矯正教育を授けるということである。

　児童自立支援施設では、1日の生活が例として表6-11のように流れる。児童自立支援施設では、入所児童が生活を過ごすための寮施設を設備しており、児童は、各年齢に応じて寮で生活をしながら生活指導を受けつつ、学習活動や

作業活動，自由時間を過ごす。また，教育については，地域の小・中学校の分校が設置されている場合は分校に登校し教育を受ける。また，義務教育後も児童自立支援施設に入所している子どもは高等学校や専門学校，就労先などの施設外での活動を勧める。

　児童自立支援施設では主に，入所児童の児童自立支援計画を作成し，その計画にもとづいて学校教育との連携や協働を図り，生活の中での治療・心理的ケアを行い，児童のライフサイクルに配慮しながら，対象児童の自立を促していく。また，対象児童の保護者や家族に対する支援も行う。さらに，入所児童が退所後も社会適応ができるよう児童本人はもちろん保護者や家族に対する支援を継続して行う。

事　例　(6)

食事の時間

　元気君（仮名，男児：12歳）は，父親から暴力を受け続け，母親は父親から嫌われたくないという気持ちから，元気君を父親の前で叩かれる日々が幼少期から続いていた。元気君は中学校にも通わなくなり，反社会的行動が増加した。しかし，父親からの暴行は悪化するばかりで，ついに元気君は両親を殺害する寸前まで暴行する事件を犯した。家庭裁判所での審判の結果，元気君は児童自立支援施設に入所することとなった。

　入所後の元気君は，まわりの児童に対して恐喝的な態度で接し，職員に対しても強い拒否反応を示していた。しかし，生活が続くうち，食事の時間だけはとても楽しそうに過ごすようになった。職員は元気君に対して献身的に接することを心掛け，元気君も少しずつ職員と話すようになった。ある日，職員は元気君に「元気くん，食事のとき楽しそうだね」と質問した。元気君は職員の質問に対して「そう見える　楽しくなんてないよ。俺，まともに食事なんてしたことないしね」と笑顔で答えた。元気君は職員に対して児童自立支援施設に入所してから初めて自分から笑顔で話した。元気君の笑顔は，今までの感じてきた家庭の温かみを初めて感じているように見えた。

【演習課題】

　次の課題についてあなたの考えをまとめ，レポートを作成してみよう。
1　「乳児院」に関して

①乳児院における0歳から就学前の子どもたちの入所支援はどうあるべきか。
　②乳児院の保育士として乳幼児の保育活動に参加するにはどのようなことが必要か。
　③乳児院から家族の元に帰る場合にはどのような援助が必要と考えられるだろうか。
　④乳児院から児童養護施設にいくケースと，里親委託になるケースについて，乳児院としてどのような準備が必要か3～4名のグループで話し合い，発表してみよう。
2　「児童養護施設」に関して
　①児童養護施設では，義務教育終了後に高校進学（専門学校含む）できない子どもは施設を出ることになる。15歳という年齢で社会に出ることは非常に厳しい状態である。いつからどのように進路指導が行われるべきなのか3～4人のグループで話し合い，発表してみよう。
　②あなたが児童養護施設の保育士として働くとしたら，どのような施設の形態で，どのような勤務形態で働きたいと思うか。
　③児童養護施設に入所している児童の自立に必要とされる支援にはどのようなことがあるかを考え，そのために必要な「自立支援計画」をたてる時のポイントを考える。
3　「母子生活支援施設」に関して
　①児童福祉施設で唯一，子どもと母親が生活する施設である。もし母親が入院し長期化するケースでは，子どもは児童養護施設に入所する事が多くなる（母子のどちらか一方が施設にいられない状態が生じた場合，そこにとどまることはできない）。親と子が一緒に生活する時までに児童養護施設でどのような支援が必要か3～4人のグループで話し合い，発表してみよう。
　②母親と子どもが生活することによる，メリットとデメリットを考えて3～4人のグループで話し合い発表してみよう。
4　情緒障害短期治療施設の対象は，年少の非行少年であったが，近年，発達障害を抱える子どもや虐待を受けた子ども対象となる場合が増加しています。

第 6 章 社会的養護の領域

どうして対象が変化してきたのか，ディスカッションをしてください。
5　情緒障害短期治療施設や児童自立支援施設ではどのような職種が働いているか，またその職種にはどのような役割があるのか調べてください。

〈注〉
(1) 児童養護施設，児童自立支援施設，情緒障害短期治療施設などの施設で入所している児童の自立支援を目的として作成される計画のこと。自立支援計画は策定が義務づけられており，児童相談所の指導のもと，児童や保護者の意向を尊重しながら，関係者が連携して作成する。
(2) ここでの送致は，家庭裁判所の処分として，対象者を少年院などに収容することを指す。
(3) 少年院で行われる教育を指しており，その目的は心身共に健全な少年の育成を目指し，在院者の社会適応性の向上である。教育には教科教育，職業の補導，適当な訓練および医療を授けるものとされ，生活指導や特別活動，保健体育などがある。

〈参考文献〉
小林英義・小木曽宏編『児童自立支援施設の可能性——救護院からのバトンタッチ』ミネルヴァ書房，2004年。
小林英義『児童自立支援施設の教育保障——救護院からの系譜』ミネルヴァ書房，2006年。
厚生労働省「社会福祉等施設調査」全国情緒障害児短期治療施設協議会『子どもの相談・治療ハンドブック』，2008年。

(第1節　大塚良一・第2節(1)　坂井　勉・第2節(2)　山本哲也・第2節(3)　大屋陽祐)

第7章
施設養護の実践

― 学習のポイント ―

　この章では、施設養護で行われている支援の実際を学んでいく。施設養護は家庭的養護の推進に大切な役割を持っている。乳幼児や児童をどのように施設の中で支援し育てているのかを、現場の実践を通して学び理解していく。また、実際のエピソードなどから施設を出たのちの支援や、就職や進学時での自立支援など、将来を見据えた支援のあり方について学ぶ。

第1節　施設養護の実践に求められる視点

　私たちが家庭や学校などの日常生活において、生きているよろこびを感じ取れるのはどのような時だろうか。家族がいて親戚もある、近所に友だちがいて学校には仲間もいる。このように人びととのつながりがあり、私たちは家族から愛され、近所や友だちからも愛され、認められて少しずつ成長していく。

　しかし、私たちのもっとも基本的な基礎集団である家族のもとで過ごすことができない子どもたちもいる。その原因として、近年では、虐待を受けた子どもたちが大きな社会問題となっている。また、母親の精神的疾患や離婚などにより家庭を失った子どもたちも増えている。このような子どもたちは社会的養護されなければならない子どもたちである。

　社会的養護には里親やファミリーホームなどの家庭養護と乳児院や児童養護施設などの施設養護がある。この施設養護でも近年、他者との関係性を回復させることや愛着障害を起こしている子などに関しては、大きな施設集団では対

応できないとされ，小規模なグループによるケアが求められている。2005（平成17）年3月30日付，厚生労働省雇用均等・児童家庭局長から「児童養護施設等のケア形態の小規模化の推進について」が出され小規模グループケアが実施された。このような小規模グループケアや，グループホーム（地域小規模児童養護施設，小規模グループホーム分園型など）を施設養護と家庭養護の間にある施設として家庭的養護と呼んでいる。

本章では，社会的養護のひとつの流れである施設養護について，その実践に求められる視点について考えていく。

施設養護の種類としては，乳児院，児童養護施設，児童自立支援施設，情緒障害児短期治療施設，母子生活支援施設と障害児関係施設がある。障害児関係施設は，保護，日常生活の指導，知識技能の付与を行う福祉型障害児入所施設と，保護，日常生活の指導，独立自活に必要な知識技能の付与および治療を行う医療型障害児入所施設に分かれる。福祉型障害児入所施設には従来，知的障害児施設，第2種自閉症児施設，盲ろうあ児施設と呼ばれていた施設がある。また，医療型障害児入所施設には，従来，肢体不自由児療護施設，第1種自閉症児施設，肢体不自由児施設，重症心身障害児施設と呼ばれていた施設がある。

児童福祉施設の子どもたちは望んで児童福祉施設に入所してくる子どもは少ない。また，家庭での育児放棄や虐待などにより，傷ついて入所してくる子どもも多い。したがって，子どもが安心して，安全に暮らすことができることができるような施設でなければならない。つまり子どもが安心して過ごせる視点に立った支援が望まれるということである。

子どもが安心して過ごせる施設運営を行うには子ども一人ひとりの状況を的確に把握できる職員体制が大切になる。特に，子どもの日常行動の中から子どもの心の動きを把握し，受止めることが大切である。

事 例 （1）

心を支えるとは

小学校4年生の正恵さんは（女児，仮名）児童養護施設に入所して1年がたつ。正恵さんは担当の山本保育士（仮名）を，色々な話ができるお姉さんのような存在に思

> えてきた。ある日のこと，正恵さんのお母さんが面会の最後に，「今度，○○遊園地に連れて行ってあげるから」と言って帰っていった。しかし，担当の山本保育士は少し不安の中にいた。なぜなら，正恵さんのお母さんは仕事が忙しく，面会に来られるような状況ではないことを感じていた。また，3か月ほど前に，学校の行事に来るといって，来ることができなかったことを思い出していた。
> 　約束の日，正恵さんは門のところでお母さんを朝の6時から待っていた。しかし，お母さんの姿はなく，とうとう夜の9時になっていた。その間，担当の山本保育士は何度もお母さんの携帯電話に連絡を入れたのだが，つながらなかった。
> 　夜寝る時に，正恵さんは山本保育士に「お母さん来なかった」とつぶやいた。山本保育士は正恵さんの気持ちがわかり，やるせない気持ちで「きっと，お母さんはお仕事が忙しかったのよ」と手を握りしめて話した。
> 出所：児童養護施設職員からの聞き取りから筆者作成。

　児童養護施設を利用している保護者の中には，子どもに不憫な思いをさせていると思っている人も多い。そのため，できない約束を子どもとしてしまう場合がある。保育士は保護者と子どもの両方の気持ちを理解し，子どもに寄り添うことが大切となる。

　施設養護には，子どもの生活の場を提供することと共に，親子関係の調整，将来の自立を見据えた支援（家庭養護への移行なども含めた），傷ついた子どもへの治療的支援などが求められている。しかし，これらの支援を行うには子どもたち一人ひとりを把握し，愛着関係が構築できる小集団での支援が必要である。

　また，施設養護には障害関係の施設もたくさんある。それぞれの施設では障害に合わせた生活環境を設定し障害児入所支援を行っている。障害児入所支援は，重度・重複障害や被虐待児への対応を図るほか，自立（地域生活移行）のための支援を充実させる方向で進められている。

　福祉型障害児入所施設では重度・重複化への対応や障害者施策につなぐための自立支援の機能を強化するなど，支援目標を明確化し，個別支援計画を踏まえた支援の提供を目指している。医療型障害児入所施設においては，専門医療と福祉が併せて提供されている現行の形態をふまえ，専門性を維持するか，または複数の機能を併せ持つことも可とし，支援内容について障害者施策に繋げる観点から見直し個別支援計画を踏まえた支援の提供を目指している。

障害児入所支援では障害の程度と家族の状態により，家庭での養育が困難な場合，家庭に代わって養育と日常生活訓練を行い，将来自立した生活ができるよう支援することを目的としている。自立は，一般に経済的自立，社会的自立，人間的自立の3つと言われる。児童福祉法では「児童が社会人として生活していくための総合的な生活力」と定義している。

障害者関係では1960年代後半にアメリカでIL運動（Independent Living）など自立生活運動の考え方が出てきた。これにより自立を障害者の視点から考えるようになった。従来，日常生活動作（ADL: activities of daily living）を回復することにより生活上での自立が障害者の方に求められていた。しかし，入浴の時間を例にとると，入浴が訓練により2時間でできるようになることよりも，その入浴の時間を支援してもらい30分で行い，残りの時間を自分自身で決めていく方が有意義である。これは障害者の視点に立った考え方であり，何らかのサービスに依存しなければならない立場であっても自らの人生は自らの主体性が基本となり決定する権利を持っているという考え方である。この意味での自立とは，生活の各場面において障害者自身が主体的に決めていく能力であり，自己決定の実現にある。

これらのことから，「自立」とは何かを考えると，自立とは自分でできることは自分で行い，できないことに関しては他者に協力を求める力を持つことであると考えられる。

(1) 保育士として求められる視点

2001（平成13）年，児童福祉法の一部を改正する法律により保育士資格が国家資格化され，保育士は児童福祉施設の任用資格から名称独占資格に改められている（2003〔平成15〕年11月29日施行）。このことにより，保育士は子どもに関する専門家としての役割を持ち，地域の子育て支援に関する役割も担うこととなった。

施設養護の子どもや，障害を持った子どもの支援は保育士にとって大切な役割のひとつである。

施設養護は単に衣食住を満たしてあげれば，子どもが育つというものではない。私たちは乳幼児期から少年少女期，さらに青年期まで家族とともに過ごし，親や家族から愛情を受けて成長していく。イギリスの精神分析学者ボウルビィ（Bowlby, J.）は母子関係について「母親（養育者）の温かい，持続的な関係が健全なパーソナリテイの発達に不可欠である」⁽¹⁾と指摘している。

┌─ コラム ─

保育士の実習

　現在，保育士の実習先として，保育実習Ⅰでは，保育所および乳児院，母子生活支援施設，障害児入所支援施設，児童発達支援センター（児童発達支援および医療型児童発達支援を行うものに限る），障害者支援施設，指定障害福祉サービス事業所（生活介護，自立訓練，就労移行支援または就労継続支援を行うものに限る），児童養護施設，情緒障害児短期治療施設，児童自立支援施設，児童相談所一時保護施設または独立行政法人国立重度知的障害者総合施設のぞみの園での実習が必修となっている。
　保育所は私たちの生活の中で身近にある存在であるが，施設はその数も少なく身近にある存在とは言えない。実習により，利用者の生活を理解し，支援することは専門職としての保育士が備えていなければならない技術のひとつでもある。
　出所：平成24年3月30日付，厚生労働省雇用均等・児童家庭局長通知「指定保育士
　　　養成施設の指定及び運営の基準について」「保育実習実施基準」から筆者作
　　　成。

　幼少期の愛着（アタッチメント）関係と，他者に対する不安や恐れは子どもが成長する中で対人関係や情緒の発達などに大きな影響を与える。微笑みや温かみのあるスキンシップなどによって，私たちは人として成長し自分が子どもを持つ親になった時，自分が愛されて育ててもらったように，自分の子どもにも愛情を注ぐと言われている。
　乳児院や児童養護施設などの児童福祉施設ではこの愛着関係を形成いていくことがもっとも重要な要素となる。また，これは障害関係施設においても同様である。知的障害や身体障害，発達障害を持った子どもたちの心のケアには障害や行動特性についての理解が必要となる。
　保育士がこのような子どもたちと接する時には，まず，子どものことを理解

するという姿勢が必要であり，子どもと共に成長するという視点を持ってかかわっていくことが大切である。誰でも，最初から完成された人間はいない。保育士という職業を通して，色々なケースに出会い，必死になって考えていくことで成長していく。ミルトン・メイヤロフは「ケアとは衣服のように，ケアする人にとってもケアされる人にとっても，その外部にあるというようなものではない。ケアとは，ケアする人，ケアされる人に生じる変化とともに成長発展をとげる関係を指しているのである」と言っている。

(2) 自立支援の視点

社会福祉施設は社会生活を行うための準備の機関でもある。施設での教育，治療，訓練などの営みを通して社会に羽ばたいていく。子どもたちが将来自立した生活を送ることができるよう，生活の自立へ向けての支援やアフターケア（退所後の支援）の支援も必要となる。具体的には，①日常生活支援，②人間性への支援，③自立支援，④リービングケア（退所準備支援），⑤アフターケアという5つの視点から支援を計画していかなければならない。これらは，児童自立支援計画に反映させていくことが大切になる。

事 例 (2)

信 頼

乳児院から児童養護施設入所になった優一君（仮名）は，小学4年生の時に家族のもとに帰れないことがわかった。その後，万引きや粗暴行為などの非行的な行為が続いた。優一君が問題を起こすたびに担当である谷川保育士（仮名）は優一君の事情もわかり，一緒に謝罪に出かけていた。ある日，優一君は帰宅途中に同級生にからかわれて殴ってしまった。谷川保育士は何も言わずに優一君と共に同級生宅に謝罪に行った。同級生の父親から「もっとよく監視してほしい」などの言葉が出ていたが，谷川保育士は何も言わずに頭を下げていた。

優一君が中学2年生になった時に，谷川保育士が夫の転勤のため退職することになった。今日で最後の勤務となった日，優一君とお別れの話をし，優一君の顔をしっかりとみて「これからは，あなた自身の足で歩いていきなさい」との言葉を残してくれた。優一君は自分の部屋に行き，1時間ほど涙を流していた。その後，優一君は中学のクラブ活動にも積極的になり，高校への進学も考えるようになった。学習の遅れも

後を引き継いだ保育士と受験勉強に取り組むようになった。中学での評判もよくなり、希望の高校に合格することができた。
出所：児童養護施設職員のインタビューを参考に筆者作成。

（3）権利擁護の視点

施設養護の人間性の支援では、子どもの権利を尊重し、子どもの最善の利益を尊重した、子どもの代弁者（アドボカシー）としての視点を持たなければならない。児童福祉施設を利用している子どもたちは、社会的弱者であり、少数派である。子どもたちの利益や生活を守る取組みをしていかなければならない。そのためには、子どもたち一人ひとりの状況を理解し、子どもたちが不利益を得ないよう調整をしていかなければならない。

コラム

日本の当事者運動

日本での障害当事者の運動は、神奈川県で障害児の養育に疲れた母親が、脳性麻痺のわが子を殺すという事件（1970〔昭和45〕年）をきっかけに起こった。その母親の減刑嘆願運動が起こり、執行猶予つきの寛大な判決が出されたことに反対して、脳性麻痺者たちの当事者団体であった「青い芝の会」が、「母よ、殺すな」と裁判所の判決に対して不服申し立てをしたことによる。同年、東京都下の府中療育センターにおいて、障害者の人権侵害に対する抗議運動が起きた。入居時に、施設側の支援に本人も親も反対しないという同意をさせられたうえで、脳をロボトミーにされたり、女性は子宮を摘出されるなどの人権侵害が横行していたことに対して、入居者が都庁前にすわりこみをするなどして抗議したものである。

出所：上野千鶴子『ケアの社会学——当事者主権の福祉社会へ』太田出版、2011年、168頁から引用。

また、具体的な支援場面でも、「叱る」と「怒る」ことについての違いを意識し支援することが大切である。「叱る」は子どもの行動が間違っている場合、子どもにも分かるように正しい方向を示していくことであり、「怒る」ことは大人の考えを一方的に感情に任せて子どもにぶつける行為である。保育士として、子どもの行動に関して感情に支配されることがないよう常に研鑽を重ねることが大切である。

第2節　援助の実際

(1) 日常的生活支援

　乳児院や児童養護施設は家庭の代替機能を持っている。したがって，私たちの日常生活と同じように，日々の生活のリズムを整え，就学前の幼児は施設内の保育士のもとで家庭に近いかかわりを行い，5歳児は幼稚園へ，小学生・中学生は地域の学校へ，高校生は本人が希望した高校に通学している。いわば家庭と同じようであるが，違う点は保育士や児童指導員が行っていることである。家庭の業務を想像してみると，食事の準備・片づけ，家の掃除，お風呂の準備，洗濯，ゴミ捨て，買い物など多くの家事から成り立っている。児童福祉施設の業務の約8割近くは家事業務である。

　このような家事業務は日常生活支援の中心であり，子どもたちが幼稚園，小学校，中学校，高校などに通学し，帰宅後も安心して学習に取り組めるよう支えていくことが基本と言えよう。

　何気ないことではあるが，暖かい布団で寝ることができるよう布団を干したり，自転車のパンクの修理をしたり，次の日の学校で使う工作物を用意したりすることにより子どもたちとの信頼関係が築かれていくのである。

コラム

児童養護施設における支援（保育士・児童指導員）

主な支援
- 日常生活を維持していくうえで必要なこと（食事，洗濯，掃除など）
- 学習支援（宿題や受験に関する支援）
- 相談（家族との調整，進路に関すること）

間接的な支援
- 学校関係（児童養護施設入所児童への理解を深めてもらうため，児童が通学する小学校，中学校の先生方と懇談会を開催する）
- 児童相談所との連携（一時外泊や家庭復帰に向けての調整）
- 近隣との交流（町内会など地域の一員として地域の集まりに参加する）

また，学校や友だちとの関係で悩んでいたりしている時声をかけてあげたり，「温かく見守られている」という安心感を持ってもらうことが大切である。物的な面だけではなく精神的な面での支えも重要である。学校での出来事，友だち関係，家族のこと，学習面，進路の事等日常生活にかかわることの相談と支援を行う。さらに，近隣との関係づくりも保育士や児童指導員の役割である。

障害児関係の施設でも同様に，家庭の代替機能の他自立生活に必要な日常生活訓練を受けながら，地域の特別支援学校などに通学する。中学校に相当する中等部卒業後，どのような進路を選択するのかも，これらの結果によって違ってくる。

（2）治療的支援

厚生労働省の調査（2012〔平成24〕年6月版『社会的養護の現在』）では，近年，児童養護施設に入所してくる児童の53.4％が虐待を受けており，何らかの障害を持つ子どもは23.4％と増加している。また，「お前なんか生むんじゃなかった」など心理的虐待を受けてきた児童も入所してくる。これらの虐待によって児童の心はひどく傷つき，自分はダメな人間だ，生まれてこなければよかったのにと自己否定感に陥ることも多い。さらに，大人への不信感が強くなり，大人は信用できないと思い込むようになる。

このような心に傷を負った子どもたちの心の回復のために，心理的ケアを行う専門職として心理専門職が配置されている。心理専門職は週1～2回程度，対象の子どもに遊戯療法やカウンセリング等の心理療法を行い，安心感などの再形成および人間関係の修復を図り，人間的なかかわりを通して情緒の安定と愛着頼関係を築いていく。

また，障害児施設では直接に治療的支援が行われている医療型障害児入所施設がある。図7-1は医療型障害児入所施設（旧重症心身障害児施設）の日課と職員業務である。医療型障害児入所施設（旧重症心身障害児施設）は日課を中心に行われている。この日課の勤務ローテーションは看護師，介護福祉士，保育士などの職員が中心となって行われる。

第 7 章 施設養護の実践

重症心身障害児施設の日課と職員業務

時間	日 課	職員業務	職員勤務時間			
			早番	平常勤務	遅番	夜勤
7:30	朝 食	・朝 食 ・定時排泄 ・おむつ交換	↕			
		・排便確認 ・活動センター[1]				
10:00 11:00	・デイルームでの自由時間 ・散 歩 ・活動センター参加	・申し送り ・水分補給 ・日中活動 ・車いす等の移動介助 ・配 膳 ・昼 食		↕		
11:30	昼 食	・申し送り ・下 膳 ・おむつ交換			↕	
13:00 13:45 14:00 16:00 16:15	・デイルームでの自由時間 ・散 歩 ・活動センター参加 ・入 浴 ・おやつ	・把 握 ・活動センター ・入 浴[2] ・おむつ交換 ・おやつ介助 ・日中活動 ・記 録 ・早番退勤	↕			
16:45 17:00 18:00 18:45 19:45	・夕 食	・おむつ交換 ・申し送り ・車いす等の移動 ・配 膳 ・夕 食 ・移 動 ・平常退勤 ・下 膳		↕	↕	
20:00 20:15 21:30 0:30	・就 床	申し送り 遅番退勤 おむつ交換 おむつ交換				↕
6:30 7:00	・起 床	おむつ交換 起床開始 移 動 配 膳				↕

図 7-1 医療型障害児入所施設（旧重症心身障害児施設）の業務

注：1) 活動センターでは，陶芸，工芸，感覚訓練等の活動が行われている。
　　2) 入浴については土日を除く毎日実施されるが，2グループを交互に実施。
出所：埼玉県立嵐山郷重症心身障害児施設の「日常日課と業務内容の流れ・支援員・保育士」から筆者作成。

ここで，大切なことは申し送り（引き継ぎ）と呼ばれる時間である。早番などそれぞれの時間帯のリーダーが次の時間帯の職員に，利用者の状況や病状，ご父兄の面会などについて申し送る。次の時間帯の職員は，確実に申し送りを受けたことに対して実行していく。この一連の作業が施設ローテーション勤務の血流の流れになっている。保育士もこの中に入り各専門職と一緒に業務を行っていかなければならない。

（3）自己実現・自立支援へ向けての支援

　児童養護施設に入所できる期間は，児童福祉法によりおおむね18歳までとされている。入所児童によっては，家庭環境が改善され再び家庭に戻ることができる。しかし，多くの場合児童養護施設で高校を卒業し社会に出ていく子どもが多い。

コラム

職業指導員

　「児童福祉施設の設備及び運営に関する基準」では42条の5「実習設備を設けて職業指導を行う場合には，職業指導員を置かなければならない」としている。職業指導員の役割としては，次のように通知されている。
　1　趣　旨
　勤労の基礎的な能力及び態度を育て，児童がその適性，能力等に応じた職業選択を行うことができるよう，適切な相談，助言，情報の提供，実習，講習等の支援により職業指導を行うとともに，就労及び自立を支援することを目的とする。
　2　配置施設
　職業指導員を配置する施設は，実習設備を設けて職業指導を行う児童養護施設又は児童自立支援施設とする。
　3　職業指導員の業務内容
　　(1)　児童の職業選択のための相談，助言，情報の提供等
　　(2)　実習，講習等による職業指導
　　(3)　入所児童の就職の支援
　　(4)　退所児童のアフターケアとしての就労及び自立に関する相談援助
　出所：労働省雇用均等・児童家庭局長通知「家庭支援専門相談員，里親支援専門相

> 談員，心理療法担当職員，個別対応職員，職業指導員及び医療的ケアを担当する職員の配置について」（2012〔平成24〕年4月5日）から筆者作成。

　厚生労働省雇用均等・児童家庭局「児童養護施設入所児童等調査結果」（2008〔平成20〕年2月1日現在）によると，中学3年生以上の年長児童全員の大学または短期大学への進学希望は，調査の時点で大学（短大）進学希望者の割合は25.7％，考えていない28.1％，希望しない40.7％となっている。性別では，高等学校（各種学校）同様，女子の方が男子に比べ進学の希望が高い。

　また，同調査では「将来やりたい職業」について男子では，「スポーツ・芸能・芸術」12.1％，「工場に勤める」11.8％，「飲食業・調理等」8.0％が上位を占めている。女子では，「学校の先生や保育士・看護師など」20.9％，「飲食業・調理等」9.3％，「スポーツ・芸能・芸術」8.4％が上位を占めている。

　私たちはだれでも将来に夢を持っている。こんな生き方をしたいとか，こんな職業に就きたいとか夢や希望を持っている。児童福祉はこれら児童施設に入所している児童にも平等に，将来の夢や希望が叶えられるよう支援している。つまり，自己実現は，自分が目的とする方向，あるいは理想に向けて努力し成し遂げることと言える。

　具体的な支援として進路の選択が挙げられる。中学2年生頃になると，進路を考える時期になってくる。就職を選ぶかあるいは高校受験をするのかである。就職の場合料理関係を選ぶか，ものづくりかなどである。高校進学においては，工業系・商業系・園芸系・普通科などの学科に進み，将来どんなところで働きたいかということになる。これらを施設で親がわりとなる担当の職員とじっくり話し合い進路先を決めていく。

　また，近年さまざまな支援制度を活用して，専門学校や短大，大学への進学も可能になってきた。特に，児童養護施設出身者のための基金として，返済義務のない「読売光と愛・郡司ひさゑ奨学金」や「one by oneこども基金奨学金」があり，助成金では「朝日新聞厚生文化事業団」，「資生堂社会福祉事業団」などがある。また，貸与として「日本学生支援機構」がある。これらの助

成金や奨学金を組み合わせることも可能である。職員はこのように利用できる制度の情報提供を行い，学習ボランティアに依頼するなど児童の自己実現に向けてあらゆるサポートを行っている。

　中学卒業後就職する場合や高校卒業後，多くの児童は社会人として会社の寮や単身生活を送ることになる。高校までは施設の職員がサポートをしてくれたが，施設を出るとそれまであったサポートはなくなる。したがって自力で歩んでいかなくてはならない。そのため児童養護施設では，小学校高学年から生活面を皮切りに，自立に向けての準備を始める。簡単な食事作りや洗濯が自分でできるよう，職員と一緒に行ったり，お小遣いを計画的に使えるようになるよう，小遣い帳に記入したりする。

　中学生では，衣類，日用品等日常生活で使用する物を自分で選択して買えるようにする。

　高校生になると，卒業後の進路に備えてアルバイト等で社会経験や当面の生活費に困らないよう生活費の確保をしておく。したがって，高校ではアルバイトを許可しないところもあるので，高校の許可を得ておくことも必要になる。

　また，近年専門学校や短期大学，大学進学などへの自立支援も強化されている。

事例 (3)

　　　　　　　　　　　家　出

　中学3年生の栄一君（仮名）は夏休みを終えた9月，小学生にいたずらをしたことから職員に注意され，ふてくされを起こして家出をした。職員は近くの警察署に捜査願いを出す一方，自分たちでも手分けして市内の繁華街を捜し歩いた。職員の捜索も2週間目に入ったが一向に保護されたという報告は入らなかった。4か月が過ぎた12月のある日，警察から市内のあるマンションの屋上にいるところを保護された。本人の話では年齢を18歳と偽って，アルバイトをしていた。しかし，アルバイト先では中学卒と高卒の給与の違いを知り，高校に行きたいと話すようになった。

　受験まであとわずかであったが，職員の手助けもあり何とか希望の高校に合格することができた。

　出所：児童養護施設職員からの聞き取りから筆者作成。

子どもへの自立支援は，1998（平成10）年の児童福祉法の改正で，厚生労働省は自立支援を「児童が社会人として生活していくための総合的な生活力」と定義している。竹中哲夫は，総合的な生活力の中身として，①社会的人間関係の自立，②労働の自立，③経済性の自立，④社会的人間関係の自立，⑤家庭生活の自立などを挙げている。[3]

　進学については家庭からの経済的支援が望めない場合が多い。したがっていくつかの奨学金を利用しての進学となる。近年は児童養護施設出身者のための奨学金で，返済義務なしの奨学金もある。また，新聞配達については，一般の学生にも利用されているように，2年ないしは4年間卒業まで継続して勤務することにより，入学金と授業料が免除になる制度もある。いわゆる新聞奨学生である。この場合住居や食事も提供され，さらに，勤労者としての扱いを受けるため，健康保険などにも加入できる。

▼将来のよりよき家庭をつくるために

　入所児童の中には，乳児院から児童養護施設に入所になり，家庭的な生活の体験のないまま社会人となり結婚して家庭を築く場合，家庭となるモデルがないためどのような家庭を築けるのか不安になることも多い。そのため，正月（年末かられから正月にかけて）とお盆（8月）の頃に「ふれあい里親」といって，数日間家庭体験をさせてくれる取り組みをしている地域もある。これは各市区町村の社会福祉協議会が里親さんを募り，施設に紹介してくれる仕組みである。里親宅では一緒に買い物や，食事，1泊の小旅行などの体験を実施し，家庭に近い雰囲気を与えてくれる。

事　例　(4)

温かい里親さん

　咲子さん（仮名）は中学2年生の正月，ふれあい里親さんの家に3泊お世話になった。一時里親であるおばさんは咲子さんのお母さん代わりになり，夜になると布団を2枚並べて寝てくれた。咲子さんは施設に戻ってから「まるでお母さんのようだった。夜中までいろんな話をしてくれた」とうれしそうに話してくれた。その宿泊は咲子さんの高校卒業まで続いた。高校3年生の正月には，病院への就職と准看護学校の合格

> を報告し，一緒に喜び合ったということである。
> 出所：児童養護施設職員からの聞き取りから筆者作成。

(4) 家族への支援

　子どもにとってはどんな親であっても大切な親である。近年，虐待を受けた子どもや発達障害の子どもが児童養護施設でも多くなっている。このような親は，子育てに関していろいろな悩みを抱えている。

　そのような母親たちを支援するため，家庭相談員（ファミリーソーシャルワーカー）制度がある。家庭相談員は，児童相談所の援助方針のもとに，児童相談所と連携を取りながら，将来再び子どもと一緒に過ごすことができるよう，家族の再統合に向けて，子育ての不安を取り除き，悩み相談を受けたり，アドバイスなどの支援を行う。母子関係を構築しながら進めていく。家庭相談員は児童相談所と児童養護施設や子どもの架け橋としての役割を持っている。

(5) 学校や地域資源との連携

　私たちの日常生活は，その住んでいる地域が生活の基盤である。家庭は，遊び，買い物，くつろぎの空間として日々の生活拠点となっている。児童養護施設に入所している子どもにとっても同様である。

　児童養護施設の子どもたちは，施設のある学区の小中学校に通学する。子どもたちが，地域社会に受け入れてもらえるよう，職員は地域とよりよい関係づくりに努める必要がある。日ごろから地域の会合に参加し，近隣住民に施設のことを理解してもらうことが大切である。これらを行うことにより，施設に火災や災害などの緊急事態が生じた場合，近隣の方々に協力して頂ける関係を築くことができる。また，PTAに施設の子どもたちの生活の様子を理解してもらうため，教務主任の先生や学級担任と連携し，懇談会などの開催を行っているところもある。

　地域とのよりよい関係は，同時に子どもたちの生活環境の整備にもつながる。子どもが地域の中で安心・安全に生活できるよう様々な配慮を行っていくこと

が大切である。

> **コラム**
>
> **地域の夏祭り**
>
> 　農村地帯にある児童養護施設では，毎年8月に開催される夏祭りは施設内の庭（グラウンド）で開催される。すでに地区の行事として地域に根づいた夏祭りであり，施設の子どもたちが学校の友達や近隣住民との交流の機会として大いに役立っており，経費や労力もかかるが，地域住民に支えられた施設であることを大事にしていきたいと話てくれた。
> 　出所：児童養護施設職員からの聞き取りから筆者作成。

　なお，治療的要素の強い，児童自立支援施設や情緒障害児短期治療施設では施設内で分校・分教室の設置等による教科学習を行っているところが多い。これは，各地域の教育委員会の判断により適切な方法を実施することとなっている。

▼**子どもたちの生活を支えていくための各種委員会**

　子どもたちの生活を支えていくためには，保育士や児童指導員だけではなく，栄養士，調理師など施設で働く職員全員の協力が必要である。それらは施設運営ということができる。夏休みに行う旅行など年間の行事を計画する「行事担当職員」，私たちが日常生活で洗濯に必要な洗剤，トイレットペーパー，シャンプーなど施設全体で使用する「日常生活用品購入担当職員」，子どもたちの健康管理に関する「保健衛生担当職員」などがある。これらは，全体調整するため，施設内で各委員会をつくり実施している。

　さらに，職員の資質向上を目的とした「研修委員会」などがある。研修には，それぞれの職員の経験年数による階層別で実施される研修や，各団体が主催する研修に参加する研修，さらに，日々の会議などを通して行われるもの，上司と部下によるスーパービジョン研修などがある。

　各団体が主催する研修には，年ごとに変化する子どもたちの状態を，どのように支援していったらよいのか，全国の施設で働く職員が日ごろ悩んでいる課題を，各施設はどのように対応しているのか，先進的に取り組んでいる施設の

実践発表などを聞くことができるものもある。

▼アフターケア

　児童養護施設を巣立ち，社会人として就職していく子どもたちであるが，かならずしも順調にスタートして行くわけではない。時には職場の人間関係で悩み，時には人間関係でつまずき，退職をせざるを得なくなるケースもある。さらに帰る家もないという場合，利用期間の区切りはあるが，アフターケア制度として再就職準備のために住居と就職の支援を行っている。つまり，退園後も支援を行う制度であり，安定した仕事ができるようになるまで見守りを続ける。退園後も決して「見放さない」という姿勢で取り組んでいくことが大切である。

▼施設の短期利用

　乳児院，児童養護施設，障害児施設などは，家族の入院や何らかの事情で子育てが難しくなった場合，一時的に施設を利用できる制度がある。これらは，短期入所やショートステイとも言われ，利用しやすい制度となっている。育児ノイローゼや障害児を抱えた家庭では，息抜きができることなどから利用度が高くなっている。

【演習課題】
1　児童養護施設の実践に求められる視点をまとめなさい。
2　児童養護施設では「愛着形成」のため，どのような支援をしているかまとめなさい。
3　子どもが「自立」していくとは何か，説明しなさい。

〈注〉
(1)　本郷一夫編著『発達心理学』建帛社，2009年，102頁。
(2)　ミルトン・メイヤロフ著　田村真・向野宣之訳『ケアの本質』ゆみる出版，1993年，185頁。
(3)　竹中哲夫著『現代児童養護論』ミネルヴァ書房，1993年，61〜62頁。

〈参考文献〉
内山元夫『施設の子どもへの援助』学苑社，1992年。

小野澤昇・田中利則編著『保育士のための福祉施設実習ハンドブック』ミネルヴァ書房，2011年。
社会福祉辞典編集委員会編『社会福祉辞典』大月書房，2002年。
平湯真人編『施設で暮らす子どもたち』明石書店，1997年。

(小室泰治)

第8章
社会的養護に求められる専門性と援助技術

> 学習のポイント
>
> 　本章では，社会的養護にかかわる職員に，いかなる素養（たしなみ）や専門性，支援技術などが必要とされるかについて着目し，学生が実習や就職をした時に，実際の支援活動に役に立つ形で，極力わかりやすく噛み砕きながら記述してみたいと思う。

第1節　社会的養護にかかわる支援職員に求められる専門性と職員倫理

（1）施設支援に内在する特性

　本項では，施設支援，特に，福祉サービス利用者（以下，利用者と略す）と職員とのかかわりの中で生じやすい特性に注目して記述する。

　誰でもできるようで，実際に支援職員（以下，職員と略す）となって利用者とかかわるとなると，やはり，利用者の望む，肌触りの良い，納まりの良いサービスを提供するためにはさまざまな形での創意工夫や取り組みが必要であることが理解できるようになる。これらの理由から，職員には人間的な強さや柔らかさ，人間を心から愛する気持ち，幅広いアイデアを作り出す柔軟性のある頭脳や創意工夫が必要とされる。

　しかし，利用者とかかわる時には，だれもがさまざまな壁にぶつかり，もがき苦しむ経験をする。

　その一方で，そのような試行錯誤や職員としての「ゆらぎ」を経験しないと，

利用者のニーズ（以下，要請，ニーズと表示する）に応じた，適切なサービスを提供することができきれないという背景もある。

それでは，施設における支援活動にはいかなる特性が隠されているかに注目して，検討してみたいと思う。

サービスを提供する支援関係が内包（ないほう）している特性について考えてみる。

利用者への職員が提供する支援には終わりがない。利用者，特に入所施設で暮らす利用者は職員がかかわる時間が継続していることから，いくら手をかけても次から次へと課題や問題が，がれきの山のように積まれていくことになる。その事態は，「発熱しているのにもかかわらずにいくつもの山を登り続けるように命令されている」心象と類似している。特に，障害の重い人や社会を巻き込む事件を起こしやすい傾向を持つ利用者とかかわる時には，その対象者の負のエネルギーに支配されてしまい，職員の気持ちが萎え，燃え尽きそうな気持ちに陥りやすくなりやすい。

これらの事態から推察すると，利用者に職員が支援するという活動は，「砂の器」のように，いくら丁寧につくり上げたとしても，すぐ壊れてしまいやすいデリケートさを持ち，加えて，きりのつけにくい事態を内在している活動ではないかと推察される。しかも，サービスを提供する対象が人間やその環境であることから，完全・完璧というものはないという困難さを含み持っている。また，ある意味で利用者を支援することは，その家族を支援することに等しいので，へたをすると，支援関係が混沌とする事態へ向かいかねない。

事　例

電車に乗り続ける少年

悟さん（28歳，仮名）は中度の知的障害を持つ青年である（自宅はA市）。身体は健康だか，てんかん発作を時々起こすことがある。彼は13歳の9月の秋の運動会の日から，JRの電車を見ると乗りたくなり，何かに取りつかれたように家を飛び出すことが多くなった。悟さんは特別支援学校（当時は養護学校）に行きたがらない。また，学校の先生では押さえが利かない少年であった。

彼が，なぜ電車に乗りたがったり，日中の居場所にしたいのかは，明確ではない。とにかく，彼は1日中電車の椅子に座っていると，気持ちが落ち着いてきて，自宅

へ帰りたくなる。しかし，ばつが悪いのか，自分からは自宅へ帰ろうとはしない。彼は自宅に帰りたくなると，JR の KIOSK（キヨスク）へ行って意図的に漫画を盗んだり，若い女性にセクハラをしたりする。そして警察に保護される形で自宅へ帰ることを繰り返していた。

　悟さんが初めて自宅を出て JR の電車に乗って以来，毎日，母親が外部へ出て行かないように見張っていた。しかし，彼は上手に自宅を抜け出し，JR の電車に乗る頻度は高まって行った。そこで，家族は困り果て，児童相談所のワーカーと相談し，隣の県の入所施設へ預けることにした。彼が16歳の冬のことである。しかし，悟さんは JR の電車に乗り，ボーッとして時間を過ごし，警察に保護される生活をやめることはなかった。

　入所した施設の職員の隙を見つけては毎日のように最寄りの駅を目指した。悟さんは，雪の日も，雨の日も，早朝の4時過ぎには施設を抜け出し，職員が捜索をする日々が続いた。また，彼の気分次第では，前日から最寄り駅の人目のつかないところへ身を隠しながら，A市のJRの電車に乗るために，黙々と乗車する機会を待ち続けた。また，女子職員に性的ないたずらを繰り返したり，施設の仲間とトラブルを起こしたりするので，職員は悟さんひとりに日々の仕事をかきまわされ，肉体的・精神的に疲れ果ててしまう日々が続いた。そして，夜間勤務の時などに，自分たちの心の中に，「殺してやりたい」という「悪魔の感情」が芽生えてきているのを感じる時があり，悟さんとかかわることに恐怖を覚えるようになった。

　しかし，その一方で利用者，あるいは家族を職員が支援するという活動は，限定された時間や空間内で，あるいはローテーションで支援を行わざるを得ない事情があることから，どこかできりをつけたり，納まりの良い終り方をしたりしなければならない活動であるという宿命を持っている。また，その一方では，その領域（記憶をつける，納まりをつける）までなかなか到達できにくい実態を有している。しかも，利用者・家族の特性や抱える問題の質や内容，方向性は画一的ではなく，多様である理由から職員が利用者・家族のために費やす時間は無限大に広がりやすい。

　つまり，利用者や家族のニーズの充足する支援に関しては，「これでいいのだ」，「うまくいった」という地点まで到達することはなかなかできにくい。このことは，設備や建物，環境の整備についても同様のことが言え，完全・完璧な形は，まずあり得ない。

　たとえば，職員は，利用者のニーズに応じて，常に時間をさいて対応するこ

とが求められる。したがって，必要とあれば，休息時間や休日であったとしても，利用者への支援を行うことが余儀なくされることはめずらしくない。これらの日常は，心理的・肉体的な負担を職員に強いることであり，ある意味で，無視をしたり，逃げだしたりしたくなる事態である。しかし，施設の中で，これらの事態に遭遇したとしても，支援活動を担当する職員としては，これらの事態を回避したり，目をそらしたりすることは許されることではない。

したがって，職員がサービスを利用者へ提供する現場では，利用者が示す多様なニーズ，あるいは正や負の行動に対しては即時対応が求められる。しかも，利用者の満足度を高めたり，彼らが有するリスクを回避したりするためには，利用者からニーズを一度突きつけられたら，何らかの形での対応を迫られることになる。

加えて，利用者が抱える障害や生活上の問題に関して，職員が共感できる境地まで到達することはなかなか叶わない。しかし，利用者と職員がいかなる状態にあったとしても，職員は施設福祉の専門家として，彼らの現状について，わが身に生じているものとして肌で感じる努力をすることが期待される。また，同時に，利用者の日常のつらさや悩み，苦しみ，切ない心情を汲み取ろうとする姿勢が求められる。

ところが，これらの支援活動には，常に心身の疲労がともないがちである。また，支援活動を行う中で，悲哀やむなしさを強く感じることもめずらしくない。あるいは，職員として，支援する活動には，やはり限界があり，利用者や家族によっては，「常識」や「人間愛」が通じない事例も散見される。そのために，支援という活動は，いかに取り繕ったとしても，心身が燃え尽きかねない危険な要素を隠し持っているのはたしかなことである。

もちろん，支援する活動は，つらいことや苦しいことの連続ばかりではない。利用者や家族と共に活動する中で，よろこび，笑い，尊い思い出を共有することができるという素晴らしい経験をすることができる。これらの経験は，ある意味で，マラソン選手が経験する「ジョギング・ハイ」と類似していて，心底疲れたり，気力を失ったりすることがある中で，これらの経験がプラスに働き，

195

たとえ利用者・家族に関する重大な事態に遭遇(そうぐう)したとしても「それでも問題を解決・緩和する可能性はある」と，職員のモチベーションを高めるための刺激剤となったり，事あるごとに職員のやる気を引き出したりする役割を果たしてくれる。

― エピソード ―

雪の夜

　指導課長の木本さん（仮名）は，朝から勤務し，自分が担当する白樺寮（仮名）の夜勤をしている。今日は，急に職員が2人もインフルエンザで欠勤したことから，昼間は養豚の作業を利用者とともに行い，夜勤の空き時間で課長の事務仕事を行っている。今日は，朝から雪が降り続いていたので，豚舎の雪かきで1日が終った。利用者も職員も身体が冷え切りくたくたで，風呂に入った程度では，疲れが納まらないほど疲れが溜まっている。

　夜勤の仕事は，利用者が寝るまでは，利用者の生活の支援や事務処理，室内の片づけや清掃などを行うが，これらの仕事も午前1時を過ぎると，眠れない利用者の話の相手をするのみで，やっと気が抜ける時間が取れるようになる。

　ところが，今夜は雪が降っている。しかも，降雪量が多い。雪の夜の夜勤者の仕事は身体に堪える。なぜならば，1時間おきに，玄関から通路までの雪をかいておかないと，朝になると利用者がふみつけてアイスバーンになり，滑りやすくなる。通路が凍りつくと，職員や利用者が滑って，骨折や捻挫の原因となる。だから，夜勤者は1時間おきに，外へ出て，スコップで雪かきをするのが仕事になっている。今日は，木本さんが夜勤者なので，スコップを使って雪かきをする。軽いアルミニウム製のスコップがコンクリート製の通路をこすって，「シャー，シャー」という金属音が周囲に響きわたっている。

　朝の3時になった。見回りを終えた木本さんは外へ出て，雪かきを始めた。疲れた身体に雪の冷たさが身にしみる。通路の先のほうに向かって，「シャー，シャー」と音をさせながら雪かきを始めた。10分ほど過ぎた時に，「シャー，シャー」，「シャー，シャー」，「シャー，シャー」と，自分が雪をかいている音とは異なる金属音が後ろの方から伝わってくる。木本さんは，身体についた雪を払い落としながら，後ろを振り向いてみると，今日，豚舎で一緒に豚の世話をした「泰男さん（仮名）」や「達夫さん（仮名）」，「清二さん（仮名）」が雨合羽(あまかっぱ)を着て，雪かきをしている。

　「おーい。ありがとう」，「でも風邪をひくと困るから，雪かきはやめて，布団で寝ようよ」と言うと，「木本さんも疲れているだろう。手伝うよ」とリーダー格の泰男さんがやさしい言葉をかけてくれる。木本さんは，ふと，自分の目頭が熱くなるのを感じてしまった。

> 自分が雪かきを止めないと，彼らも止めそうにないので，「一緒に熱い風呂に入ろう」と言って3人の利用者を連れて生活棟の中へ入り，残り湯に急いでお湯を注ぎ，仲良く雪見風呂としゃれ込むことにした。木本さんは，雪かきを手伝おうと起きてくれた3人の利用者の背中を見ながら，「だから，この仕事は止められないな」とつくづく思い，「お手伝い，ありがとうね」と何度も繰り返し言って，彼らへ感謝の意を伝えた。

職員は，一度利用者を支援するよろこびを味合うと，これらの感情が自信となる。そのために，職員の過去の苦労やつらさ，悲哀などの経験の記憶が消え去り，支援するよろこびがエネルギー源となり，よろこび，笑い，尊い思い出を共有することを目指して，職員は年月が流れるのを忘れ，一心不乱になって利用者や家族を支援することに心血を注ぐようになる。

（2）福祉行政の法律や通知，指導の支援への影響

本項では職員が福祉行政の法律や通知などに支配されることについて記述する。

サービスの根拠法は，厚生労働者省の法律や通達，あるいは指導にもとづいて，支援が利用者や家族に提供される。しかし，サービスを提供する現場は，この厚生労働省や地方自治体の行政の壁に道を塞がれ，歩みを止められることがある。

この事態は，近年，障害者関係の法改正が次々と実施される中で，大きな問題となってきている。支援費制度が2003（平成15）年4月に導入され，身体障害者（児）および知的障害者（児）が，その必要に応じて市町村から各種の情報提供や適切なサービス選択のための相談支援を受け，利用するサービスの種類ごとに支援費の支給を受け，事業者との契約にもとづいてサービスを利用できる制度へと変更されている。しかし，この支援費制度は，予想以上の請求が発生し，財政が破綻（枯渇）するという思わぬ事態が生じる中，さまざまな議論が尽くされないままで，2006（平成18）年4月に現在の障害者自立支援法が成立することとなった。

障害者自立支援法は，知的障害や精神障害，身体障害の3障害を持つ人たちを，ひとつの法律で支援して行こうというものであるが，実際は名ばかりで，障害者に応益負担を強いるものであるばかりではなく，施設への公的支援をさまざまな制限をつけて抑制する傾向の強いものになっている。
　つまり，障害者自立支援法が成立したことにより，利用者のサービス利用は負担が生じた理由から抑制され，施設の運営は節約を余儀なくされた。また，利用者のニーズに対して柔軟に対応できにくい状況が生じてしまった。具体的な影響としては，福祉サービスを受ける利用者は細かく分類されたサービスを利用するごとに費用が徴収されたり，食事代を負担したりしなければならなくなった。これらの理由から，利用者サービスの利用回数が抑制され，たとえば通所の施設では，これまで毎日欠かさず通っていた人が週2日になったり，利用者の中にはまったく通所しなくなったりする人もめずらしくない事態を迎えている。その一方で，1年365日を利用することも可能であるという法律となったために，1年間を通じて，土日や祝日も関係なく通所を希望する利用者が目立つようになり，ある意味で，ネグレクトを助長しかねない事態を迎えている。また，利用者人数も月割り制から日額制へと制度が変わった。加えて，20名定員の通所施設の場合は，1日につき150％，1か月につき125％までは受け入れても良いということになり，ひとりあたりの支援単価が低く抑えられている理由から，施設は，経営上，やむなく定員以上の利用者を受け入れざるを得なくなり，支援環境は決して良い方向へ改善されてはいない状況にあると推察される。
　これらの理由から，一人ひとりの利用者の支援計画を立て，支援会議を経た後に，「あれこれ」やってみたいと思いつつも，実際に取り組むことができにくい状況に置かれている。そのために，対象利用者に必要な支援を実践しにくい環境におかれている職員はやりきれない気持ちを吸収（整理）できにくい事態に陥っている。
　純粋にサービスの仕事に取り組もうと考える時に，社会体制や法制度に縛られて利用者のために思うような実践ができない状況に陥ったケースを想定すると，利用者や家族に与える負の影響は大であり，ぶつけどころのない苛立ちや

むなしさを覚えることはしばしばである。これらの視点から考えると，福祉行政の法律や通知，指導は，職員の提供するサービスの内容や質・方向性に強い影響を与えている可能性が高い。

（3）利用者とのかかわりの中で職員を疲弊（心身が疲れて弱る）させる要素

本項では職員を疲弊させやすい4つの要素に注目して述べることにする。

1）利用者の性格や特性，経歴などの多様さ

人間はこの世に生まれ，生を得て，さまざまなプロセスを経ながら現在を迎えている。そのために，ひとつの通所施設のサービスを活用する人であったとしても，20人の利用者がいれば，性格や特性，経歴は20種類ある。やはり，十人十色である。たとえば，20人の利用者を支援しようとしても，20通りの支援計画を立てる必要があり，また，それぞれの個性や特性に相応する考え方に応じたかかわりをしなければならない。しかも，この状況は，100人入所している施設であったとしても，同様である。

2）利用者の主体性を保障することのむずかしさ

サービスを提供するシステムの主体者は利用者である。したがって，基本的には，利用者が自由自在に活動し，その希望に応じて，必要な支援を職員が行う。もちろん，個々のサービスには，基本形があることから，ある程度の流れは決まっているが，利用者のその日の心身の状況や希望に応じて，臨機応変に対応する柔軟性が必要となる。しかし，利用者の希望や状況に即応することは，ある意味で，職員の心身に相当な負担を与えかねない。利用者の満足は裏を反せば職員の労働強化につながりやすい一面を含み持っている。

3）利用者と協調（シンクロナイズ）しながら支援する大変さ

職員は，日常的に，利用者と協調しながら継続した支援を行わなければならない。しかも，利用者は障害を持っていたり，複雑な家庭環境で育ったり，荒んだ経験などをしていたりすることから，常にいかなる行動や発言をしてくるのかは予想がつかない。また，潜在能力や社会性の高い利用者の事例では地域社会を巻き込んでしまいかねない事件や，問題を起こしかねない危険性を隠し

持っている理由から，職員は常に気の緩みは許されない。そのために，自分の五感（視・聴・嗅〔きゅう〕・味・触の五つの感覚）をフルに活かしながらの情報収集（利用者・家族に関する情報を集める）や支援，あるいは介入（相談支援や意見交換，指導など）が求められる。

4）利用者の行動力や理解力に合わせながら支援する必要性

職員はそれぞれの利用者の行動力や理解力に合わせながら支援しなければならないスタンス（姿勢や構え）をとらなければならない。また，そうでなくては利用者の成長や納得は得られない。

そのために，それぞれの利用者の状況に合わせた支援は，それぞれのニーズに応じた形で，利用者の求めている内容や質，方向に変えて提供することが必要不可欠である。さらに，必要とあれば，利用者の行動や心の動きに合わせた支援の提供を行わなければならない。そして，利用者が求める時には，同じことを繰り返したり，職員自身の活動を抑制したり，利用者に合わせたりした言語表現や画一化した行動を採る必要が生じかねない。これらの理由から，職員は利用者に適切な支援を行うために常に自己を管理しなくてはならないというストレスを抱え込むことになりやすい。

これらの支援業務の特性について，職員が自覚したり，職員間で話題にしたりすることは稀なことである。また，研究論文としての検討はこれまでなされてきてはいるが，施設現場で積極的な取り組み（精神衛生管理やスーパービジョンなど）がなされている気配はさほど感じられない。しかし，施設で支援にあたる職員が支配されやすいストレスは支援の質を低下させる危険性を内在していることはたしかである。また，それらのストレスは職員が暴力や虐待などに向う要因にもなりかねないので，自己の生活管理，あるいは精神衛生管理を意識して行ったり，施設全体の取り組みを行ったりする必要のある事柄である。[1]

（4）職員に求められる専門性と職員的倫理

本項では，支援を行う上でさまざまなストレスや法制度の縛りなどの影響を受けやすい職員に求められる専門性と職員倫理に着目して述べたい。

施設職員に求められる専門性や職員倫理は，施設支援のどこの部分に求められるのであろうか。これはなかなか一言では表現できにくいものである。

新任の職員から見ると，それぞれの利用者が抱える状況に相応する形で支援し，スムーズに日常を進めていくことや利用者の適正に合わせて課題を設定したり，グループワークをテキパキとこなしていったりする先輩職員に出会うと，おそらく経験を積んだ職員の支援技術はまぶしいほどに磨かれた技術であると感じられるに違いない（この仕事は，多くの場合が利用者と向き合いながら，かつ，上司や同僚などの面前で遂行しなればならないという特性がある）。そのために，次々とアイデアを出したり，利用者をリードしたり，あっという間に利用者を集中させることができたり，どうしたら良いかわからないで戸惑ったりしてしまう喧嘩やトラブルの仲裁も素早く対応できる，そのような先輩職員を目にすると，自分も一日でも早く，そのような一人前の職員になりたいと願うような気持ちになりやすいのは当然のことである。たしかに，さまざまな障害者や難病，あるいは多問題を抱える利用者を支援したり，リードしたりすることは職員の人間性のみでは行えるものではない。

しかし，ここで少し視点を変えて，検討してみることにする。職員として技術や知識をつけていくこと，職員として成長していくことは，利用者をリードすることができること，利用者を集中させることができることなどは，真に技術的な上達を意味するのであろうか。あるいは喧嘩やトラブルを手際よく仲裁できることも，やはり技術的な上達があって，初めてできることなのであろうか。この事柄を判断するためには，多様な視点からの検討が必要となる。

専門的知識や技術は，それらを活用する職員自身の人間性の豊かさや利用者の気持ちを適切に，かつ深く理解することが裏づけになって初めて活きるものである。したがって，職員は支援に関する知識や技術の取得を目指すとともに，自らの人間性や対人関係力を高める努力を継続して行うことが大切である。また，支援を受ける利用者の肉体的・心理的理解を深める努力をする必要が生じる。利用者は，担当職員が，たとえ時折失敗したり，やや手際が悪かったりしたとしても，懸命に自分たちのつらさや悲しさ，不安などについて関心を示し，

置かれている立場や気持ちを理解してくれる職員を求め，職員が人事異動などで入れ替わる度に，利用者は期待することを繰り返している。また，一緒に悩んでくれたり，問題の解決・緩和する方法を考えてくれたりする職員が現れるのを，首を長くして待ち望んでいる。利用者は，そのような心が通い合う職員と一緒に活動したり，遊んだり，仕事をしたりすることによろこびを切に感じるものである。

　実際に，職員と利用者が共に迷ったり，落ち込んだり，苦しくて涙を流している様子が見られる施設の方が，利用者や職員の動きや活動が活発に見えるような印象を持つことが多いのはたしかなことである。したがって，利用者の支援において，これらの活動や意識を持ち続けることは，きわめて大切なことである。これらの利用者とともに歩む支援を継続することで，初めて，利用者を支援することについて，倫理的価値が生まれ，「社会正義」や「社会公正」にもとづいている，という一般社会からの承認が得られることになる。このことは，支援関係の究極の目標であり，職員の支援活動においては欠かすことのできない事柄である。つまり，専門性を持つ職員とは，社会的に必要性が認められる仕事に取り組んでいること，利用者や家族のために繰り返しそのサービスができること，そのために専門の教育や訓練を受け高度な専門知識や性能を持つこと，一人ひとりの職員が自立性を持っていること，などの条件を満たす必要がある。

　知識や技術は年数を重ねれば，ある程度の領域までは上達することは可能である。しかし，質の高い，よりたおやかな職員になっていくためには，かならずしも年数を重ねれば良いというものではない。つまり，「30年間，施設で職員として働いてきました」ということが，質の高い職員であるという証明にはならない。その経験は科学的に臨床経験を積んだ年月であったのか。利用者・家族と協調（シンクロナイズ）し，意義あるかかわりを積重ねてきたのかが，重要なポイントとなるのである。また，長年，施設で，支援活動をしていると，経験があるだけに手抜きを覚えたり，新鮮な気持ちになれないことから支援がおざなりになってしまったり，利用者との関係が柔軟性に欠け，硬直化してし

まったり，画一化したサービスを長期間に渡って振り返りもなく提供してしまったりしがちである。

　職員は，日々の繰り返しの中で，利用者に学ぶことが，もっとも重要なスタンスとなる。彼らは，さまざまな疑問や課題を常に職員へ与えてくれる。その疑問や課題を見つけ出し，解決や緩和に繰り返しつなげ続けることが重要な進歩への道となるに違いない。

　また，同僚職員や外部の多様な専門家との交流や研究会などの継続的な実施は，職員が常に学び続け，さらなる成長を遂げるためには欠かせない活動である。[2]

第2節　施設養護を進めるために必要とされる支援技術

　利用者に対する養護の手法について考察する時には，職員が必要に応じて活用するさまざまなモデルやアプローチについても紹介する必要があるかもしれない。しかし，本書は初学者を対象としているので，支援関係の基本となるソーシャルワーク技術を中心にして論じたいと思う。

(1) レジデンシャルソーシャルワーク（施設援助方法）

　本項では，施設養護で利用者を支援するためのレジデンシャルソーシャルワークについて説明を加える。したがって，一般のテキストなどで記述してあるソーシャルワーク（以下，個別援助技術と略す）やグループワーク（以下，集団援助技術と略す），ファミリーソーシャルワーク（以下，家族援助技術と略す）などに限定した検討は行わない。

　レジデンシャルソーシャルワークについては，テキストや文献等ではあまり論じきられてはいない分野である。しかし，施設における支援は，集団の中で生活する利用者の状況に応じて，ソーシャルワークやグループワーク，ファミリーソーシャルワーク，コミュニティワーク（以下，地域援助技術と略す）などを用いて利用者を多様な視点から支援するために，それぞれの技術を使い分け

表 8-1 レジデンシャルソーシャルワークに関する代表的な研究者の定義

小笠原祐次 (1991年)	レジデンシャル ソーシャルワーク	・パーソナルケアを基盤とした，ソーシャルワークと施設 運営管理の方法・技術の3つの方法の総合的・一体的体系
ペイネ(Peyne) (2000年)	レジデンシャル ソーシャルワーク	・施設におけるソーシャルワーク
クロウ(Clough, R.) (2000年)	レジデンシャル ソーシャルワーク	・ソーシャルワークとケアワークの総体
山縣文治 (2005年)	レジデンシャル ソーシャルワーク	・ケアワーク ・グループワーク ・コミュニティワーク ・ファミリーソーシャルワーク

出所：伊藤嘉余子『児童福祉施設におけるレジデンシャルワーク』明石書店，2007年を参考にして筆者作成。

る必要性があることから，一般のソーシャルワークとは，一線を画してレジデンシャルソーシャルワークとして論じたいと思う。

1）レジデンシャルソーシャルワークとは何か

　レジデンシャルソーシャルワークは，施設，特に入所施設における個別援助技術であると言われる。これは施設におけるソーシャルワークは，これまでケースワークやグループワーク，アドミニストレーション（以下，施設運営管理方法と略す）などの方法が適用されてきたが，次第に施設という固有な生活形態をふまえた総合的なソーシャルワークが必要であるという認識から生まれ，育てられてきた概念である。

　しかし，近年，施設の数が高齢者の増加によって増大したことから，一層施設実践について検討される機会が増えているものの，レジデンシャルソーシャルワークに関する先行研究は比較的数が少ない（表8-1）。これらの限られた研究者の意見を参考にしながら，本項では，施設支援の実際の状況，つまり保育や養護，集団活動，地域社会とのかかわりや社会復帰などの重要性を考慮して，レジデンシャルソーシャルワークについて検討してみたいと思う。

2）レジデンシャルソーシャルソーシャルワークの特質

　ここでは，子どもや高齢者，障害者，生活困窮者といった福祉サービス利用

者の種別を問わないで、あらゆる領域に属する社会福祉施設実践に共通する特質について検討してみる。

この特質については、「レジデンシャルソーシャルワークをいかなるものであるか」と、捉える内容によっても異なる。たとえば、レジデンシャルソーシャルワークの総体と捉えるクロウ（Clough, R.）はレジデンシャルソーシャルワークの特質について、以下の3点を挙げている。[3]

① 施設職員の活動の大半が、他の同僚職員や利用者の面前、あるいは周囲で遂行される（第1部〔1〕）。
② 利用者へのサービスはグループやユニットなどに分けられ、それらの人たちに対して、複数の職員によって実践される（第1部〔1〕）。
③ 仕事や支援活動の多くが「けり」や「きり」をつけられないものが多く、「完成」や「完璧」というものがない（第1部〔1〕）。

これに加えて、「職員と利用者との相互作用」に特に注目して、支援する関係が良質であり、相互が成長したり、刺激しあったりすることの重要性について述べている。これは、施設における支援活動のさまざまな困難性（第1章、第2章）と向き合いながらも、利用者個々と職員・個々がたおやかな支援関係を築き、利用者が抱え込んでいる課題や困難な問題を共に解決・緩和することが大切であることと同様に、施設組織や職員集団の総合力が必要であることを伝えようとしている。

先に表8-1で表記した2000（平成12）年以降の研究者の定義の中で、やはり注目したいのは山縣文治の定義である。[4]山縣は、特に、児童養護施設の現場におけるレジデンシャルソーシャルワークと分類した上で、彼はレジデンシャルソーシャルワークに関する定義を利用者の支援に留まらずに地域福祉全体に対する支援機能を強調している。その中で、山縣はレジデンシャルソーシャルワークの特質について以下の4点を挙げている。

① 個人の生活の維持・向上のための活動としてのソーシャルワーク。
② グループを対象としたソーシャルワークとしてのグループワーク。
③ 地域社会を対象としたとしてのコミュニティワーク。

④家族を対象としたソーシャルワークとしてのファミリーソーシャルワーク。と分類している。

これまでクロウ（Clough, R.）と山縣の見解に注目してレジデンシャルソーシャルワーク定義と特質について述べてきたが，小笠原祐次[5]は施設運営管理（アドミニストレーション）について先の2人の研究者は記述してはいない。施設における支援の中で，日常の生活に関するケアやトレーニング，生活環境の向上，家族や地域社会との交流などを推進するアドミニストレーションに関する吟味は，一人ひとりの利用者を支援していく中では重要であると考えられる。

これらの理由から，本項では，施設におけるレジデンシャルソーシャルワークの特質は，以下の6つであると指摘しておきたい。

①施設内外で利用者へ行われるケアワーク（以下，直接介護と略す）。
②使用者と職員が行うソーシャルワーク。
③施設内外で利用者同士と職員が行うグループワーク。
④利用者にとって一番身近な職員の集団である家族の支援を行うファミリーソーシャルワーク。
⑤施設内外における利用者の生活や活動を推進するアドミニストレーション。
⑥利用者の生活や活動範囲を広め，一般の社会生活の実現を支援するコミュニティワーク。

以上である。[6]

それではレジデンシャルソーシャルワークの特質である6つの技術について簡単に説明を加えたいと思う。

1）ケアワーク

ワーカーは社会的対策にもとづき個別の児童に対し，利用者の日常を基盤とする生活そのものへの，たとえば食事や排泄，洗面，着脱，入浴，健康管理，しつけ，教育，看護などに関する支援を図り，利用者の日常生活の質の維持・向上を目指して，さまざまな活動を行う。これをケアワークと言う。

第8章　社会的養護に求められる専門性と援助技術

2）ソーシャルワーク

職員が利用者の有する生活や学業，家族との関係，友人関係，就職，将来への不安などに関する問題について相談を受け，問題自体の解決・緩和を図ったり，日々の心身の安定を促進したりするために支援する行為を言う。たとえば，「発達相談」，「育児不安」などの相談支援活動を意味する。

3）グループワーク

ワーカーは意図的なグループ経験を通じて，個人の社会的に機能する力を高め，また，個人，集団，地域社会の問題により効果的に対処し得るよう，利用者を援助することを意味する。つまり，お互いに相手の顔と名前が一致することが可能な程度の小集団，学校や職場，施設などにおいて，多様なプログラム（計画・予定）活動を行い，それを通してメンバーの抱える問題を解決し，メンバー・リーダーと共に成長していこうとする。これをグループワークと言う。たとえば，「保育サロン」，「ひとり親の会」などの活動を意味する。

4）ファミリーソーシャルワーク

ワーカーは個人や家族の力，親族，近隣の人びと，友人などの協力のみでは解決困難な生活課題を抱える家庭を対象に，家族構成員の一人ひとりの福祉と人権の擁護に向け，個々の機関や職員，ボランティアなどが，関係機関との連携のもとに，専門的援助技術や社会資源を活用しつつ，家族を構成する個々人の自己実現と生活設計を見通し，家族構成員，とりわけ子どもが健全に育つ場としての家庭がその機能を十分に発揮できるよう援助して行きながら問題を解決する。これをファミリーソーシャルワークと言う。たとえば，「子どもの障害が要因となり，家庭が崩壊しそうな家庭」，「夫婦の不和が要因で子どもが不登校になっている家庭」などの相談支援を意味する。

5）アドミニストレーション

この技術は相談援助技術の中の間接援助技術に分類される。ワーカーは社会福祉事業が地域社会のニーズに即した施設の運営方針や，地域住民に対する社会生活上のサービスの供与など，その目的達成のために効率的，民主的に運営できるように指導，監督する。この技術のことをアドミニストレーションと言

う。たとえば,「施設の経営及び運営法」,「職員の育成や健康保持」,「施設における地域との交流事業の推進」などに関する指導を意味する。

6）コミュニティワーク

　この技術は,ケースワークやグループワーク,ファミリーソーシャルワークなどの直接援助技術に対して,間接的にクライエントへアプローチする技法としてのケアマネジメントやアドミニストレーションなどと同様に間接援助技術と分類される。具体的には,ワーカーは地域社会に共通する福祉ニーズや課題の解決を図るために,地域診断や社会サービスの開発,地域組織のコーディネート,各機関や組織との連絡や調整など,住民組織や専門機関などの活動を支援する。この技術のことをコミュニティワークと言う。

　以上がレジデンシャルソーシャルワークの実践の中で,活用される特質すべき技術の概要である[7]。

　施設における支援の基本は,これまでに述べてきたレジデンシャルソーシャルワークを柱にして,必要とあれば,洗練された職員が駆使するさまざまな心理療法やモデル,アプローチが活用されて実践されて行くことになる。したがって,利用者は施設を活用しさえすれば,精神が安定し,知識が身につき,技術が洗練される訳ではない。施設を選択する際に重要なのは,どのようなサービスが用意されているかがもっとも大切なことである。施設の活用は,利用者にとって,きわめて重大な出来事である。施設の養護内容や支援の状況に応じて,彼らの人生を根本的に揺り動かし,きわめて有効に利用者の心身や人生観に影響を与える可能性がある。あるいは,その反対に利用者の心身を追い詰めてしまい,人格が破綻に至る危険性も同じように内在している。加えて,施設サービスの短所とされる画一的なサービスや没個性的なかかわりが,かえって情緒障害のいちじるしい人の感情の抑制に効果的に作用する場合もある。

　特に,入所施設では,多くの問題を抱えた利用者が,時間の経過を経て,いつのまにか自然に抱えている問題が抑制されたり,内在していた長所がストレングス（強化）されたりして,施設が有している,落ち着いていて包括的であり,かつ受容的な環境が利用者に対して有効に機能することはめずらしくない。

おそらく，これらの状況は，施設が実践しているレジデンシャルソーシャルワークやさまざまな心理療法やモデル，アプローチなどが効果的に作用していると考えられる。

（2）スーパービジョンシステムの施設の支援への導入

　レジデンシャルソーシャルワーク実践では，入所施設であれ通所施設であれ，施設内の閉鎖された空間や限られた地域社会で支援遂行されることが一般的である。

　その中で職員が利用者を支援しようとする際にもっとも重要なことは，利用者をしあわせに導く案内人として利用者に信頼されることである。つまり，たおやかな信頼関係なくしては，いかなる質の高い理論，あるいはアプローチや療法を提供したとしても有効的に作用することはあり得ない。

　そのために，施設における利用者と職員の関係性を健康的に保持・向上させていくためにはスーパーバイザーの存在が必要不可欠であると考えられる。ケアワーク，あるいはソーシャルワーク，心理療法などを担当する職員は，利用者との援助関係に絶えず着目していなければならない。また，日常的に，支援関係の内容や質の向上に力を注ぐ必要がある。これらの理由から，施設におけるレジデンシャルソーシャルワーク実践ではスーパーバイザーから必要に応じてアドバイスを受け，ほどよい信頼関係を構築し，適切な支援を継続的に遂行し続けるためのサービスの質を管理・向上させることに尽力することが必要不可欠である。

　職員が行うケアワークやソーシャルワークは，高度な知識，技術を必要とする専門性を持つものである。しかし，利用者の心の動きや言動の背景にある意味など，目で見たり手で触れたりすることのできるサービスなどと比較して，教えたり伝達したりすることに注目してみると，きわめて困難さがともなうものである。したがって，ケアワーカーやソーシャルワーカーの立場にある職員が，利用者本位のサービスを提供したいという強い思いだけで，それを実現することは非常に困難なことである。これらの理由から，スーパービジョンを活

用することによって職員が隠し持つ課題がフィードバックされ，そして，職員がスーパービジョンを経験することによって自己覚知でき，理論や概念の重要性が再認識されるプロセスを辿ることは重要である。

　それでは施設における支援活動において，スーパービジョンを，より現実的に活用するためにはいかなる課題があるのかについて，以下では，吟味してみたいと思う。

　わが国では，ソーシャルワークの分野におけるスーパービジョン体制が確立されていないため，現場のソーシャルワーカーたちは必要に迫られて，自分なりのやり方でその方法を模索しており，正しいスーパービジョンを受けることができていないソーシャルワーカーが一定数存在していることが想定される。また，スーパーバイザー自身も，欧米のように専門知識と技術を，経験に照らして学習するという専門教育を受けていないがために，スーパーバイジーへの援助を的確に行うことができきれない実情がある。

重要語解説

自己覚知

　社会福祉における自己覚知とは，なぜこの利用者に対しては安心したり不安になるのか，あるいは激しい憤りを感じたり心底から同一化して同情心で一杯になるのかなどについて，自己の言語・感情およびメカニズムを自己が客観的に理解できることを言う。また，必要に応じて，支援者が利用者（来談者）に自己覚知をうながす事態も生じる。

　今後は，施設の支援関係の質をさらに向上される必要があることから，ソーシャルワークにおいて発展してきたスーパービジョンの理論と方法を基盤にして，施設の内外で実践される利用者と職員のソーシャルグループワークやコミュニティオーガニゼーション（地域組織化活動）などの方法論の特質を踏まえて，それぞれのスーパービジョンの内容と形態の構築をさらに充実する方向に向かわせて行く必要がある。[8]

第8章　社会的養護に求められる専門性と援助技術

第3節　介助技術および看護技術

　近年，施設を活用している利用者の中に，介助技術や看護技術を必要とする対象者が増加している。これらの状況は，児童虐待の増加の影響や障害者自立支援法の下における，特に，入所施設での重度・高齢者の増加などが影響していると考えられる。これらを背景として，この節では，施設の利用者支援に必要とされる介助技術および看護技術について述べることにする。

（1）介護技術
▼介護技術とは何か

　介護技術とは，何らかの理由により，心身の障害により日常生活を営むことに支障がある人に対する支援技術のことである。介護技術は，一般的に，高齢者に対する支援技術として認識されている。しかし，介護技術を必要とするのは高齢者ばかりではない。介護技術は，たとえ年齢の若い青少年であったとしても，支援が必要な人に対しては生活支援の行為を通して，生活の構築や確立するために介護を行う。つまり，本人の抱える状況が，日常生活を送る上で，介護を必要とする事態にあれば，やはり介護技術は必要なのである。たとえば，障害を持つ人や難病で苦しんでいる人，怪我をして自分の身体が自由にならない人などは介護技術を必要とする。

　それでは，いかなる介護技術があるのであろうか。この節では，そのことを検討してみたい。

　①脈拍，呼吸，血圧，体温などのバイタルサインの把握

　利用者の体調（身体の調子，心の状態，痛みの様子など）や表情を観て，何か異変を感じるときには，素早く対象となる人のところへ行き，脈拍，呼吸，血圧，体温などの状況を確認する必要がある。この行為の前提となるのは，通常の脈拍，呼吸，血圧，体温を測っておくことである。

表8-2 健康のチェックポイント

眼	充血,涙,めやになどの確認,眩しくないか,まぶたにむくみはないか,視力は正常か
鼻	鼻水はでるか,嗅覚はどうか,鼻血はでるか
耳	耳鳴りはしないか,聴力はどうか
口	かわきはないか,口臭はないか,ただれがあるか
のど	痛みはあるか,声がかすれてないか,物がつかえるか,咳や痰がでるか
皮膚	色,弾力,いぼ・ほくろはないか,傷はないか,わきの下はかわいていないか
食欲	食欲はあるか,食欲はましているか,嗜好に変化はないか,吐き気はないか
その他	体温は正常か,マヒ・しびれはないか,意識はしっかりしているか,出血はないか,体重の増減はないか,良く眠れるか

出所:「家庭の医学」http://health.goo.ne.jp/index.html を参照して筆者作成。

②身体の部分的な観察の必要性

人間の身体の調子は,日常の動きや歩き方,肌の色,目の力などでも体調の変化がわかるものである。また,その印象が人間の発病の早期発見につながることも少なくない。以下のそれぞれのポイントを示すことにする(表8-2)。

③排泄ケア

失禁の原因は,妊娠・出産や薬の副作用,既往症の二次障害,加齢に伴う生理的機能の低下などさまざまで,多くの人が経験する可能性がある。しかし,排泄は羞恥心をともなうプライベートな行為であるだけに,排泄障害を起こすと,社会活動への参加意欲が低下したり,自らの存在価値を否定したりするようになりかねない。これらの理由から,自立した日常生活を送る上で,排泄のコントロールは必要不可欠なものであると考える必要がある。排泄の支援は,生活全般の支援にもつながることが多いことから,施設支援の現場では,「排泄最優先の原則」をスローガンにしてケアが実践されている。それは,食事や入浴と違って排泄は待ったがきかない生理現象であり,また排泄の失敗は対象利用者の生活意欲に大きなダメージを与えかねないからである。そのために,適切なタイミングでのケアが提供できなければ,利用者が施設内で尊厳のある生活を過ごすことができにくくなりやすい。

- 排泄ケアについての本人や家族の希望

　排泄はしばしば本人の訴えと家族（状況に応じて職員）の要請が異なることがある。たとえば，本人はおむつを外したいと希望しているけれども，家族はつけていてほしいと思っているなど，問題と感じていることと，お互いの認識にズレが生じる場合がある。お互いの気持ちを大切にしながら，それぞれの立場で感じている問題や希望を明らかにし，具体的に排泄動作のどこに問題があるのかをはっきりさせる必要がある。現在どのような状況や方法で排泄しているのか，環境に不備はないか，それらの問題に関する対応方法，排尿・排便状態などを一つひとつ確認しなくてはならない。また，排泄に関する問題点だけでなく，多様な視点からの利点を確認し，一層それぞれの利点を拡大することはできないか否かも丁寧に分析する必要がある。

- 排泄のパターンを知る

　トイレに行く時間や排泄量，失禁した場合の時間や前後関係など，排泄の記録をつける作業は重要である。排泄パターンがわかると排泄ケアの方向性が見えてくる。具体的には，1日の排泄回数，排泄時間，排泄量，排泄した時間を書き留めておくと良い。できれば3日以上行うことが理想的である。水分摂取量と摂取時間も記録を残しておくと，飲んだ水分と排尿とのバランスがわかりやすくなる。排尿量をはかるのがむずかしい場合は，排尿の音を耳で聞くだけでも判断はできるものである。失禁量の記録は，排泄量を正確にはかれない場合がある。その場合は，下着が濡れる程度，衣服まで濡れる程度などのおおまかな表現でもかまわない。本人や職員の負担にならないように配慮をしながら記録を残して行くことが大切である。

- 目標を決めて，解決策を考えることが重要である

　排泄パターンと問題点が把握できたら，次に「これからどうしていきたいか」を決めると良い。たとえば，トイレまでの移動動作を改善し，トイレでの排泄を目標にすると，車いすや手すりが必要となる。それにともなって住宅改造が必要になることもあり得る。ひとつの解決策を考えるには，排泄にともなうすべての流れを見直す必要がある。また，問題を解決する方法はひとつでは

表8-3 排泄物の確認

便の確認　1日：1～2回ぐらい

下　痢	1日3～4回以上あり，形がなく柔らかい
便　秘	2～3日排便がなく，お腹が張っている症状がある
その他	混入物，血液，不消化物 腹痛，発熱，嘔吐などの有無も確認する

尿の確認

回　数	1日5～6回 1日3回以下，あるいは10回以上は，病気の疑いがある
量	1日1,000～1,500cc 1日500cc以下では，老廃物が排泄しきれず，危険である
色	普通　透明な麦わら色
その他	排泄時の痛みや腹痛，発熱，むくみ，だるさ，失禁などの有無については観察する

出所：「家庭の医学」http://health.goo.ne.jp/index.html を参照して筆者作成。

ない。日中はトイレに行くけれども，夜間はベッドサイドのポータブルトイレで排泄したり，尿と便の自立度を分けて考えたりするなど，複数の組み合わせを考慮し，選択できるようにすることも重要である。排泄は他の日常生活への影響が非常に大きいので，全体のバランスの中で考えることも大切なことである。たとえば，おむつをはずした場合のケアの方法や環境設定，つまり，誰がトイレ介助をするのか，そのために必要となる援助や用具は何かなど，ソフト面も考える必要に迫られる。

なお，基本的な排泄の状況は表8-3の通りである。

④食事（水分補給）ケア

食事や水分を補給する際に，注意しなくてはならないことは，嚥下運動とともに，食物や飲料物は気管に入ってしまうこと（誤嚥），植物や飲料水以外のボタンやたばこなどの異物を飲み込んでしまうこと（誤飲）など，嚥下運動なしに，唾液や水分，食物が気管に流れこんでしまうことである。

これらの事態を防止するためには，まず食事の内容が子どもの摂食機能（能力）にあったものであるかを考えてみる必要がある。そのためには，食べ物の調理法や硬さや大きさのほか，匂いや温度に関する気配りが必要である。

ある程度の硬さが必要であるために「増粘剤」を使うことを検討しなければならない。食事の時は，姿勢も大切で，寝たままの状態では，自発的な摂食が促進されない。そのために，それぞれの運動機能の状況や知的な発達をも含めて総合的により良い方法（姿勢や身体の傾き）を探る必要がある。特に，誤嚥は機能がうまく働かないままで，飲食物が直接肺に流れ込む状況に陥り，肺炎の原因にも成りかねないので要注意である。また，この機能が働かないということは，同時に毎日の食事や水分が上手に取れないという問題を引き起こしかねない。[9]

⑤口腔ケア

口から飲食する，あるいは経管栄養をしていて口から食べていなくても，虫歯や肺炎予防のために口腔内の清潔の保持は大切である。口腔ケアの基本は，歯ブラシなどで口腔内を清掃し，できるだけ口腔内の細菌を減少させることである。ただ，対象とする利用者の病態は千差万別であり，それぞれのケースにおいての創意工夫が必要だと思われる。そして，常に念頭においておくべき事は，対象とする人は乳幼児や児童であり，易感染性（免疫の低下によりウイルスの感染がしやすくなった状態）であり，また，処置時の誤嚥を防ぐための配慮が必要であるということである。

また，少しでも可能性があるならば，できるだけ自分でブラッシングができる状態にまでもっていこうとする努力が欠かせない。これは，利用者のQOLの向上や自立した生活にもつながる。もちろん，職員が一方的に口腔ケアを行う方が，当初は時間の短縮になるが，自分でケアが可能になれば，結果的には，大きな時間の短縮になる。そのために，職員がブラッシングをする場合でも，できるだけ利用者の手を添えて一緒に行うことが重要だと思われる。また，事情が許せば，口腔ケアはベッド上ではなく洗面所で行うべきである。加えて，ブラッシングを毎食後行うことにより，生活のリズムを作ることもできる。

⑥入浴ケア

入浴は，身体の清潔を図ったり，気分を爽快にさせたり，精神的，肉体的な苦痛と緊張を緩和させるものである。また，皮膚の新陳代謝を向上させたり，

血液循環をよくしたりするので疲労の回復，排泄作用の促進と睡眠を助長するものでもある。さまざまな効果があることは施設の利用者にとっても大切なことだと思われ，一方，支援を行なう職員にとっては，利用者の皮膚の異常や全身の状態を知るチャンスでもあることから，きわめて大切な時間である。

　利用者の入浴は，集団生活の中の，限られた時間の中での入浴となるために，職員にとっては大変忙しい業務となる。児童養護施設や障害児施設では，運営基準通りにひとりの利用者に対して週2回以上の入浴が行なわれている。あるいは，人権意識の高い施設では，毎日，入浴を実施しているところもある。近年では，ケアホームやグループホームをはじめとする小規模施設の運営に力が注がれている理由から，日曜・祝日を含めた，「選択浴」のような形で，利用者の希望に合わせて，入浴日や時間を決めている施設もある。

　しかし，入浴は，利用者にとって楽しい時間であるが，利用者の入浴については，その一方で入浴のリスクについても知っておく必要がある。基本的に日本人は，お風呂が好きな人が多い。実際，施設では，利用者の中には，「あー，やっぱり風呂はいいな」と言って，鼻歌を歌いながら気持ちよさそうに入浴されている利用者もしばしば見かける。本当に気持ちよさそうに入っている人や，お風呂に入ることを楽しみに待っている利用者の姿を見ると，「しっかり，安全にケアしなきゃいけないな」，「利用者に安心して入浴してもらえるようにがんばろう」などと言ったり思ったりしてしまうのが通常である。ただし，対象利用者によっては，十分な配慮や目配りが必要な場合がある。特に障害施設では「入浴中の死亡事故」が時折見られる。身体能力が落ちている利用者やてんかん発作を持っている利用者，あるいは手足に麻痺がある利用者の入浴には十分な配慮が必要である。また，脳卒中や心筋梗塞（しんきんこうそく），あるいは，心臓疾患，脳出血などの危険性を有している利用者の入浴は要注意である。

　入浴は身体が清潔になり，身体の筋肉がほぐれて気持ちが良いのはたしかである。しかし，その一方でさまざまな形で利用者の心身に負担を強いる危険性を内在しているのも，また事実である。

⑦清拭ケア

　身体を拭くことによって清潔を保つ方法を意味する。入浴は，身体の清潔のためばかりではなく，くつろぎの時をもたらす生活習慣である。しかし，疲労や衰弱がいちじるしい時，安静が必要な時，発熱や受傷などを理由に，やむなく入浴できない場合が生じる。その際，清拭によって身体の清潔を保つことができる。体力や安静の度合に応じて，手や足，臀部など，部分に留める部分清拭と，全身を一度に拭く全身清拭とがある。就眠前の清拭や寝汗をかいた後の清拭は，身体を清潔に保ち，感染を予防するだけではなく，爽快感や慰安を与え，就眠を助けることができる。

　清拭の効果としては，皮膚の汚れを取る，マッサージ効果，血行がよくなり体の働きが活発になる，清拭の際，全身の観察ができ，皮膚の異常を発見できるなどがある。

　清拭のポイントとしては，一日の内できるだけ暖かい時間帯を選ぶ，食事の前後1時間は避ける，清拭の前に排泄はすませておく，室温は20℃以上を保つ，不必要な肌の露出を避け，手際よく行う，肌を強くこすり過ぎないように注意する，乾いたタオルで十分に拭き取るなどについて配慮する必要がある。

　清拭の際に配慮すべき事項としては，その日の体調（熱，顔色，痛みなど）に気を配る，急激な体温変化の無いように，室温（22～24℃）を整え，手際よく行う，空腹時や食後すぐは避け，寒い日なら，日中の暖かい時間を選ぶ，体の末梢（端っこ）から中枢（心臓）に向けて拭くと血行がよくなる，汗の溜まりやすい部分（首，脇，膝の後，臀部，しわの部分）は丁寧に行う，などがある。

　この他，施設でのケアには，「着脱ケア」や「衛生管理ケア」などがある。[10]

（2）看護技術

▼看護とは何か

　施設における利用者支援の中で，保育士や指導員が，看護師や医師の指導の下で，看護にかかわる技術を活用しなくてはならないことがある。特に，近年，保育所（園）や通所施設では，ご家庭の事情で発熱したり，軽い怪我をしたり

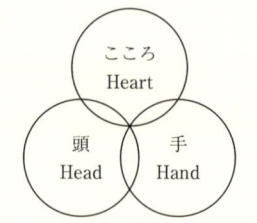

3S…精神（Spirit），知識（Science），技術（Skill）　　3H…こころ（Heart），頭（Head），手（Hand）

図 8-1　看護ケアの要素
出所：http://www.kango-net 看護ネットから引用。

している子どもを保育，あるいは養護しなくてならない事態が見られるようになり，基本的な医療に関する知識や看護技術の習得は必要不可欠になっている。しかし，職員の看護行為は医師法によって制限されているので内容は自ずと限定的な活動になっている。

　フローレンス・ナイチンゲール（英：1820～1910年）は「看護はすべての患者に生命力の消耗を最小限度にするように働きかけることを意味する」と，「看護覚え書」の冒頭で述べている。すなわち，看護とは患者に新鮮な空気，太陽の光を与え，暖かさと清潔を保ち，環境の静けさを保持すると共に，適切な食事を選んで与えることによって健康を管理することであるとしている。とりもなおさず，健全な生活環境を整え，日常生活が支障なく送れるよう配慮することが看護なのである。

　それでは職員の行う看護とは何をすることなのだろうか。ここでは，主に，看護技術の中で，看護師以外の職員が，看護の対象となる利用者の技術を用いることが許される範囲内の看護ケアを行うことがある。これらの看護ケアに注目して，以下では3つの要素から構成されていることを記述する。

　図8-1看護ケアの要素で示した通り，看護ケアは3S（精神・知識・技術）および3H（心・頭・手）を大きく分けると，6つの要素で構成されている。

　加えて，看護ケアは，これらの6つの要素が総合され，支え合って構成されるものである。これらの視点に沿って，看護のケアとは何を意味するのか，具体的に考察してみると，一般的には，看護ケアとは，「手当て，手をかける，

第8章 社会的養護に求められる専門性と援助技術

表8-4 子どものかかりやすい病気

病　名	初診に適した科	概　要
アレルギー性鼻炎	小児科 耳鼻咽喉科 アレルギー科	「くしゃみ，鼻みず，鼻づまり」が，慢性にまたは季節の変り目に起きる。
異物誤吸入	小児科 耳鼻咽喉科	いろいろな物質が気道内に進入して，気道異物として気道閉塞を起こすことを言う。
インフルエンザ	小児科	流行するインフルエンザの原因ウイルスにはA型とB型がある。
インフルエンザ脳症	小児科 内　科	インフルエンザ脳症は，インフルエンザの感染にともない急激に発症し，神経細胞など脳に障害をもたらし，時には全身の諸臓器も障害を受ける（多臓器不全），重い疾患である。
かぜ症候群	小児科	発熱，鼻みず，咳，時に下痢などの胃腸症状をともなう病気で，さまざまな種類のかぜウイルスが原因である。
気管支喘息	小児科 アレルギー科 呼吸器科	息を吐く時に，「ゼイゼイ」「ゼロゼロ」「ヒューヒュー」といった音がする病気です。これは気管支という，のどと肺をつなぐ通路が狭くなることによる音である。
急性気管支炎	小児科	急性上気道炎症状（咳，鼻みず，発熱）に数日遅れて発症する湿性咳嗽（痰の絡んだような咳）や発熱を伴う呼吸器疾患である。
急性扁桃炎	小児科 耳鼻咽喉科	扁桃炎は扁桃の炎症であり，ウイルスや細菌の感染により起きる。
胸膜炎と膿胸	小児科 呼吸器科	胸膜は，肺の表面をおおう臓側胸膜と胸壁にある壁側胸膜からなり，その間を胸膜腔と言う。
細気管支炎	小児科 呼吸器科	ウイルス感染による細気管支を中心とした下気道の炎症性疾患である。
ジフテリア	小児科 内　科	ジフテリア菌の飛沫感染で起こる。
睡眠時無呼吸といびき	小児科 耳鼻咽喉科	睡眠時無呼吸は睡眠障害のひとつで，睡眠中の人が何回も呼吸を停止（無呼吸）するものである。
喘鳴性気管支炎	小児科 呼吸器科	乳幼児の場合，息を吐く時に，「ゼイゼイ」「ゼロゼロ」「ヒューヒュー」といった喘鳴がしても，それがすべて喘息による症状とはかぎらない。
肺　炎	小児科 呼吸器科	肺胞領域を中心とした炎症を主体とする下気道感染症である。

出所：「家庭の医学」http://health.goo.ne.jp/index.html を参照して筆者作成。

世話，配慮，心配り，注意，管理，見守り，気を配り，思いやり，かまう，看護する，面倒をみる」という言葉で言い換えることができる。

参考までに，表8-4に子どもに看護ケアが必要とされる，比較的彼らがかかりやすい病気を示唆しておくことにする。(11)

（3）看護技術の種類

①フィジカルアセスメント技術

視診，触診，打診，聴診により対象利用者の身体や健康状態を明らかにすることである。たとえば，体温計を活用した体温測定などもフィジカルアセスメント技術に入る。また，フィジカルアセスメント技術には，顔面や胸部，口腔内，栄養状態，嚥下能力，睡眠の状況の観察なども重要な技術として求められる。その他，利用者の心臓が鼓動して血圧が一定値以上に保たれ，呼吸をし，体温を維持し，排尿，排便し，意識状態に応じて反応し，かつ特定の脳波パターンを示す命の維持にかかわるバイタルサインの確認も必要不可欠である。

②日常生活援助技術

利用者の生活環境を整え，健康不健康にかかわらず当然あるべき日常生活を安全，かつ安全に行えるように支援することを意味する。支援内容としては，離床と環境，離床とベッドメイキング，移動，体位交換，身体の清拭，入浴，寝衣交換，排泄（ベッドでの排泄，導尿，浣腸）食事介助，口腔ケアなどがこれにあたる。

③診療にかかわる支援技術

注射の補助，気管吸引，包帯法，与薬（精神科の薬は麻薬扱いなので要注意）。

これまで記述したように施設における職員が行える看護行為は限定される。しかも，いずれの行為も医師や看護師の指導の下で実施することは，常に，念頭に置きながら実施していく必要がある。したがって，支援を行う職員は看護に関してはあくまでも，看護師の補助行為であることは，決して忘れてはならない。(12)(13)(14)

（4）職員間の連携

「職員間の連携」，言い換えれば「人間間の連携」，このテーマは人間の社会では永遠の課題である。このテーマは，施設に限らず，企業（従業員），あるいは軍隊（兵隊）などにおいても，常に検討され，研究され，実践されてきた問題である。一般的には，「同じ目的を持つ者が互いに連絡をとり，協力し合って物事を行うこと」（『広辞苑』）とされている。

特に，社会福祉関係の団体や施設などの小規模な人員で構成される施設組織における「職員間」の連携は，多様な困難を抱えた利用者を支える必要性から，重要である。

また，多くの施設がローテーション勤務を採用している理由から，職員間の専門知識や技術，利用者に関する情報は絶え間なく共有し続ける必要がある。ある意味で「連携」は，利用者にとっては命綱のようなものである。そのために，サービスを提供する各種団体や施設においては重要な意味を持つ。

職員間の連携（有効的なつながりである）という言葉には2つの意味が含まれている。ひとつは，対象職員が所属する施設組織のメンバー間の連携である。そして，今ひとつは，施設でサービスを利用者に提供する職員と地域社会で活動する各職種の専門家たちとの必要不可欠な連携である。

これらの職員の連携は，ひとりの大人として，あるいは福祉の専門家として一人前の知識や技術，理念を有しており，所属組織や地域組織の専門家たちで作り上げた構想や計画の中で，同僚や上司，地域社会の仲間と力を合わせて，利用者や在宅の対象者を支援のために尽力するために必要とされるものである。

【演習課題】

1 事例として提示してある「電車に乗り続ける少年」を精読し，施設における職員が置かれている状況について，労働条件や配置職員数，専門性の有無，建物，設備，施設利用者の抱えている状況，人権擁護などの視点から考察し，意見交換をしてください。

2 施設における介護や看護を行う上で，注意すべきことは何かについて考え，

意見交換を行いましょう。

3　保育士の養成カリキュラムが改定され，社会的養護のテキストに「介護と看護」について学習することに力点が置かれるようになっています。この改定は，国が保育士に何を求め始めているから，そのようになってきたのだと思いますか。それぞれが考察した上で，意見交換を行いましょう。

〈注〉
(1) 田ヶ谷雅夫『福祉のこころ』中央法規出版，2012年，80～86頁。
(2) 田ヶ谷，同前。
(3) Clough, R.『The Practice of Residential Work』，2000年（杉本敏夫訳『これからの施設福祉を考える』久美出版，2002年）。
(4) 小笠原祐次「社会福祉方法論の1つの検討――レジシャルワークの試み」『社会福祉研究』(12) 1，鉄道弘済会，1991年，10～15頁。
(5) 山縣文治「児童養護施設におけるリービング・ケア」『ソーシャルワーク研究』Vol. 15, No. 1，相川書房，2005年。
(6) 伊藤嘉余子『児童養護施設のレジシャルワーク』明石出版，2007年，17～40頁。
(7) 岩間伸之・白澤政和・福山和女編著『ソーシャルワークの理論と方法』ミネルヴァ書房，2011年。
(8) 若宮邦彦「保育ソーシャルワークの意義と課題」『南九州大学発達研究』第2巻，2012年，117～123頁。
(9) 横浜難病児の在宅療育を考える会『医療的ケアハンドブック』大月書店，2003年，9～136頁。
(10) 小櫃芳江・鈴木佐知子監修『介護福祉士　介護編』ミネルヴァ書房，2011年，150～272頁。
(11) 黒田研二・住居広士編著『人体の構造と機能及び疾病』ミネルヴァ書房，2009年，200～239頁。
(12) 第2回全国保育士検討委員会「保育所における人材（保育士）養成の課題」，2011年12月。
(13) 社会福祉学習双書編集委員会『社会福祉学習双書』全国社会福祉士協議会，2009年，64～132頁。
(14) 森上史朗・岸井慶子編『保育者論の探求』ミネルヴァ書房，2001年，110～112頁。

〈参考文献〉
浅野みどり『小児看護技術』医学書院，2012年。
小田兼三・石井勲編著『養護内容の理論と実際』ミネルヴァ書房，2007年。
神戸賢次・喜多一憲編『新選　児童の社会的養護原理』みらい，2011年。
小池由佳・山縣文治編著『社会的養護（第2版）』ミネルヴァ書房，2012年。
硯川眞旬編『形態別介護技術』金芳堂，2004年。
橋本好一・直島正樹編著『保育実践に求められるソーシャルワーク』ミネルヴァ書房，2012年。
山縣文治・林浩康編『よくわかる社会的養護』ミネルヴァ書房，2012年。

（田中利則）

第9章
施設の運営管理

第1節　運営・管理

　今日，施設サービスを含む社会福祉にかかるサービスは大きな変動の時期にある。1998（平成10）年の「社会福祉基礎構造改革について（中間まとめ）」を背景として，2000（平成12）年に社会福祉法が改正されるなど，社会福祉基礎構造改革として結実することとなり，社会福祉のサービス構造は大きく転換した。その要点のひとつが，利用者の立場に立った社会福祉サービス提供体制の確保と，措置制度から利用契約制度への移行である。具体的には，第三者評価事業，苦情解決，情報の提供など，利用者本位のサービス提供が可能になる仕組みになることが示されている。社会的養護にかかる児童福祉施設においても例外ではなく，乳児院や児童養護施設など，一部の施設サービスで措置制度は残されたものの，より開かれた施設になることが求められている。

　社会福祉や児童福祉に関連する具体的なサービスには，主に在宅で生活する親や子どもなどに対して行われる在宅サービスと，施設においてサービスを提供する施設サービスに大別される。これらの社会福祉や児童福祉等に関連するサービスは，日本国憲法第25条の「すべて国民は，健康で文化的な最低限度の生活を営む権利を有する」と規定した生存権を具現化するものとして設置されている。一方で，本書の趣旨である社会的養護に目を向けると，社会的養護は施設養護と家庭養護に区別される。社会的養護の機能のひとつである施設養護と，社会福祉や児童福祉全般で捉えられる施設サービスはほぼ同義であるため，社会福祉あるいは児童福祉の施設サービスであることを念頭に置いて，社会的

表9-1 主な児童福祉施設の経営主体別施設数

児童福祉施設の種類	経営主体		総数
	公営	民営	
助産施設	193	220	413
乳児院	8	117	125
母子生活支援施設	71	191	262
保育所	9,887	11,794	21,681
児童養護施設	18	564	582
知的障害児施設	46	178	224
自閉症児施設	2	3	5
知的障害児通園施設	78	152	230
盲児施設	1	8	9
ろうあ児施設	2	8	10
難聴幼児通園施設	7	16	23
肢体不自由児施設	23	33	56
肢体不自由児通園施設	44	39	83
肢体不自由児療護施設	—	6	6
重症心身障害児施設	18	98	116
情緒障害児短期治療施設	6	31	37
児童自立支援施設	56	2	58
児童家庭支援センター	1	74	75

出所：厚生労働省「平成22年社会福祉施設等調査結果」から筆者作成。

養護に関連する施設の運営管理について見ていくこととする。

　児童福祉施設の経営形態は，大きく公営と民営に分けられる。公営による経営主体は，国・都道府県・市町村であり，民営による経営は主に**社会福祉法人**となる。

　児童福祉施設の経営主体別の施設数は表9-1の通りである。施設の多くは，公営または民営のいずれかで経営されるが，乳児院や児童養護施設，児童家庭支援センターは大半が民営によって経営される。他方で，児童自立支援施設の多くは公営で運営されるなど，施設の種別によって経営主体が異なっているという特徴も見られる。

第9章 施設の運営管理

---重要語解説---

社会福祉法人

　社会福祉法人は，社会福祉法により，「社会福祉事業を行なうことを目的として，この法律の定めるところにより設立された法人」と定義されている。この社会福祉法人は，戦後から社会福祉サービスの提供主体として，日本の社会福祉政策の一翼を担うと共に，大きな社会的責務を果たしてきた。

　一方，1990年代からの福祉政策の転換により，利用者主体のサービス提供が積極的に進められ，併せて，一般企業や特定非営利活動法人（NPO法人）などの民間事業者の参入によるサービス提供主体の多様化が図られている。このような状況の中で，主たる社会福祉サービスの提供主体として優遇されてきた社会福祉法人を取り巻く環境は大きく変化しており，従来からの安定した施設運営に加え，効率的な運営や利用者のニーズへの対応など，時代の変化に呼応した法人運営が求められている。

---コラム---

NPO法人

　NPOとは，Non-Profit Organization（非営利組織）の略で，さまざまな社会貢献活動を行い，その団体や組織の構成員に収益を分配することを目的としない団体の総称である。NPOがより積極的・主体的に活動できることを目指し，平成10（1998）年に特定非営利活動促進法（通称，NPO法）が成立した。NPO法にもとづいて法人格を得たものを特定非営利活動法人（NPO法人）と言い，法人格を得るためには，保健，医療または福祉の増進を図る活動，社会教育の推進を図る活動など，20種類の活動に対して認められている。法人になると，銀行口座の開設や事務所の賃貸などを団体名で行える等，より積極的な活動が可能になる。

第2節　施設の設備基準

　児童福祉施設は，児童福祉法第1条「児童が心身ともに健やかに生まれ，且つ，育成されるよう努めなければならない。すべて児童は，ひとしくその生活を保障され，愛護されなければならない」の規定を具現化するために設置されるものである。そのため，児童福祉施設の設備等について，「児童福祉施設の設備及び運営に関する基準」が定められている。従来は，「児童福祉施設最低基準」により，全国一律に児童福祉施設に関する設備等の基準が設けられていたが，2011（平成23）年の児童福祉法改正によって都道府県が国の定める基準に従い，条例で児童福祉施設の設備や運営に関する基準を定めることとされた。しかし，都道府県がすべて自由に基準を設定するわけではなく，児童福祉施設に配置する従業者やその人数，居室の面積，児童の健全な発達に密接に関連するものなどは，厚生労働省の定める「児童福祉施設の設備及び運営に関する基準」に従うものとしている。

　主な児童福祉施設に関する設備等の基準は表9-2の通りである。これらの基準は，施設に入所する児童の権利を守り，健やかに成長する環境，適切な援助や指導を保障するために設けられている。また，これは最低基準であり，都道府県や児童福祉施設はこの最低基準を常に向上させるように努めるものとされている。

第3節　施設を利用するための制度

　本節では，児童福祉のサービスを利用するためのさまざまな制度（利用方式）について見ていく。

表9-2 主な児童福祉施設の設備等と職員配置基準の例

施設の種類	設 備 等	配置される職員
乳児院	・寝 室 　(乳幼児1人につき2.47m²以上) ・観察室 　(乳児1人につき1.65m²以上) ・診察室 ・病 室 ・ほふく室 ・相談室 ・調理室 ・浴 室 ・便 所	・医師または嘱託医 ・看護師(保育士または児童指導員に代えることができる) ・個別対応職員 ・家庭支援専門相談員 ・栄養士 ・調理員
児童養護施設	・居 室 　(児童1人につき4.95m²以上,1室4人以下) ・相談室 ・調理室 ・浴 室 ・便 所	・児童指導員 ・嘱託医 ・保育士 ・個別対応職員 ・家庭支援専門相談員 ・栄養士 ・調理員 ・看護師(乳児が入所している場合) ・心理療法職員(10人以上に心理療法を行う場合) ・職業指導員(職業指導を行う場合)
福祉型障害児入所施設	・居 室 　(児童1人につき4.95m²以上,1室4人以下) ・調理室 ・浴 室 ・便 所 ・医務室 ・静養室 ※その他,障害種別により設備が規定される	・嘱託医 ・児童指導員 ・保育士 ・栄養士 ・調理員 ・児童発達支援管理責任者 ※その他,障害種別に応じて,看護師,心理療法職員等が配属される
医療型障害児入所施設	・医療法に規定する病院として必要な設備 ・訓練室 ・浴 室 ※その他,障害種別により設備が規定される	・医療法に規定する病院として必要な職員 ・児童指導員 ・保育士 ・児童発達支援管理責任者 ※その他,障害種別に応じて,理学療法士,作業療法士等が配属される
情緒障害児短期治療施設	・居 室 　(児童1人につき4.95m²以上,1室4人以下) ・医務室 ・静養室 ・遊戯室 ・観察室 ・心理検査室 ・相談室 ・工作室 ・調理室 ・浴 室 ・便 所	・医 師 ・心理療法担当職員 ・児童指導員 ・保育士 ・看護師 ・個別対応職員 ・家庭支援専門相談員 ・栄養士 ・調理員
児童自立支援施設	・学校教育法による学科指導に関する設備 ・居 室 　(児童1人につき4.95m²以上,1室4人以下) ・相談室 ・調理室 ・浴 室 ・便 所	・児童自立支援専門員 ・児童生活支援員 ・嘱託医または嘱託医 ・個別対応職員 ・家庭支援専門相談員 ・栄養士 ・調理員

出所:「児童福祉施設の設備及び運営に関する基準」をもとに筆者作成。

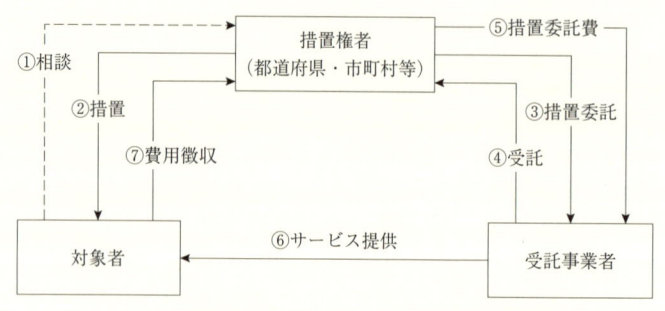

図9-1 措置制度におけるサービス利用手続きの流れ
出所:仲村優一ほか監修『エンサイクロペディア社会福祉学』中央法規出版,2008年。

コラム

わが国の社会福祉サービス利用提供制度

　日本の社会福祉におけるサービス利用提供にかかる方式は,従来は,措置制度を中心としていたが,現在は介護保険方式をはじめとして,支援費方式,自立支援方式,保育所方式など,社会福祉の各領域や制度の趣旨や目的に応じて多元化している。社会的養護に関連する児童福祉施設に入所あるいは通所するためには,主に措置制度,利用契約制度,選択利用方式(保育所方式)の3つの方式が用いられている。

　措置制度は,社会福祉サービスを要する可能性のある人に対して,サービスを提供するかどうかも含めて,その量や方法を行政処分として行政機関が決定する仕組みである(図9-1)。

　措置制度におけるサービス利用の手続きは,次の通りである。①利用者は,利用したい施設等の利用について措置権者に相談する。②措置権者は,利用者の状況を判断し,資格要件等を満たしていれば措置を実施する。③措置権者は,利用者への施設等サービスの提供を事業者に委託する(措置委託)。④措置委託された事業者は,措置委託を受託する。事業者は正当な理由がない限り,措置委託を受託しなければならない。⑤措置権者は,措置委託の受託にともない,受託事業者に措置委託費を支給する。⑥事業者は,利用者に対してサービスの提供を行う。措置権者は,応能負担にもとづき利用者から費用を徴収する。この過程の中で,措置権者が行う行政処分のことを措置と言い,乳児院や児童養

第 9 章　施設の運営管理

```
                ②支給決定              ⑤利用者負担の支払い
        ┌──────────→┌──────┐←──────────┐
        │         │ 利用者 │           │
        │  ┌──────→└──────┘←──────┐    │
        │  │①障害児施設給付費の      ④サービス提供 │
        │  │  支給申請              ③契約   │
        ↓  │                        │    │
    ┌────────┐  ⑥障害児施設給付費支払い  ┌──────┐
    │都道府県 │←──（代理受領）の請求───│事業者│
    │(指定都市・│                        │      │
    │児相設置市)│──⑦障害児施設給付費支払い→│      │
    └────────┘    （代理受領）          └──────┘
```

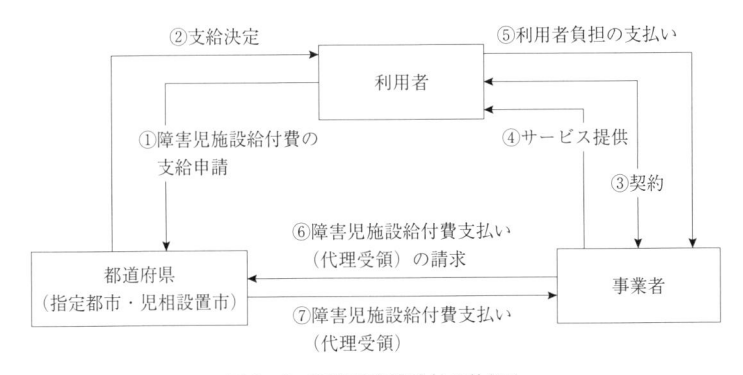

図 9-2　障害児施設給付の仕組み
出所：厚生労働省「社会福祉施設の整備及び運営について」, 2008年, を筆者一部改変。

護施設, 児童自立支援施設, 情緒障害児短期治療施設への入所にかかる措置は児童相談所の権限で行われる。

　措置制度では, 措置権者となる行政機関が利用者に対する福祉サービスを決定し, サービス事業者にサービス提供を委託することで利用者にサービスの供給が行なわれる。すなわち, 行政が積極的に対象者の生活問題に介入し, 問題解決を図っていくことなどから公的責任が明確であると言える。一方で, 利用者にサービスの選択権は与えられておらず, 近年の社会福祉基礎構造改革などを潮流とする利用者主義や自立支援という観点とはかならずしも一致するサービス利用システムとは言えないことから, 介護保険や障害者自立支援法をはじめとする制度の成立にともない, 主に高齢者や障害者の分野では契約等に順ずる利用システムへと転換している。しかしながら, 乳児院や児童養護施設の入所など, 子ども本人がサービス選択をすることが困難である場合には, 子どもの権利を守るためにも行政の責任による措置が必要である。

　障害児福祉の分野では, 2006（平成18）年に障害者自立支援法の施行にともない, 措置制度から, 保護者や利用者本人が契約にもとづいてサービスを利用する契約方式に移行した（図 9-2）。

　障害児施設給付の利用手続きの流れは次の通りとなる。①利用者は, 都道府県（指定都市・児童相談所設置市を含む）へ障害児施設給付費の支給申請を提出,

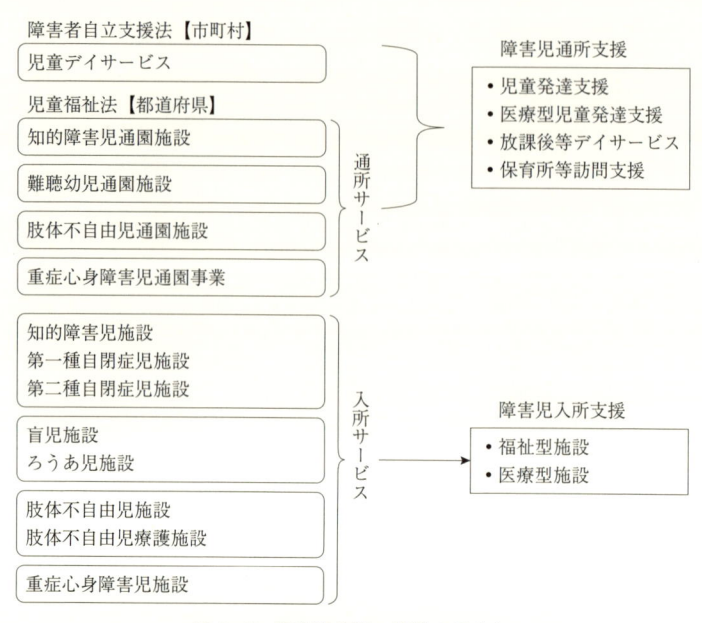

```
障害者自立支援法【市町村】                    障害児通所支援
┌─────────────────┐              ┌─────────────────────┐
│ 児童デイサービス        │              │ ・児童発達支援          │
└─────────────────┘              │ ・医療型児童発達支援       │
児童福祉法【都道府県】                   │ ・放課後等デイサービス      │
┌─────────────────┐              │ ・保育所等訪問支援        │
│ 知的障害児通園施設       │              └─────────────────────┘
├─────────────────┤   通
│ 難聴幼児通園施設        │   所
├─────────────────┤   サ
│ 肢体不自由児通園施設      │   │
├─────────────────┤   ビ
│ 重症心身障害児通園事業     │   ス
└─────────────────┘

┌─────────────────┐
│ 知的障害児施設         │
│ 第一種自閉症児施設       │
│ 第二種自閉症児施設       │      障害児入所支援
├─────────────────┤   入   ┌─────────────────┐
│ 盲児施設            │   所   │ ・福祉型施設        │
│ ろうあ児施設          │   サ   │ ・医療型施設        │
├─────────────────┤   │   └─────────────────┘
│ 肢体不自由児施設        │   ビ
│ 肢体不自由児療護施設      │   ス
├─────────────────┤
│ 重症心身障害児施設       │
└─────────────────┘
```

図 9-3 障害児施設・事業の見直し

出所：厚生労働省「障害保健福祉関係主管課長会議資料」，2011年，を一部筆者改変。

②障害児施設給付費の支給申請を受けた都道府県は，施設利用が適切であるかを判断し，支給の決定を行う。③障害児施設給付費の支給決定を受けた利用者は，希望する事業者（施設等）と書面で契約を締結する。④契約にもとづき，事業者からサービス提供がなされる。⑤利用者は，事業者から提供されたサービスに要する費用のうち，利用日数に応じた額（上限あり）と，食事等に要する費用の実費を事業者に支払う。⑥および⑦事業者は都道府県に対し，利用者の自己負担額を除いた額を障害児施設給付費として請求を行い，都道府県が事業者にこれを支払う。なお，2012（平成24）年4月から，障害児支援の強化を図るため，障害種別毎に分かれていた施設体系を，入所・通所の利用形態別に一元化し，入所サービスは福祉型施設と医療型施設に分類した（図9-3）。

　従来の措置制度によるサービス提供がなされていた当時は，保護者や利用者本人の所得に応じた応能負担による負担額が設けられていたが，措置制度から

第❾章　施設の運営管理

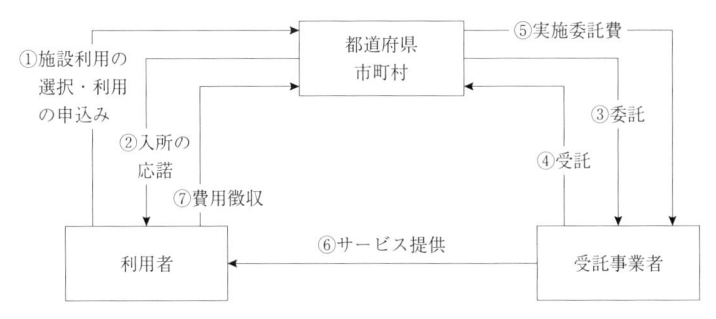

```
①施設利用の              都道府県       ⑤実施委託費
  選択・利用              市町村
  の申込み
         ②入所の                    ③委託
         　応諾                     ④受託
         ⑦費用徴収
    利用者       ⑥サービス提供       受託事業者
```

図9-4　選択利用方式（保育所方式）の流れ
出所：仲村優一ほか監修『エンサイクロペディア社会福祉学』中央法規出版，2008年，
　　　を一部筆者改変。

　契約制度になったことで，保護者や利用者の所得（負担額上限の設定）とサービス利用量に応じた負担額（応益負担）が設定されることになった。実際には，福祉型施設では，サービスにかかる費用については1割負担，食費・光熱水費は実費負担となる。契約制度に移行し，サービス量に応じた負担額を支払うことにより，結果として措置制度の場合よりも自己負担が増え，サービスの利用が困難になったとの批判も多く，国は利用者負担の引き下げや事業者に対する激変緩和措置などを実施しているが，今後，さらなる見直しが求められている。
　1997（平成9）年の児童福祉法改正により，保育所の利用で契約方式（選択利用方式）が導入されている。しかし，契約方式とはいえ，この選択利用方式では，事業者と利用者の直接契約ではなく，市町村を通じての利用契約であるところに特徴がある。
　選択利用方式の流れは，次に示す通りである（図9-4）。①利用者は，サービスの選択をして市町村にその利用を申し込む。②市町村は，利用者に対して，サービス利用の要件を満たしていれば，サービス利用について応諾する。③市町村は事業者に対し，サービス提供の委託を行なう。④事業者は市町村に対し，受託する。⑤市町村はサービスの提供に対し，実施委託費を事業者に支払う。⑥事業者は利用者にサービス提供を行う。⑦利用者は事業者から提供されたサービスにかかる費用の一部を負担する。

選択利用方式は、保育所のほかに、母子生活支援施設と助産施設で導入されている。

第4節　施設利用者の権利擁護と情報開示

　言うまでもなく子どもは権利の主体である。このことは、家庭で生活を営んでいる子どもはもちろんのこと、施設で生活している子どもの同様である。しかし、子どもはさまざまな権利の主体であるにもかかわらず、その特性ゆえに、その権利が阻害され、剝奪されやすいことも事実である。児童福祉施設においては、子どもの権利の保障に対する積極的な取り組みが求められる。山縣は施設で暮らす子どもの権利擁護の実際について、利用に際しての権利擁護、利用中の権利擁護、退所に向けての権利擁護、を示しており、児童福祉施設の入所前から退所に至るまでのさまざまな場面で、子どもの権利を守るための取り組みが必要であるとしている。近年、多くの自治体では「(子どもの)権利ノート」を作成し、児童福祉施設で生活する子どもに配布することで、子ども自身が持つ権利について知る機会を提供している。

　また近年では、児童福祉施設に限らず社会福祉施設全体に課せられている課題のひとつとして、運営の透明性の確保が挙げられる。運営の透明性を確保するための制度としては、第三者評価制度があり、事業所調査と利用者調査の調査結果を基に福祉サービスの質を総合的に評価され、その結果は施設や事業者の了解を得て公表される。このような公表をともなう評価制度を通して、個々の施設が問題点を把握し改善に取り組むことでサービスの質を向上すると共に、適切な施設運営や、利用者がサービスを選択する際の情報としても活用される。

〈参考文献〉
仲村優一ほか監修『エンサイクロペディア社会福祉学』中央法規出版、2008年。
厚生労働省「社会福祉施設の整備及び運営について」2008年。

(田中浩二)

第10章
社会的養護の現状と課題

―学習のポイント―
　社会的養護の中で,「虐待を受けた子どもの心のケア」が大きな問題になっている。また,児童養護施設などの大舎制,ローテーション,変則勤務による職員体制では子どもへの対応がむずかしいのではないとの見解が出されている。本章では,虐待の基本的事項について確認し,今後の社会的養護の方向性を示したものである。保育士として,地域の社会資源をどう活用するかの視点を持って学んでいただきたい。

第1節　被措置児童等の虐待防止

(1) 児童虐待の定義

　児童虐待に対する社会的な認知や意識の高まりと共に,「児童虐待の防止等に関する法律（以下,児童虐待防止法)」が制定,施行されたのは2000（平成12）年のことである。
　児童虐待とはいかなるものかについては児童虐待防止法第2条によって定義されており,その内容は以下の通りである。

児童虐待防止法

第2条　この法律において,「児童虐待」とは,保護者（親権を行う者,未成年後見人その他の者で,児童を現に監護するものをいう,以下同じ。）がその監護する児童について次に掲げる行為をいう。
一　児童の身体に外傷が生じ,又は生じるおそれのある暴行を加えること。

> 二　児童にわいせつな行為をすること又は児童をしてわいせつな行為をさせること
> 三　児童の心身の正常な発達を妨げるような著しい減食又は長時間の放置，保護者以外の同居人による前二号又は次号に掲げる行為と同様の行為の放置その他の保護者としての監護を著しく怠ること。
> 四　児童に対する著しい暴言又は著しく拒絶的な対応，児童が同居する家庭における配偶者に対する暴力（配偶者；婚姻の届出をしていないが，事実上婚姻関係と同様の事情にある者を含む。）の身体に対する不法な攻撃であって生命又は身体に危害を及ぼすもの及びこれに準ずる心身に有害な影響を及ぼす言動をいう。）その他の児童に著しい心理的外傷を与える言動を行うこと。

つまり，児童虐待とは，保護者が児童に対して行う行為であることを前提し，①身体的虐待，②性的虐待，③ネグレクト，④心理的虐待，の4つに分類して定義されている。

児童虐待の種別が上記のように定義されたのは，児童虐待防止法が制定した2000（平成12）年のことであるが，もちろんそれ以前に児童虐待が存在していなかったわけではない。戦後から今日に至るまで児童福祉施策の中核を担ってきた児童福祉法（1947〔昭和22〕年制定）でも「保護者のない児童又は保護者に監護させることが不適当であると認められる児童」を「要保護児童」として，「要保護児童」を発見した者は，これを市町村，都道府県の設置する福祉事務所もしくは児童相談所に通告しなければならないとしている。すなわち制度上においても，終戦直後から児童虐待は認識されており，当時から国民の義務として児童相談所への通告が求められていた。しなしながら，顕在化し社会問題化してきた児童虐待に対して，児童相談所をはじめとする関連機関が積極的に取り組むべき必要性から，児童虐待防止法が制定され，必然的に児童虐待の内容も定義されることとなった。

（2）児童虐待の実態

厚生労働省は1990（平成2）年度から児童相談所における児童虐待の相談件数を公表している。1990（平成2）年度では1,101件であった児童虐待相談件数は，2010（平成22）年度で56,384件と5倍以上に増加した（図10-1）。また，児

第 10 章　社会的養護の現状と課題

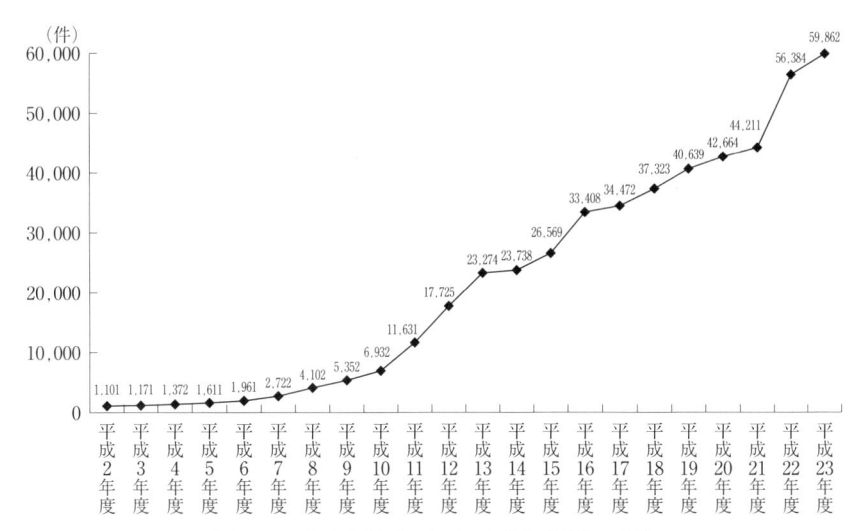

図 10-1　児童相談所における虐待相談件数の推移

年度	件数
平成 2 年度	1,101
平成 3 年度	1,171
平成 4 年度	1,372
平成 5 年度	1,611
平成 6 年度	1,961
平成 7 年度	2,722
平成 8 年度	4,102
平成 9 年度	5,352
平成 10 年度	6,932
平成 11 年度	11,631
平成 12 年度	17,725
平成 13 年度	23,274
平成 14 年度	23,738
平成 15 年度	26,569
平成 16 年度	33,408
平成 17 年度	34,472
平成 18 年度	37,323
平成 19 年度	40,639
平成 20 年度	42,664
平成 21 年度	44,211
平成 22 年度	56,384
平成 23 年度	59,862

出所：厚生労働省「社会的養護の現状について（参考資料）」，2012年。

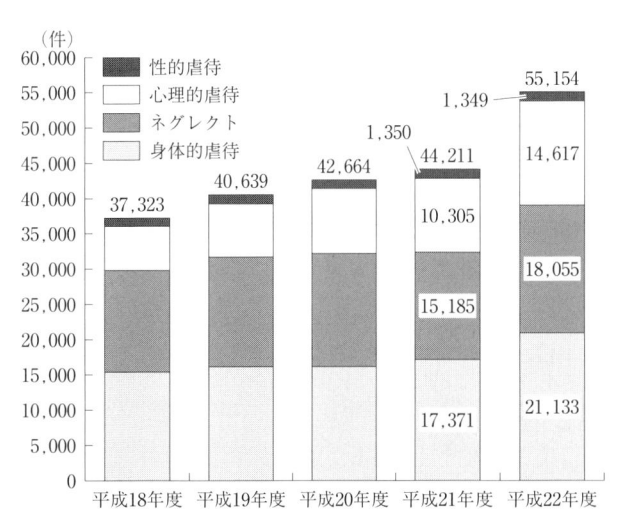

図 10-2　児童虐待の相談種別対応件数

	平成18年度	平成19年度	平成20年度	平成21年度	平成22年度
合計	37,323	40,639	42,664	44,211	55,154
性的虐待				1,350	1,349
心理的虐待				10,305	14,617
ネグレクト				15,185	18,055
身体的虐待				17,371	21,133

注：平成22年度は，東日本大震災の影響により宮城県，福島県を除いて集計した数値である。
出所：厚生労働省「平成22年度福祉行政報告例の概況」，2011年。

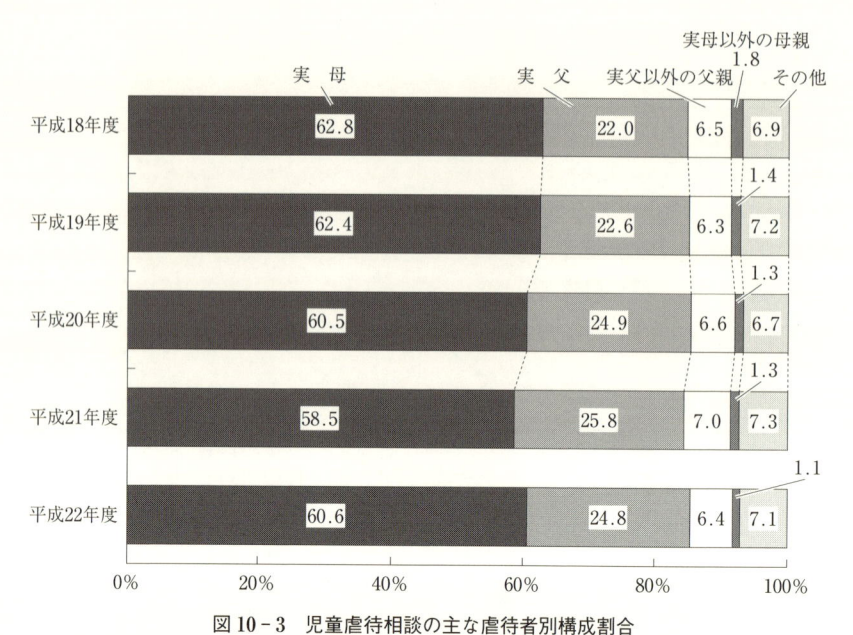

図10-3 児童虐待相談の主な虐待者別構成割合

	実母	実父	実父以外の父親	実母以外の母親	その他
平成18年度	62.8	22.0	6.5	1.8	6.9
平成19年度	62.4	22.6	6.3	1.4	7.2
平成20年度	60.5	24.9	6.6	1.3	6.7
平成21年度	58.5	25.8	7.0	1.3	7.3
平成22年度	60.6	24.8	6.4	1.1	7.1

注:平成22年度は,東日本大震災の影響により宮城県,福島県を除いて集計した数値である。
出所:厚生労働省「平成22年度福祉行政報告例の概況」,2011年。

童虐待防止法が制定された2000(平成12)年度以降は特に顕著な増加傾向にある。これには,さまざまな理由が考えられるが,1つには,児童虐待防止法が成立したことによる社会や子どもに関する関連機関の児童虐待に対する意識の高まりによることが挙げられる。

児童虐待の相談種別対応件数について見てみると,2010(平成22)年度では「身体的虐待」が21,133件,「ネグレクト」が18,055件,「心理的虐待」が14,617件,「性的虐待」が1,349件となっている(図10-2)。これらは各事例における主な虐待種別を集計しているが,実際には複数の虐待種別が複合的に起きている場合が多い。これらの虐待種別で最も伸び率が高いのが「心理的虐待」であり,2009(平成21)年度と2010(平成22)年度を比較してもおよそ1.5倍の伸び率となっている。

また,児童虐待相談における主な虐待者を見てみると,2010(平成22)年度

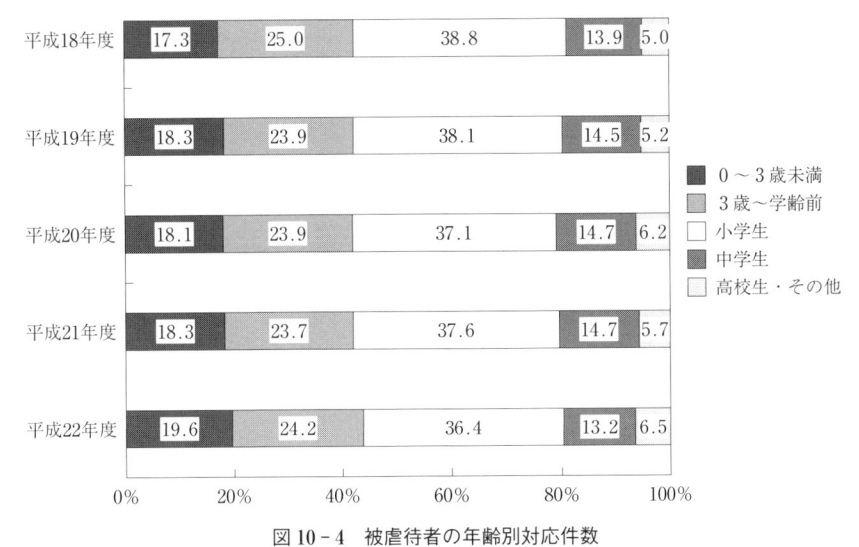

図10-4　被虐待者の年齢別対応件数

年度	0～3歳未満	3歳～学齢前	小学生	中学生	高校生・その他
平成18年度	17.3	25.0	38.8	13.9	5.0
平成19年度	18.3	23.9	38.1	14.5	5.2
平成20年度	18.1	23.9	37.1	14.7	6.2
平成21年度	18.3	23.7	37.6	14.7	5.7
平成22年度	19.6	24.2	36.4	13.2	6.5

注：平成22年度は，東日本大震災の影響により宮城県，福島県を除いて集計した数値である。
出所：厚生労働省「平成22年度福祉行政報告例の概況」，2011年から著者作成。

では実母が60.6%，実父が24.8%，実父以外の父親が6.4%，実母以外の母親が1.1%，その他7.1%となっており，実の父母による虐待者が約85%に上っていることがわかる（図10-3）。

被虐待者の年齢別対応件数については，2010（平成22）年度で0～3歳未満が19.6%，3歳～学齢前が24.2%，小学生が36.4%，中学生が13.2%，高校生その他が6.5%となっている（図10-4）。全年齢階層のおよそ半数が学齢前，いわゆる小学校就学前までの乳幼児であり，小学校就学中を含めると8割を超える。被虐待者の特徴として低年齢が挙げられる。この傾向は，児童虐待での最悪な結果である虐待死ではさらに顕著である。2012（平成24）年7月に公表された「子ども虐待による死亡事例等の検証結果等について（第8次報告）」で，2010（平成22）年4月1日から2011（平成23）年3月31日の1年間で発生した虐待の死亡事例について，45例（51人）が報告された。報告された45例（51人）での子どもの年齢は0歳児が23人と全体の45.1%，0歳から3歳まででは全体

の84.3％と，低年齢児に集中している。

（3）児童虐待の防止

　児童虐待を発見することは非常にむずかしい。なぜなら，児童虐待は密室で行われることが多く，虐待を行っている当事者から虐待の事実が明らかになることはまれである。虐待を行っている親がその行為を秘密にしたいことは想像にかたくないが，虐待を受けている子どもも親を失う不安などを背景として，虐待を受けている事実を明らかにしたがらないケースが多い。このような状況下で虐待が継続的かつ深化していくことで，虐待が明らかになった時には，結果として大きな身体的・精神的な傷を子ども自身が抱えることになる。また，児童虐待防止法で定義されている身体的虐待，性的虐待，ネグレクト，心理的虐待のうち，身体的虐待および性的虐待は直接的かつ可視的である。一方，ネグレクトと心理的虐待は目に見えづらいため発見が遅くなることで虐待が長期にわたり，子どもの身体的・情緒的成長に深刻な影響を及ぼすことも少なくない。いずれにしても，虐待によって受ける子どもの身体的・精神的な傷は深く，親子関係の修復も含めて，子どもの健全な成長を取り戻していくためには多くの時間を要することになる。

　児童虐待を防ぐためは，大きく2つの観点から考えることが大切である。ひとつは予防であり，もうひとつは対応となる。以下では，児童虐待の予防と対応の2つの視点から，児童虐待を防止する取り組みについて見ていく。

1）児童虐待の予防

　児童虐待によって受ける子どもが受ける傷の大きさは計り知れず，その修復には膨大な時間と労力を必要とすると共に，決して容易なことではない。また，児童虐待は発見することが非常に困難であることからも，その発生を水際で防ぐという予防の観点が重要となる。

　児童虐待の予防において，しばしば議論の的となる事柄の1つが，「果たして予防は可能であるか」ということである。結論からすれば，これをすれば完全に予防することができるという取り組みは存在しない。児童虐待は，個別的

要因や社会的要因，環境的要因，経済的要因など，顕在的または潜在的な種々の要因が複合的に絡み合って起きていることからも，多様な取組みが必要であり，唯一かつ単独の予防方法はないと言える。そうであるからといって，やみくもに予防策を検討することは非効率である。これまでの数々の事例や研究等の積み重ねにより，児童虐待が起きる背景や特徴は少なからず明らかにされている。たとえば，「子ども虐待による死亡事例等の検証結果等について（第8次報告）」で示された，虐待死事例の8割以上が0歳児から3歳児で占められていることも，虐待死の予防策を効果的に構築する上でのひとつの重要な根拠となる。つまり，児童虐待の予防においては，多くの事例や研究，または経験側も併せて，虐待に至る顕在的・潜在的リスク要因に着目して，一つひとつの虐待要因を減らしていくことが結果として効率的な予防につながっていくことになるのである。

今日，わが国で行われている児童虐待予防の取り組みとしては，妊娠期からの子育てを国民全体に対して支援する活動（ポピュレーションアプローチ）と，虐待を誘発しやすい環境や要因を持っている親あるいは親子に対して個別的に支援する活動（ハイリスクアプローチ）の2つがある。

母親の子育てに対する不安や子どもとも愛着関係形成を妊娠期から支えていくポピュレーションアプローチは，母子保健法を基軸に，母子健康手帳の交付や新生児訪問事業，乳幼児健康診査（乳児健康診査，1歳6か月健康診査，3歳児健康診査）などの母子保健施策として保健所や保健センター，市町村を中心に実施されている。これらの施策を通して，子どもの健全育成だけでなく，親子が抱える児童虐待のリスク要因をスクリーニングしていくことで個別的なケア必要性を探ると共に，児童虐待の早期発見に繋げていくことも可能となる。

虐待のリスク要因を抱えていると見られる親あるいは親子に対して個別的に行われる活動として家庭訪問による支援が行われる。家庭訪問では，親や親子間の抱える問題を直接アセスメントし，必要に応じて関係機関との連携を取りながら，虐待要因となるリスクを軽減または削減できるよう支援していくことになる。

2）児童虐待への対応

実際に児童虐待が起きている際には，早期発見から子どもの安全確認・確保，そして，子どもへのケア，さらには親子関係の修復といった，一連の児童虐待対応が求められる。

児童虐待への対応では，早期発見と早期対応が重要となるが，早期発見については，児童福祉法第25条で，「要保護児童を発見した者は，これを市町村，都道府県の設置する福祉事務所若しくは児童相談所又は児童委員を介して市町村，都道府県の設置する福祉事務所若しくは児童相談所に通告しなければならない」と規定しており，虐待を受けている子どもを含めた要保護児童の通告義務を国民に課している。また，児童虐待防止法第5条では，「学校，児童福祉施設，病院その他児童の福祉に業務上関係のある団体及び学校の教職員，児童福祉施設の職員，医師，保健師，弁護士その他児童の福祉に職務上関係のある者は，児童虐待を発見しやすい立場にあることを自覚し，児童虐待の早期発見に努めなければならない」としており，児童に関わる団体や職種に就いている者を児童虐待の早期発見のためのキーパーソンに位置づけている。ただし，先にもふれた通り，児童虐待はその関係者によって隠されることが多いため，発見することは非常にむずかしい。児童虐待に対する地域社会の関心が高まることや，児童にかかわる専門職の虐待への認識がより高まることが児童虐待の早期発見の第一歩になる。

児童虐待の一連の対応について，通告に始まりその後の対応に至るまでの基本的な流れが示されている（図10-5）。

▼通告・相談への対応

児童虐待の通告は，児童本人や家族，虐待をしている親をはじめ，近隣住民や民生児童委員，保育所，子育て支援センター，児童家庭支援センター，保健所・保健センター，小中学校，教育相談室，医療機関，そして警察などから児童相談所または福祉事務所に対して行われる。福祉事務所も通告先として位置づけられているが，児童虐待への調査や判定といった介入は児童相談所が行うため，多くの場合，通告を受けた福祉事務所は当該ケースを児童相談所に送致

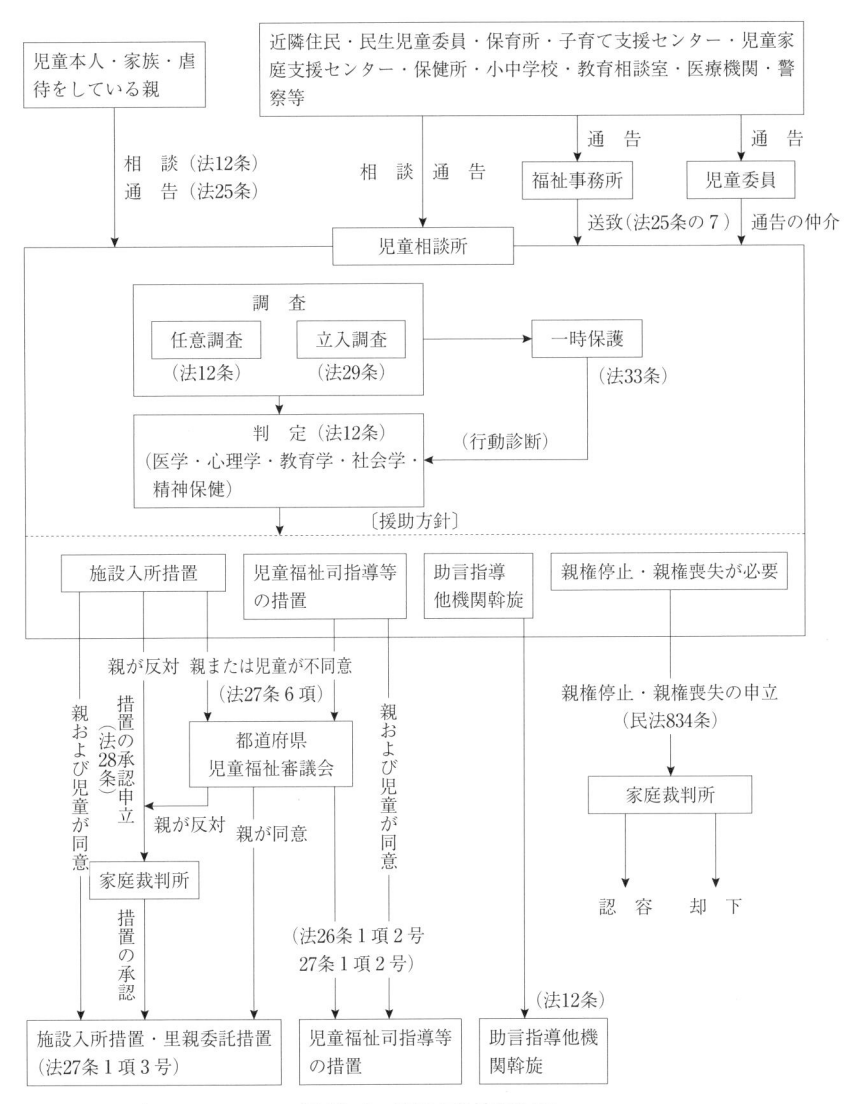

第10章　社会的養護の現状と課題

図10-5　児童虐待対応の流れ

注：「法」は児童福祉法を示す。
出所：厚生労働省資料を筆者一部改変。

するのが一般的である。

通告を受けた児童相談所では，緊急受理会議を開催して初期対応を検討すると共に，緊急を要すると判断される事例においては対応を開始する。

▼調査および保護者・子どもへのアプローチ

通告を受理した際には，通告者や保護者，子ども，関係機関などから聞き取りや面接等の方法で必要な情報を収集するための調査が行われる。調査では，虐待の種類やレベル，虐待の事実と経過，子どもの安全確認と身体・心理・生活環境，子どもと保護者の関係，保護者や同居人に関する情報，その他の関係者に関する情報，などを把握する。調査は，任意に行われるもののほかに，児童虐待が行われている恐れがあって，保護者が児童相談所の介入に拒否的な場合には警察の協力も得て立入調査を行うことができる。なお，調査においては，2名上の児童相談所職員での対応が原則とされている。

▼一時保護

調査の結果，子ども自身が保護を求めている，すでに重大な児童虐待の事実がある，または重大な結果をもたらす可能性があるなど，緊急性が高く，子どもの安全を優先して保護する必要がある場合には，一時保護が行われる。

一時保護の期間は原則として2か月間とされているが，必要と認められる場合には延長することが可能である。

また，一時保護は原則として児童相談所の一時保護所を活用することとされているが，児童虐待が発生した場所や時間，子どもの年齢，子どもの心身の状況など，一定の理由による場合，医療機関や児童福祉施設，里親，警察署などで一時保護することがある（委託一時保護）。

▼判定・支援

児童相談所に通告された個々の事例について最善の援助を検討するために診断が行われ，診断の結果をもとに判定とし援助方針が決定される。

診断には，児童福祉司による社会診断，心理職員による心理診断，医師による医学診断，一時保護所の児童指導員が保育士による行動診断がある。

判定は，各種診断をもとに，児童相談所長や各部門の長，各担当等が参加す

る判定会議において検討されるのが通常である。

▼支援（在宅指導）

　虐待通告受理後に，虐待の内容や程度，家庭の状況等から，児童相談所や市町村が在宅で援助することが可能と判断した際，児童福祉司等が養育環境や親子関係の調整・指導，子どもへの心理的援助を行う。また，児童福祉司等による指導では，必要に応じて家庭訪問を行う場合や児童相談所に親子で来所してもらい，継続的に援助を行う。

▼支援（親子分離）

　在宅での指導や援助が難しく，子どもの安全の確保が図れないと判断された場合には，子どもを家庭から離して，子どもの安全と発達を保障する必要がある。その際には，子どもの年齢や状況に応じて，乳児院や児童養護施設に入所させたり，里親へ委託する措置がとられることになる。親子分離の措置は保護者の同意の下に行われるのが基本となるが，児童相談所では親子分離が適当であると判断しているにもかかわらず，親子分離を拒否したり，強引に子どもを引き取ろうとする場合には，家庭裁判所に対し施設入所措置等の承認の申し立てを行い，その承認にもとづき親子分離の措置をとることになる。

▼親権喪失・親権停止

　親が親権を濫用することで，子どもの利益をいちじるしく害すると認められる場合，児童相談所長は家庭裁判所に親権停止の審判の請求を行う。親権喪失は，親権者，つまり親の意に反して強制的に親権を剥奪する制度であり，親権喪失宣言の申立てがなされると，家庭裁判所は調査，審理を行い，子どもの福祉のために親権喪失の必要があると判断すると，親権喪失の宣言をする。親権喪失の宣言がなされると，親が子どもに対して持っていた親権はすべて消滅することになる。

コラム

親　権

　民法第818条1項で「成年に達しない子は父母の親権に服する」とある。さらに，同じ民法の中で，親権を行う者の子に対する監護を行う権利と義務，居所を定める権

> 利，職業を許可する権利などが定められている。
> 　従来，親権が濫用され，不適当な親権行使がなされる場合には，親権喪失の審判による親権の喪失がなされたが，児童虐待の防止の観点から見ても，親権喪失は重大な意味を持っている一方で，親子関係の断絶は子どもに与える影響も大き過ぎることも危惧され，利用しづらいと言われてきた。そこで，2011（平成23）年に民法が改正され，2年間を超えない範囲で親権を停止する制度が設けられた。

（4）地域での児童虐待防止

　基本的には，子どもにとって，親と一緒に地域社会の中で生活することが望ましいことは異論のないところである。しかし，一緒で生活することのみが子どもにとっての最善の利益ではなく，適切な親子関係の下で健やかに養育されることが重要である。このことは，児童虐待の対応の目標が子どものケアだけでなく，親子関係の修復にも向けられていることからも明らかである。子どもが虐待を受けずに，良好な親子関係の下，地域社会の中で暮らしていくためには，地域社会の中に，子どもが安心・安全に生活できる環境が整えられ，必要に応じて親への支援も用意されていることが大切である。

　地域の中での要保護児童対策としては，2000（平成12）年度に，市町村区域において保健，医療，福祉，教育，司法，警察などの関係機関が情報交換や援助検討を行う「児童虐待防止市町村ネットワーク事業」が創設された。また，2004（平成16）年には，児童福祉法改正により，市町村による相談や「要保護児童対策地域協議会」が法定化され，児童虐待に対して地域の関係機関が連携する体制が整備された（図10-6）。「要保護児童対策地域協議会」では，保育所や学校，医療機関など地域で日ごろ子どもにかかわる関係機関が児童虐待への関心を持ちつつ，児童虐待が発見された際には市町村や児童相談所と連携を取り，子どもの個別の事情に応じたきめ細やかな支援の提供を可能にする。子どもにかかわるさまざまな社会資源が子どもや家庭に関心を寄せることで，児童虐待を早期に発見・対応し，適切な支援へと結びつけていく役割を担っている。

　さらに，2008（平成20）年の児童福祉法の改正では，「乳児家庭全戸訪問事業」や「養育支援訪問事業」が法定化され，従来の通告による対応だけでなく，

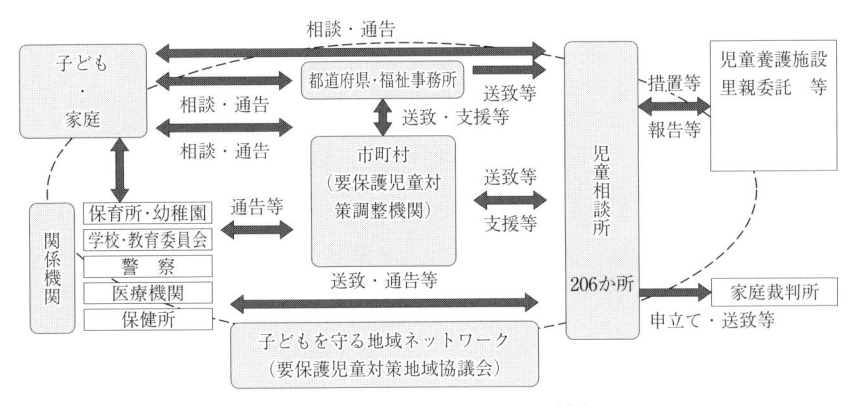

図10-6 地域における虐待防止対策
出所：厚生労働省「社会的養護の現状について（参考資料）」, 2012年。

より積極的に児童虐待の予防や発見につなげていく訪問型（アウトリーチ型）の事業が展開されている。

「乳児家庭全戸訪問事業」は，乳幼児は虐待を受けるリスクが高いことを受け，2007（平成19）年より実施されていた「こんにちは赤ちゃん事業」が法定化されたものであり，生後4か月未満の子どもがいるすべての過程を対象に保健師等が訪問する。

「育児支援訪問事業」は，2004（平成16）年より市町村によって実施されていた「育児支援家庭訪問事業」が法定化されたものであり，支援が必要と思われる家庭を保健師等が訪問して相談に対応する。

これら訪問型の事業を，母子保健法によって実施されている乳幼児健康診査等と併せて，親子間や家庭の抱える問題に対して早期に対応することが必要となる。

〈参考文献〉
庄司順一・鈴木力・宮島清編『子ども虐待の理解・対応・ケア』福村出版, 2011年。
厚生労働省「社会的養護の現状について（参考資料）」, 2012年。
厚生労働省「平成22年度福祉行政報告例の概況」, 2011年。

第2節　社会的養護と地域

（1）社会的養護ニーズの変化

　2012（平成24）年厚生労働省から出された「社会的養護の現状について」では，保護者のない児童，被虐待児など家庭環境上養護を必要とする児童などに対し，公的な責任として，社会的に養護を行う対象児童は，約4万5千人いるとしている。特に，全国の児童相談所における児童虐待に関する相談件数は，児童虐待防止法施行前の1999（平成11）年度に比べ，2010（平成22）年度には約5倍に増加している。

　また，社会的養護の中で障害などを持つ児童の割合については，図10-7の通り増えている。

　情緒障害児短期治療施設では70.7％の児童が何らかの障害を持っていると報告されている。さらに，児童養護施設23.4％，乳児院32.3％の児童が障害を持っていると報告されている。障害の内訳については表10-1の通りである。

　この表から，ADHD（注意欠陥／多動性）やLD（学習障害）などの発達障害児に対する対応が，社会的養護対策の中でも大きな課題となってくることが想定される。2004（平成16）年に発達障害者支援法が施行された。同法では，発達障害児の教育について，その障害の状況に応じ適切な教育的支援，支援体制の整備等の措置を講ずるものとしている。

重要語解説

ADHD（注意欠陥／多動性）

　Attention-Deficit/Hyperactivity Disorder（注意欠陥／多動性）について，文部科学省は「ADHDとは，年齢あるいは発達に不釣り合いな注意力，及び／又は衝動性，多動性を特徴とする行動の障害で，社会的な活動や学業の機能に支障をきたすものである。また，7歳以前に現れ，その状態が継続し，中枢神経系に何らかの要因による機能不全があると推定される」と定義している。

第 10 章　社会的養護の現状と課題

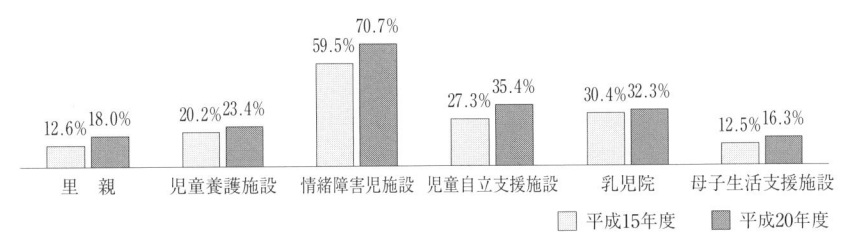

　　　　　　　　　　　　　　　70.7%
　　　　　　　　　　　　59.5%
　　　　　　　　　　　　　　　　　　　　　　　　　　35.4%　　　　　30.4% 32.3%
　　　　　　　　20.2% 23.4%　　　　　　　　　　　27.3%
　12.6% 18.0%　　　　　　　　　　　　　　　　　　　　　　　　　　　　　　　　　　　　　12.5% 16.3%
　　里　　親　　　児童養護施設　　情緒障害児施設　児童自立支援施設　　乳児院　　　母子生活支援施設
　　　　　　　　　　　　　　　　　　　　　　　　□ 平成15年度　　■ 平成20年度

図 10-7　社会的養護児童の障害等を持つ児童の割合
注：平成15年度調査ではLD（学習障害）と広汎性発達障害の調査は行われていない。
出所：厚生労働省雇用均等・児童家庭局「児童養護施設入所児童等調査結果の要点（平成20年2月1日現在）」2009年から筆者作成。

表 10-1　社会的養護児童の心身の状況（割合）

	総数	障害等あり	障害等あり内訳（重複回答）									
			身体虚弱	肢体不自由	視聴覚障害	言語障害	知的障害	てんかん	ADHD	LD	広汎性発達障害	その他の障害等
里　親	100%	18.0%	2.6%	0.7%	0.9%	0.7%	6.6%	0.7%	1.5%	0.5%	2.0%	4.2%
児童養護施設	100%	23.4%	2.4%	0.4%	0.8%	1.3%	9.4%	1.2%	2.5%	1.1%	2.6%	7.3%
情緒障害児施設	100%	70.7%	0.6%	0.5%	0.3%	0.4%	10.7%	2.1%	11.9%	3.2%	16.8%	44.9%
児童自立支援施設	100%	35.4%	1.0%	0.3%	0.6%	0.6%	9.3%	1.6%	9.0%	3.2%	7.3%	13.2%
乳児院	100%	32.3%	20.4%	3.2%	2.8%	3.1%	5.5%	1.8%	0.2%	0.0%	0.9%	8.6%
母子生活支援施設	100%	16.3%	3.4%	0.4%	0.4%	1.0%	3.8%	0.8%	1.0%	1.0%	1.9%	6.1%

出所：厚生労働省雇用均等・児童家庭局「児童養護施設入所児童等調査結果の要点（平成20年2月1日現在）」2009年から筆者作成。

―重要語解説―

LD（学習障害）

　Learning Disabilities（学習障害）について，文部科学省は「学習障害とは，基本的には全般的な知的発達に遅れはないが，聞く，話す，読む，書く，計算する又は推論する能力のうち特定のものの習得と使用に著しい困難を示す様々な状態を指すものである。学習障害は，その原因として，中枢神経系に何らかの機能障害があると推定されるが，視覚障害，聴覚障害，知的障害，情緒障害などの障害や，環境的な要因が直接の原因となるものではない」と定義している。

また，2005（平成17）年12月に中央教育審議会が「特別支援教育を推進するための制度の在り方について（答申）」を出している。この答申では「現在，小・中学校において通常の学級に在籍するLD・ADHD・高機能自閉症等の児童生徒に対する指導及び支援が喫緊の課題となっており，『特別支援教育』においては，特殊教育の対象となっている幼児児童生徒に加え，これらの児童生徒に対しても適切な指導及び必要な支援を行うものである」としている。これにもとづき，2006（平成18）年学校教育法等の一部が改正され，2007（平成19）年から特別支援教育として，特別支援学校，特別支援学級，通級による指導等が行われている。

コラム

障害者基本法の改正（共生による社会の実現）について

　2011（平成23）年7月29日成立した，「障害者基本法の改正について」では，目的規定の見直しが行われ「全ての国民が，障害の有無にかかわらず，等しく基本的人権を享有するかけがえのない個人として尊重されるものであるとの理念にのっとり，全ての国民が，障害の有無によって分け隔てられることなく，相互に人格と個性を尊重し合いながら共生する社会を実現する」が加えられた。
　また，同法3条の地域社会における共生等では，「全て障害者は，あらゆる分野の活動に参加する機会が確保されること。・全て障害者は，どこで誰と生活するかについての選択の機会が確保され，地域社会において他の人々と共生することを妨げられないこと。・全て障害者は，言語（手話を含む。）その他の意思疎通のための手段についての選択の機会が確保されるとともに，情報の取得又は利用のための手段についての選択の機会の拡大が図られること」などが加えられ障害者が地域社会で共生する社会実現が求められている。
　　注：下線は筆者記載。

　このように教育分野でも発達障害児に対する支援を考慮した改革がなされてきた。これは社会的養護必要とする児童の中にも同様であり，発達障害に対する知識や支援方法の確立がさらに求められている。

第10章　社会的養護の現状と課題

表10-2　里親委託を推進する上での課題と取り組み

実施体制，実施方針の問題	実施体制，実施方針
・児童福祉司が虐待対応業務に追われていることから，里親委託への業務に十分に関われていない。 ・里親専任担当職員が配置されていないなど，里親を支援するための体制の整備が十分でない。 ・未委託里親の状況や里親委託を検討できる児童の情報など，県内全児相での情報共有が必要。 ・職員の意識の問題として，失敗を恐れると委託に消極的になり，無難な施設を選択する等の問題　等。	・里親支援機関事業を外部に委託し，里親支援体制を充実 ・里親会の強化 ・里親担当職員の増員等 ・里親委託のガイドラインの策定 ・里親委託等推進委員会を設置し，関係機関・団体の間で里親委託に対する共通認識を持ち，委託推進の機運を高める ・相談ケースごとに里親委託の検討。施設入所児童の中から，委託可能な児童を掘り起こし等

出所：厚生労働省「社会的養護の現状について（参考資料）」2012年，30頁から一部引用筆者作成（平成22年10月，各都道府県市へのアンケート結果より）。

（2）地域社会での支援体制

　社会的養護を必要とする児童の中に，虐待や障害等のある児童が増えてきている中で，社会的養護の方向は里親，ファミリーホームなどの家庭養護が今後の支援の中心に据えられた。家庭養護の利点は養育者と児童とのつながりが深く，また，より家庭的雰囲気を児童に提供することができることにある。児童福祉施設の集団生活，ローテーション勤務を基本とした職員態勢では確立できないつながりが期待される。

　しかし，前述の通り社会的養護を必要とする児童の状況は大変にむずかしくなってきている。児童養護施設などでは1999（平成11）年から心理療法担当職員，家庭支援専門相談員，2001（平成13）年から個別対応職員を設置し，それぞれ常勤化を図ってきた。しかし，家庭養護の中心である里親ではより困難なケースについては専門里親が行うことになってはいるが，基本的には里親夫婦などで対応しなくてはならないことになる。これには里親という存在を地域社会の中でいかに支えていくかが課題となる。里親委託を推進する上での課題については表10-2の通り，現在の児童相談所の機能だけでは里親の支援がむずかしいことが挙げられている。

社会的養護を必要とする児童に対して，2004（平成16）年の児童福祉法改正で，市町村による相談や「要保護児童対策地域協議会（子どもを守る地域ネットワーク）」が法定化され，虐待を受けた児童，非行児童などの要保護児童対策について，地域の関係機関が連携する体制が設けられた。

　2005（平成17）年には「市町村児童家庭相談援助指針」等が策定された。この中で，改正の基本的な考え方として，あらゆる児童家庭相談について児童相談所が対応することとされてきたが児童相談所のみが受け止めることはかならずしも効率的ではないとし，①児童家庭相談に応じることを市町村の業務として法律上明確にし，住民に身近な市町村において，虐待の未然防止・早期発見を中心に積極的な取り組みを求めつつ，②都道府県（児童相談所）の役割を，専門的な知識および技術を必要とするケースへの対応や市町村の後方支援に重点化し，③さらに保護者に対する指導に家庭裁判所が関与する仕組みを導入するなど，司法関与の強化を行う方向性を示した。

　2008（平成20）年の児童福祉法改正では，虐待予防に資する「乳児家庭全戸訪問事業（こんにちは赤ちゃん事業）」と，「養育支援訪問事業」などが法定化された。

　乳児家庭全戸訪問事業（こんにちは赤ちゃん事業）とは，「生後4か月までの乳児のいるすべての家庭を訪問し，さまざまな不安や悩みを聞き，子育て支援に関する情報提供等を行うとともに，親子の心身の状況や養育環境等の把握や助言を行い，支援が必要な家庭に対しては適切なサービス提供につなげる。このようにして，乳児のいる家庭と地域社会をつなぐ最初の機会とすることにより，乳児家庭の孤立化を防ぎ，乳児の健全な育成環境の確保を図る」こととしている。

　また，養育支援訪問事業の目的は，「育児ストレス，産後うつ病，育児ノイローゼ等の問題によって，子育てに対して不安や孤立感等を抱える家庭や，さまざまな原因で養育支援が必要となっている家庭に対して，子育て経験者等による育児・家事の援助又は保健師等による具体的な養育に関する指導助言等を訪問により実施することにより，個々の家庭の抱える養育上の諸問題の解決，軽

減を図る」としている。いずれも実施主体を市町村（特別区を含む）としている。

2004（平成16）年の児童福祉法改正により虐待を受けた児童などに対する市町村の体制強化を固めるため「要保護児童対策地域協議会（子どもを守る地域ネットワーク）」の組織化が推進されている。この協議会が推進されることにより，ア．早期発見・早期対応，イ．関係機関の連携，ウ．担当者の意識変化が期待されている。

第3節　今後に期待されること

（1）社会的養護の将来像

2010（平成22）年1月29日に閣議決定された『「子ども・子育てビジョン」について〜子どもの笑顔があふれる社会のために〜添付2　施設に関する数値目標』では表10-3の通り2014（平成26）年までに里親等委託率を16％まで引き上げようとしている。これは里親委託児童を6,300人程度，小規模住宅型児童養育事業（ファミリーホーム）を700人程度（140か所）にすることである。

さらに，想定される将来像では里親委託児童を7,100人から12,500人程度，小規模住宅型児童養育事業（ファミリーホーム）5,000人程度とし，里親等委託率を31.6％から40％程度になるように考えている。

2011（平成23）年3月30日「里親委託ガイドライン」が厚生労働省雇用均等・児童家庭局長から通知された。その中に里親に期待される機能として，①特定の大人との愛着関係の下で養育されることにより，安心感，自己肯定感，基本的信頼感を育むことができる，②家庭生活を体験し，将来，家庭生活を築く上でのモデルとすることができる，③家庭生活での人間関係を学び，地域社会での社会性を養い，生活技術を獲得できるとし，里親委託優先の原則を打ち出した。将来的には本体施設である乳児院，児童養護施設の委託割合を3分の1に，グループホームである地域小規模児童養護施設，小規模ケアのグループホーム型を3分の1に，家庭養護である里親，ファミリーホームを3分の1とし社会的養護児童に対応するよう想定している。

表10-3 社会的養護充実のための里親等の拡充

項　目	現状（平成20年度） ※もしくは直近のデータ	目標値 （平成26年度）
里親等委託率	10.4%	16%
専門里親登録者数	495世帯	800世帯
養育里親登録者数 （専門里親登録者数を除く）	5,805世帯 （H21.10）	8,000世帯
小規模住居型児童養育事業 （ファミリーホーム）	―	140か所
児童養護施設	567か所	610か所
小規模グループケア	446か所	800か所
地域小規模児童養護施設	171か所	300か所
児童自立生活援助事業 （自立援助ホーム）	54か所	160か所
ショートステイ事業	613か所	870か所
児童家庭支援センター	71か所	120か所
情緒障害児短期治療施設	32か所	47か所
子どもを守る地域ネットワーク （要保護児童対策地域協議会） の調整機関に専門職員を配置し ている市町村の割合	58.3% （H21.4）	80% （市はすべて配置）
個別対応できる児童相談所一時 保護所の環境改善	35か所 （H21.4）	全都道府県・指定都市・児童相談所設置市

出所：2010（平成22）年1月29日閣議決定『「子ども・子育てビジョン」について～子どもの笑顔があふれる社会のために～添付2　施設に関する数値目標』から一部転記し筆者作成。

コラム

地域小規模児童養護施設

　地域小規模児童養護施設（児童養護施設における本体施設の分園〔グループホーム〕の内，この要綱に定める基準に適合するものとして都道府県知事，指定都市市長または児童相談所設置市市長の指定を受けたものを言う）は，地域社会の民間住宅等を活用して近隣住民との適切な関係を保持しつつ，家庭的な環境の中で養護を実施することにより，子どもの社会的自立の促進に寄与することを目的とする。児童定員は6人，専任の職員を2人配置することとなっている。2011（平成23）年10月現在で221か所の地域小規模児童養護施設が運営されている。

　出所：厚生労働省児童家庭局長通知「地域小規模児童養護施設の設置運営について」2000（平成12）年5月1日付から引用。

（2）家庭養護への支援体制

　里親，ファミリーホームなどの少ない集団で子どもの支援を行っていくことが，今後の大きな課題となっている。しかし，少ない集団で行われる日常支援に関しては密室化を招く危険性が多くなることが予測される。また，社会的養護を必要とする子どもたちの現況としては単なる家庭の代替機能だけでなくある種の治療的機能が求められている。

　里親，ファミリーホームなどの家庭養護の支援として，2012（平成24）年4月5日付，厚生労働省雇用均等・児童家庭局長通知「家庭支援専門相談員，里親支援専門相談員，心理療法担当職員，個別対応職員，職業指導員及び医療的ケアを担当する職員の配置について」が出された。これにより，2012（平成24）年4月1日から新たに児童養護施設および乳児院に里親支援専門相談員（里親支援ソーシャルワーカー）が配置された。里親支援専門相談員の業務内容としては次の9項目が挙げられる。

　①里親の新規開拓
　②里親候補者の週末里親等の調整
　③里親への研修
　④里親委託の推進
　⑤里親家庭への訪問および電話相談
　⑥レスパイトケアの調整
　⑦里親サロンの運営
　⑧里親会の活動への参加勧奨および活動支援
　⑨アフターケアとしての相談

重要語解説

レスパイトケア

　レスパイト（respite）とは，一時中断，一時預かりという意味であり，レスパイトケアとは一時的に休息などのため施設を利用することである。2006（平成18）年4月3日付，厚生労働省雇用均等・児童家庭局長通知，雇児発第0403019号「里親の一時的な休息のための援助の実施について」が出されている。里親がレスパイトケアを

> 受ける場合は児童相談所に申請をする。期間は，年7日以内とする。ただし，都道府県等の実施する研修に参加するために必要とする場合には，年7日を超えて利用できるものとするとなっている。

　なお，社会的養護を担当する各専門職の資格と配置先については表10-4の通りである。それぞれが各機関との連携が大切となる。たとえば，同通知では家庭支援専門相談員は「施設長は，対象児童の措置を行った児童相談所と密接な連携を図りその指導・助言に基づいて，家庭支援専門相談員をして具体的な家庭復帰，親子関係再構築等の支援を行わせるよう努めること」となっている。また，心理療法担当職員に関しては「施設長は，児童の措置を行った児童相談所又は母子の保護を行った福祉事務所と密接に連携し，その指導・助言に基づいて心理療法等を行うよう努める。なお，心理療法の実施については，精神科の嘱託医等の意見を聴くことが望ましい」とされている。それぞれの専門職が連携して社会的養護を必要とする子どもたちの支援を行っていくことが大切である。なお，各相談機関については表10-5の通りである。

　2006（平成18）年4月3日付，厚生労働省雇用均等・児童家庭局長通知「里親委託推進事業の実施について」が出され，里親委託推進事業実施要綱が定められた。関係機関との連絡調整等の中心となる「里親委託推進員」を児童相談所に配置することや，里親委託推進員，児童相談所の里親担当職員，里親および施設の職員により構成される「里親委託推進委員会」を児童相談所に設置することなどが決められた。

　今後，家庭養護を推進するために，児童養護施設および乳児院に地域の里親およびファミリーホームを支援する拠点としての機能を持たせ，里親支援専門相談員と児童相談所の里親担当職員，里親委託等推進員，里親会等と連携して，(a)所属施設の入所児童の里親委託の推進，(b)退所児童のアフターケアとしての里親支援，(c)所属施設からの退所児童以外を含めた地域支援としての里親支援を行い，里親委託の推進および里親支援の充実を図ることが求められている。

第10章　社会的養護の現状と課題

表10-4　社会的養護を担当する各専門職の資格と配置先

専門職名	資　格	配置先と根拠法令
家庭支援専門相談員	家庭支援専門相談員の資格要件は，社会福祉士，精神保健福祉士，当該施設において養育又は指導に5年以上従事した者又は児童福祉司の任用資格を有する者とする。	**配置先** 乳児院（定員20人以下の施設を除く），児童養護施設，情緒障害児短期治療施設及び児童自立支援施設。 **関係法令等** 児童福祉施設の設備及び運営に関する基準21条の2，42条の2，75条の2，80条の2。
（被虐待児）個別対応職員	主任導員またはそれに準じた職員1人を被虐待児個別対応職員として変則勤務から外し，個別面接や，生活場面での一対一の対応，保護者への援助，他の児童指導員等への助言，里親への紹介等にあたることができる環境を整え，被虐待児の処遇の充実を図る。（雇生均児童家庭局働関係部局長会議　厚生分科会資料平成13年1月19日資料から）	**配置先** 乳児院（定員20人以下の施設を除く），児童養護施設，情緒障害児短期治療施設及び児童自立支援施設。 **関係法令等** 児童福祉施設の設備及び運営に関する基準21条，42条，75条，80条。
心理療法担当職員	・**乳児院，母子生活支援施設，児童養護施設** 心理療法担当職員は，学校教育法の規定による大学の学部で，心理学を専修する学科若しくはこれに相当する課程を修めて卒業した者であって，個人及び集団心理療法の技術を有するもの又はこれと同等以上の能力を有すると認められる者でなければならない。 ・**情緒障害児短期治療施設・児童自立支援施設** 心理療法担当職員は，学校教育法の規定による大学の学部で，心理学を専修する学科若しくはこれに相当する課程を修めて卒業した者又は同法の規定による大学の学部で，心理学に関する科目の単位を優秀な成績で修得したことにより，同法第102条第2項の規定により大学院への入学を認められた者であって，個人及び集団心理療法の技術を有し，かつ，心理療法に関する1年以上の経験を有するものでなければならない。	**配置先** 乳児院（心理療法を行う必要があると認められる乳幼児又はその保護者10人以上に心理療法を行う場合には，心理療法担当職員を置かなければならない），母子生活支援施設（心理療法を行う必要があると認められる母子10人以上に心理療法を行う場合には，心理療法担当職員を置かなければならない），児童養護施設（心理療法を行う必要があると認められる児童10人以上に心理療法を行う場合には，心理療法担当職員を置かなければならない），情緒障害児短期治療施設・児童自立支援施設。 **関係法令等** 児童福祉施設の設備及び運営に関する基準21条の4，27条の3，42条の4，75条，80条の4。
里親支援専門相談員	里親支援専門相談員は，社会福祉士若しくは精神保健福祉士の資格を有する者，児童福祉法第13条第2項各号のいずれかに該当する者又は児童養護施設等（里親を含む。）において児童の養育に5年以上従事した者であって，里親制度への理解及びソーシャルワークの視点を有するものでなければならない。	**配置先** 里親支援専門相談員を配置する施設は，里親支援を行う児童養護施設及び乳児院とする。 2012（平成24）年4月5日付，厚生労働省雇用均等・児童家庭局長通知「家庭支援専門相談員，里親支援専門相談員，心理療法担当職員，個別対応職員，職業指導員及び医療的ケアを担当する職員の配置について」

出所：「児童福祉施設の設備及び運営に関する基準」2002（平成24）年4月公布施行と，厚生労働省雇用均等・児童家庭局長通知「家庭支援専門相談員，里親支援専門相談員，心理療法担当職員，個別対応職員，職業指導員及び医療的ケアを担当する職員の配置について」から筆者作成。

表10-5 社会的養護に関する相談機関

機 関 名	内　　容
児童家庭相談室	都道府県及び市（特別区を含む。）に，条例で，福祉に関する事務所を設置しなければならないとなっている。この，福祉事務所に「家庭児童の福祉に関する相談や指導業務の充実強化を図るため」児童家庭相談室が設置されている。社会福祉主事と家庭児童相談員が相談・指導にあたる。
家庭支援センター	児童家庭支援センターは，地域の児童の福祉に関する各般の問題につき，児童に関する家庭その他からの相談のうち，専門的な知識及び技術を必要とするものに応じ，必要な助言を行うとともに，市町村の求めに応じ，技術的助言その他必要な援助を行うほか，第26条第1項第2号及び第27条第1項第2号の規定による指導を行い，あわせて児童相談所，児童福祉施設等との連絡調整その他厚生労働省令の定める援助を総合的に行うことを目的とする施設とする。(児童福祉法第44条の2)
児童相談所	児童相談所は都道府県（政令指定都市，中核市でも設置できる）が置かなければならない児童に関する専門機関であり，児童に関する相談・判定を実施する機関でもある。また，児童が緊急な状態にある場合は一時保護を行う一時保護所が設置されている。専門職として児童福祉司，心理判定員，医師などが配置されている。

出所：児童福祉法等から抜粋。

〈参考文献〉
厚生労働省発表，2010（平成22）年1月29日閣議決定『「子ども・子育てビジョン」について～子どもの笑顔があふれる社会のために～添付2　施設に関する数値目標』。
厚生労働省「社会的養護の現状について（参考資料）」2012年。

(第1節　田中浩二・第2節～第3節　大塚良一)

おわりに

　社会的養護に関する近年の動向としては，児童福祉法や児童憲章，国際連合の定めた「児童の権利条約」等に示されている「子どもの最善の利益」を実現するための取り組みの大きな柱として「社会的養護」という取り組みが位置づけられている。本書の冒頭でも触れたように，保育士養成課程においては従来「養護原理」という名称の科目が，改正されて新課程では「社会的養護」という名称の科目に変更となったが，変更となった背景を踏まえ，社会的養護のあるべき姿，求められる姿をしっかりと認識する必要がある。

　私事ではあるが，社会的養護の実践の場のひとつである児童養護施設に訪問し，園長先生や現場で活躍されている保育士を始めとした職員の方たちと時間の過ぎるのも忘れ，「児童養護施設を利用する子どもの多くは親から虐待行為を受け，心身に大きな傷を受けており，人とのかかわり方に大変な困難性を抱えている場合が多い。そうした子どもたちの養護活動は決して容易なことではない。また，施設を退所した後，自立した生活ができるよう支えてゆくことにもむずかしさが多い……」，というような内容の話をする機会があるが，話をするたびに児童養護のむずかしさを実感することが多い。

　本書を手にする読者の多くは保育士の資格取得を目指す学生諸君であろうと思うが，保育士にはこうした子どもたちが必要としている社会的養護としての取り組みに関与することが求められているが，社会的養護を必要としている子どもたちとかかわり，子どもたちの気持ちを理解し，実際に保育や支援のための活動に関与してゆくことは決して容易なことではないであろうと思う。とは言え，親から虐待を受けるなどしたために，何かしらの対応（支援）を必要とする子どもたち（要保護児童）の急速な増加にともない，乳児院や児童養護施設をはじめとした児童福祉施設における養護活動に対する期待は高まる一方である。施設での養護活動はともすると閉鎖的になりやすく自己完結型の支援に陥りやすいという傾向があり，施設内での虐待行為や不適切な対応は後を絶た

ない。こうしたことを改善していくためには，施設の運営をはじめ，養護活動にかかわる保育士などの資質の向上が不可欠であり，養護活動にかかわる者，一人ひとりの自己成長が望まれるところである。

　社会的養護の取り組みは児童の健やかな心身の発達支援にとってきわめて大切な活動であり「してあげるのだから文句を言うな」というような，上から目線のかかわり方ではなく，児童一人ひとりがどのようなことを必要としているのか，しっかりと分析し，児童の基本的な権利擁護を前提とした支援活動が求められることは言うまでもないことである。

　こうした活動を支えるために，2000（平成12）年の社会福祉法の改正にともない，成人では成年後見人制度をはじめとした民法の改正や，権利擁護のためのシステムの構築が図られてきた。

　児童福祉施設などで提供される支援活動に関しては福祉サービスの評価のためのガイドラインが示され，評価のための認証機関の設置など全国的な取り組みが開始されているが，これまで，児童養護施設などでは評価を受けることを「努力義務」とされてきたが，2012（平成24）年度より，評価を受けることが「原則義務化」されることになった。

　この評価は，児童福祉施設のランクづけをすることが目的ではなく「評価の結果をすべての職員が共有し，施設で取り組まれている養護活動の改善を目指すための指標として，積極的に活用してゆくこと」が目的であることをふまえ，積極的な対応が望まれるところである。

　社会的養護の活動は本書でくわしく説明した通り大きくは「家庭養護」と「施設養護」に分類される。家庭養護については，新たに「里親制度」が家庭養護の大きな柱であることが示されたことから里親制度に関する制度の更なる整備と，今後の充実が期待されるところである。また，施設養護に関しては，子どもの視点に立って，大規模な集団生活ではなく，より家庭的な生活の中での個別的なケアの提供をベースとした，子どもたちの生活をささえる機能を有する基幹施設として，高度な支援を提供することのできるような専門職員の配置をふまえ，子どもを中心とした「子どもの自立支援」を実現してゆくことが

おわりに

必要であり，そのためには「子どもたちが必要とする生活面や各種の訓練や治療面で個々の子どもの要請に応えられる支援の実現，各施設の持つ特性をふまえた相互支援の実施，里親や児童相談所などを含めた社会資源の効果的な活用と連携の強化」が必要であり，「ケア形態の小規模化，専門的支援機能や在宅支援機能，一時保護機能など地域の拠点としての諸機能の充実・強化」が求められている。養護活動の実施にあたっては「子どもに対するケアの連続性，親子関係の尊重」をふまえた支援活動が必要とされている。こうしたことを実現していくためには，社会的養護に関する制度の改善だけでは十分とは言えず，「適切なケアを提供するための的確な支援計画の作成への配意と実施」が求められるが，「子どもの最善の利益」を実現するための活動であることを忘れてはいけない。

　こうした点をふまえると，今後の施設養護には従来のような画一的な施設養護という概念にとらわれることなく，可能な限り小規模化したケア形態を確立し，児童の必要とする支援活動が実施できるよう，施設での援助活動にソーシャル・ケースワーク等の技法を活用した個別支援計画の作成と実施が望まれており，先般公表された児童福祉施設の運営指針に示されている点を踏まえた実践活動が望まれるところである。

　また，社会的養護に対する要望や期待はますます複雑化，深刻化していくことが予想されることから，社会的養護の対象は児童の保護に限定することなく，児童の家族に対しても積極的な援助を実施する必要性があり，先にもふれたとおり，各児童福祉施設は，従来型の施設養護にこだわるのではなく，医療や里親などを含めた各種の社会資源との連携を確保し，児童養護に関する地域のセンター的な役割・機能を確立していくことが必要であり，社会的養護に対する社会的な偏見を取り除くための取り組みを推進してゆくことが求められている。

　「社会的養護」の学習内容は多岐にわたっていることから読者の学習の一助を目的として各章に関連するエピソードやコラム，演習課題などを設けるなどしたので活用していただきたいと願っている。本書および本書の姉妹書である『子どもの生活を支える社会的養護内容』を併用した学習を行い「親子が笑顔

で向き合うことが当たり前」である環境を実現していくこと，そのための一歩を踏み出すことを実現できればこの上ないよろこびである。

　最後に，本書の作成にあたっては，ミネルヴァ書房の戸田隆之氏に，企画の段階から出版に至るまで大変なご尽力をいただいた。戸田氏のご尽力がなかったならば，本書は発刊されなかったであろう。心より感謝します。

　平成24年12月

編著者代表　小野澤　昇

索　引

あ　行

IL 運動（Independent Living）　*177*
愛着関係　*137*
愛着形成　*13*
　　——関係　*93*
アスペルガー症候群　*98*
アセスメント　*239*
アドボカシー（権利擁護）　*71*
アフターケア　*10, 143, 179*
安住の地　*113*
育児ノイローゼ　*45*
育児不安　*45*
育成記録　*133*
石井十次　*24, 121*
石井亮一　*24*
依存症　*100*
一時保護所　*242*
医療型児童発達支援センター　*43*
医療型障害児入所施設　*43, 151, 175*
運営の透明性の確保　*232*
ADHD（注意欠陥〔/〕多動性〔障害〕）　*246*
ADL（日常生活動作）　*177*
NPO 法人（特定非営利活動法人）　*225*
エリザベス救貧法　*17*
LD（学習障害）　*98, 246*
エレン・ケイ　*18*
援助内容　*115*
エンパワメント　*156*
応益負担　*33, 231*
応能負担　*33, 228*
オーウェン　*18*
怒る　*180*
遅出　*135*
親子関係　*113*
　　——の調整　*176*
親子分離　*243*

か　行

介護技術　*211*
介護福祉士　*64*
カウンセリング　*166*
核家族化　*45*
学習意欲　*139*
学習支援　*137*
学習障害（LD）　*98, 246*
学童期（小学校低学年）　*95*
学童期（小学校高学年～中学校）　*95*
隔離収容　*17*
学力低下　*139*
家事業務　*181*
家族支援　*36*
家族の孤立化　*2*
家族崩壊　*2*
家庭裁判所　*57*
家庭支援専門相談員（ファミリーソーシャルワーカー）　*52, 113, 139*
家庭的養護　*35*
家庭内不和　*134*
家庭復帰　*101, 113*
家庭養育　*46*
家庭養護　*13, 46*
感化院　*27*
感化教育　*26*
感化事業　*25*
感化法　*23*
監護　*42*
看護技術　*217, 218*
　　代替的——　*120*
看護のケア　*218*
キーパーソン　*240*
基本的生活習慣　*94*
基本的な基礎集団　*174*
虐待　*42*

261

虐待環境　98
虐待死事例　239
客観的ニーズ　107
QOL(生活上の質)　151
教護院(現児童自立支援施設)　29, 30
救貧院　18
救貧法　70
教育の機会均等　62
矯正教育　169
協調(シンクロナイズ)　199
虚弱児施設　30
勤務形態(ローテーション)　115
苦情解決制度　87
グループホーム　102
グループワーク　203
クロウ(Clough, R.)　205
ケアワーク　206
経営主体　224
経済格差　35
経済的自立　177
経済的貧困　100
契約制度　144
契約方式　229
ケースワーク　52
顕在的・潜在的リスク　239
権利ノート　67
『権利のための闘争』　83
権利擁護(アドボカシー)　36, 71, 232
口腔ケア　215
交代要員　102
行動障害　149
広汎性発達障害　98, 169
国際家族年　1, 34
国際児童年　34, 79
国際障害者年　34
心のケア　139
孤児院　18, 29, 99
子育て支援　48, 64
子育て短期支援事業　43
子育てビジョン　3
「個」としての子ども　109
子どもの権利ノート　83

子どもの最善の利益　82, 103
子どもの生活の場　176
五人組制度　22
個別支援計画　176
個別的(な)ケア　34, 60
コミュニティケア　31, 36
コミュニティワーク　203
コモンセンス・ペアレンティング(CSP)　140
混合収容　17

さ　行

サービス支給量　150
サービスの質の向上　147
最善の利益　9
　子どもの──　82
　児童の──　104
里親　73
　親族──　50, 125
　専門──　50
　養育──　50, 125
　養子縁組希望──　50
里親委託　121
里親委託ガイドライン　126, 251
里親委託優先の原則　123
里親及びファミリーホーム養育指針　126
里親支援専門相談員　128
里親制度　49, 121
GHQ　29
CSP(コモンセンス・ペアレンティング)　140
支援活動　193
支援関係　193
支援費制度　144, 197
支援目標　176
叱る　180
自己覚知　210
自己完結　31
自己否定感　182
自己防衛　98
施設運営　175
施設形態　115
施設職員　99
施設内児童虐待　88

索　引

施設の社会化　31
施設の小規模化　42
施設養護　13, 46, 50
慈善事業　23
肢体不自由児施設　30
児童　73
児童虐待　45
　　——の定義　58
　　——の防止等に関する法律　45, 153
　　施設内——　88
児童虐待防止事業　25
児童虐待防止法　41, 153
児童憲章　7, 30, 77
児童権利宣言　79
児童更生施設　30
児童指導員　116
児童自立支援施設　67
児童相談所　30, 42, 53, 234
　　——の役割　53
児童の権利　72
児童の権利宣言　8
児童の権利に関する条約　1, 8, 34, 79
児童の権利擁護　71
児童の最善の利益　104
児童福祉施設　73
児童福祉施設最低基準　30, 226
児童福祉施設の設備および運営に関する基準
　（旧児童福祉施設最低基準）　43, 226
児童福祉審議会　42
児童福祉法　29, 41, 42, 72
児童養護施設　65, 93
児童養護施設運営指針　139
児童養護施設倫理綱領　141
児童養護の問題　30
自閉症　98
社会公正　202
社会参加　112
社会性　94
社会正義　202
社会的自立　177
社会的責任　127
社会的入院　162

社会的不利　35
社会的養護　30
社会福祉基礎構造改革　32, 144
社会福祉士　64
社会福祉制度　144
社会福祉法　144
社会福祉法人　224
宗教家等の慈善事業　71
宗教的慈善救済活動　22
重症心身障害　151
集団生活　109
「集団」としての子ども　109
集団養護　50
主観的ニーズ　107
恤救規則　23, 40
出産年齢の高齢化　45
ジュネーブ宣言　79
受容　112
障害児　73
障害児施設　97
障害児施設給付費　230
障害児入所施設　43
障害児保護　25
障害者虐待の防止，障害者の養護者に対する支
　援等に関する法律（障害者虐待防止法）
　　153
障害者自立支援法　52, 145, 197
障害者総合支援法　52
障害者福祉サービス事業所　154
奨学金制度　96
小規模ケア　108
小規模住居型児童養育事業（ファミリーホーム）
　　46, 126
常識　195
小舎制施設　102
情緒障害　97
情緒障害児短期治療施設　97, 163
少年院　169
少年救護院　27
少年法　169
情報の提供　223
ショートステイ事業　43

263

職員の専門性　63
職員のモチベーション　196
職員配置　115
職業支援　137
食事(水分補給)ケア　214
触法少年　65
助産施設　29
自立支援　10, 11, 35
自立支援計画　133
自立生活プログラム　96
シンクロナイズ(協調)　199
人権意識　105
親権者　54
親権喪失　243
親権喪失宣言　54
親権停止　243
人身売買　23
親族里親　50, 125
身体障害　97
身体障害者福祉法　41
身体的虐待　58
信頼関係　131, 137, 181
心理専門職　182
心理的虐待　59
心理的ケアの機能　10
心理療法担当職員　52
進路選択　96
スーパーバイザー　209
スーパービジョン　209
スクリーニング　239
ステレオタイプ　118
ストレングス(強化)　208
住み込み型の施設　115
生育歴　101
生活環境　101
　──の変化　94
生活支援　137
生活上の質(QOL)　151
生活保護法　41, 70
性虐待　95
精神障害　97
精神薄弱児施設(現地的障害児施設)　30

精神薄弱者福祉法　42
精神保健福祉士　64
生存権の保障　41
性的虐待　58
青年期(高校生～)　96
成年後見制度　71
世代間連鎖　11
戦災孤児　41, 134
選択利用方式　231
専門里親　50
専門性　201
専門的ケア　35
専門的対人関係　105
相対的貧困率　35
相談援助の種類　54
相談支援　197
ソーシャルワーク　203
　ファミリー──　203
　レジデンシャル──　203
措置　46
　二重──　62
措置委託費　228
措置会議　117
措置解除　117
措置権者　228
措置制度　52, 107, 144, 228

た 行

第三者評価事業　140
大舎制施設　102
代替的監護　120
第二次性徴期　95
代弁者(アドボカシー)　180
堕胎　23
堕胎禁止令　23
立ち入り調査　157
脱施設化　108
試し行為(試し行動)　98
多様な価値観　111
短期入所事業　150
断続勤務　135
地域支援　10, 36

索　引

地域生活支援事業　*150*
小さな政府　*146*
知的障害　*97*
注意欠陥／多動性障害(ADHD)　*98, 246*
治療的デイケア　*62*
通過型施設　*151*
通勤型の施設　*115*
通所型　*46*
通所型児童福祉施設　*43*
DV(ドメスティック・バイオレンス)　*137, 143*
DV被害者　*143*
適切なニーズ把握　*107*
同一性拡散　*96*
登校停止　*134*
特定非営利活動法人(NPO法人)　*225*
特別支援教育　*248*
留岡幸助　*24*
トワイライト事業　*43*

な　行

ナイチンゲール, フローレンス　*218*
二次障害　*164*
二重措置　*62*
日常生活援助技術　*220*
日常生活訓練　*177*
日常生活動作(ADL: activities of daily living)　*177*
日勤　*135*
日中一時支援事業　*150*
乳児院(現児童養護施設)　*29, 92, 130*
乳児院運営指針　*132*
乳児院倫理綱領　*132*
乳児家庭全戸訪問事業　*244*
乳児期　*93*
入所型　*46*
入浴ケア　*215*
人間愛　*195*
妊産婦　*73*
ネグレクト(育児放棄, 監護放棄)　*59*
ネットワーク　*118*
年長児童　*111*

ノーマライゼーション　*31*
ノーマライゼーション理念　*148*
野口幽香　*24*

は　行

バーンアウト　*105*
排泄ケア　*212*
バイタルサイン　*211*
ハイリスクアプローチ　*239*
発達障害　*60, 97*
　広汎性——　*98, 169*
発達障害者支援法　*97*
バブル崩壊　*35*
早出　*135*
PTSD　*98*
被虐待児童　*97, 98*
被虐待障害児　*156*
被措置児童虐待対応ガイドライン　*89*
貧困問題　*66*
ファミリーソーシャルワーカー(家庭支援専門相談員)　*52, 113*
ファミリーソーシャルワーク　*203*
ファミリーホーム(小規模住居型児童養育事業)　*126*
フィジカルアセスメント　*220*
夫婦共稼ぎ　*45*
福祉型児童発達支援センター　*43*
福祉型障害児入所施設　*43, 175*
福祉事務所　*42*
福祉制度　*144*
福祉ニーズ　*33, 106*
婦人相談所　*143*
父母の就労　*134*
父母の入院　*134*
プライバシー保護　*32, 139*
プレイセラピー(遊戯療法)　*166*
浮浪児　*41, 45*
分離不安　*94*
分類収容　*19*
平均在籍期間　*132*
保育士　*64, 76*
　——の実習　*178*

265

保育所　29
放課後児童健全育成事業　43
ホームレス　66
保健所　42
保護者　73
母子再統合　143
母子生活支援施設　141
母子生活支援施設運営指針　143
母子寮　29, 141
ホスピタリズム　20
ポピュレーションアプローチ　239
ボランティア　139

　　　　　　　ま　行

間引き　23
無差別平等　41
盲ろうあ児施設　30
モニタリング期間　137
モラトリアム　96

　　　　　　　や　行

遊戯療法（プレイセラピー）　166

養育機能　9
養育困難　99, 100
養育里親　50, 125
養育支援訪問事業　244
養育放棄　100
養護施設（現児童養護施設）　30
養子縁組希望里親　50
要保護児童　6, 49
要保護児童対策地域協議会　50

　　　　　　　ら・わ　行

リービングケア　179
療育施設　30
利用者の主体性　199
利用者や家族のニーズ　194
ルソー　18
レジデンシャルソーシャルワーク　203
レスパイト・ケア　62, 253
劣等処遇の原則　17
ローテーション（勤務形態）　102, 115
ワーキング・プア　66

■執筆者一覧（＊は編著者，執筆順）

＊小野澤　昇（おのざわのぼる）	編著者紹介参照	はじめに，第1章，おわりに
野田　敦史（のだあつし）	東京未来大学専任講師	第2章
岩崎　裕一（いわさきゆういち）	関東短期大学教授	第3章
畠中　　耕（はたけなかこう）	近畿医療福祉大学専任講師	第4章
中島健一朗（なかしまけんいちろう）	育英短期大学専任講師	第5章
＊大塚　良一（おおつかりょういち）	編著者紹介参照	第6章第1節，第10章第2節・第3節
坂井　　勉（さかいつとむ）	児童養護施設こはるび	第6章第2節(1)
山本　哲也（やまもとてつや）	障害福祉サービス事業pal-pal管理者	第6章第2節(2)
大屋　陽祐（おおやようすけ）	育英短期大学助教	第6章第2節(3)
小室　泰治（こむろたいじ）	武蔵野短期大学専任講師	第7章
＊田中　利則（たなかとしのり）	編著者紹介参照	第8章
田中　浩二（たなかこうじ）	東京成徳短期大学准教授	第9章，第10章第1節

〈編著者紹介〉

小野澤昇（おのざわ・のぼる）
1949年　生まれ
　　　　社会福祉法人はるな郷知的障害者更生施設こがね荘施設長，関東短期大学初等教育科助教授，東京成徳短期大学幼児教育科教授を経て，
現　在　育英短期大学保育学科長・教授，臨床心理士，福祉心理士。
主　著　『保育士のための社会福祉』（編著，大学図書出版），『子どもの養護』（共著，建帛社），『新しい時代の社会福祉施設論（改訂版）』（共著，ミネルヴァ書房），『保育士のための福祉施設ハンドブック』（編著，ミネルヴァ書房）。

田中利則（たなか・としのり）
1953年　生まれ
　　　　社会福祉法人富士聖ヨハネ学園棟長，武蔵野短期大学幼児教育学科助教授を経て，
現　在　ソニー学園・湘北短期大学保育学科教授，社会福祉士，介護支援専門員。
主　著　『養護原理』（共編著，大学図書出版），『養護内容』（共編著，大学図書出版），『子育て支援』（共編著，大学図書出版），『養護内容の基礎と実際』（共編著，文化書房博文社）。

大塚良一（おおつか・りょういち）
1955年　生まれ
　　　　埼玉県社会福祉事業団寮長，武蔵野短期大学幼児教育科准教授を経て，
現　在　東京成徳短期大学幼児教育科准教授，社会福祉士，介護福祉士，介護支援専門員。
主　著　『知的障害者を支えるこれからのグループホーム――埼玉県内の生活ホーム・グループホーム徹底調査』（単著，新風舎），『地域から社会福祉を切り開く』（共著，本の泉社），『続地域から社会福祉を切り開く』（共著，本の泉社）。

　　　　　　　　　　　　　　　子どもの生活を支える
　　　　　　　　　　　　　　　　社会的養護

2013年3月10日　初版第1刷発行　　　　　〈検印省略〉

定価はカバーに表示しています

編著者	小野澤　　昇
	田中　利則
	大塚　良一
発行者	杉田　啓三
印刷者	江戸　宏介

発行所　株式会社　ミネルヴァ書房
607-8494 京都市山科区日ノ岡堤谷町1
電話代表　(075)581-5191
振替口座　01020-0-8076

Ⓒ 小野澤・田中・大塚, 2013　　共同印刷工業・清水製本

ISBN978-4-623-06553-0
Printed in Japan

小野澤　昇・田中利則編著
保育士のための福祉施設実習ハンドブック　　Ａ５判・244頁・本体2,400円

山縣文治・林　浩康編
よくわかる社会的養護　　　　　　　　　　Ｂ５判・220頁・本体2,500円

加藤孝正・小川英彦編著
基礎から学ぶ社会的養護　　　　　　　　　Ａ５判・256頁・本体2,500円

小池由佳・山縣文治編著
社会的養護〔第２版〕　　　　　　　　　　Ａ５判・194頁・本体1,800円

小木曽　宏・宮本秀樹・鈴木崇之編
よくわかる社会的養護内容　　　　　　　　Ｂ５判・252頁・本体2,400円

ミネルヴァ書房編集部編
社会福祉小六法〔各年版〕　　　　　　　　四六判・1046頁・本体1,600円

山縣文治監修／福田公教・石田慎二編
ワイド版社会福祉小六法〔各年版〕
　　――資料付　　　　　　　　　　　　　Ａ５判・1200頁・本体2,000円

編集委員代表／山縣文治・柏女霊峰
社会福祉用語辞典〔第８版〕　　　　　　　四六判・416頁・本体2,200円

ミネルヴァ書房編集部編
保育小六法〔各年版〕　　　　　　　　　　四六判・568頁・本体1,600円

―――――――ミネルヴァ書房―――――――
http://www.minervashobo.co.jp/